Ilija Trojanow

Meine Olympiade

Ein Amateur,
vier Jahre,
81 Disziplinen

FISCHER Taschenbuch

Erschienen bei FISCHER Taschenbuch
Frankfurt am Main, Dezember 2017

© 2016 S. Fischer Verlag GmbH, Hedderichstr. 114,
D-60596 Frankfurt am Main

Satz: Dörlemann Satz, Lemförde
Druck und Bindung: CPI books GmbH, Leck
Printed in Germany
ISBN 978-3-596-19805-4

Wer dreimal hintereinander gewinnt,
ist ein schlechter Mensch.
> Sprichwort der Lakota

INHALT

Ein Triathlon vorab 11
Vier Jahre Allympics 19

IM WASSER
    Schwimmen (im Becken) 37
    Freiwasserschwimmen 55

AUF DEM WASSER
    Kanuslalom (Wildwasser) 59
    Kanurennsport 66
    Rudern 72
    Segeln 81
    Windsurfen 87

KLEINER BALL, GROSSER BALL, FEDERBALL
    Tischtennis 91
    Tennis 100
    Badminton 104

LEISES SCHIESSEN, LAUTES SCHIESSEN, TONTAUBENSCHIESSEN
    Bogenschießen 109
    Mit Gewehr und Pistole 120
    Wurfscheibenschießen 132

HAUEN UND STECHEN
  Boxen in Brooklyn   141
  Fechten in Wien   152
  Ringen in Teheran   156
  Judo in Tokio   166
  Taekwondo in Zürich   174

IM SATTEL
  Radfahren   179
  Reiten   214

IN DIE KNIE
  Gewichtheben   233

LUFTSPRÜNGE
  Turnen   241
  Trampolin   250
  Wasserspringen   258

LEICHTATHLETIK
  Der Zwanzigkampf   265
    Werfen   265
    Springen   273
    Laufen   280
    Hüpfen   300
    Gehen   305
  Der Zehnkampf   311
  Marathon (Auf nach Athen!)   322

Mit Blick auf Rio   329
Nachspiel   333

Golf   337

Im antiken Olympia errichteten die Sieger Statuen zu Ehren ihrer Trainer. Da mir dies nicht erlaubt worden wäre, widme ich dieses Buch meinen vielen, wunderbar selbstlosen und engagierten Trainern.

Ein Triathlon vorab

Als ich vor Sonnenaufgang aufwachte, empfand ich keine Nervosität, bis ich in der Innenstadt von Kapstadt, keine Viertelstunde nach Abfahrt, bemerkte, dass ich mein Fahrrad zu Hause vergessen hatte. Ich musste zurück (ohne Fahrrad kein Triathlon) und ein weiteres Mal aufbrechen, nunmehr verspätet und spürbar nervös. Ich raste mit hundertfünfzig Stundenkilometern auf der schnurgeraden Landstraße nach Norden, Richtung Langebaan, der Tafelberg im Rückspiegel wie der Stempel auf einer Luftpostkarte. Es war inzwischen acht Uhr, es war schon heiß; der Start war für elf Uhr angesetzt.

Der erste Eindruck von den Mitstreitern war einschüchternd: eine Ansammlung junger, durchtrainierter Athleten mit negativem Körperfettanteil, starken Waden und mächtigen Oberschenkeln. Die Junioren bestritten gerade ihren Wettkampf. Der Ansager stellte einige der Zehn- bis Vierzehnjährigen vor – darunter ein Weltmeister in seiner Altersklasse –, die im professionellen Stil vom Rad sprangen, noch bevor sie die Umkleidezone erreicht hatten, und das Rad im Laufschritt zu ihrem Platz schoben. Die Bewegungsabläufe erfolgten beeindruckend flüssig. Unter den zahlreichen Angehörigen und Freunden herrschte eine ausgelassene Atmosphäre, wie auf einem Volksfest. Viele kannten sich, tauschten sich aus; eine eingeschworene Gemeinschaft, freundlich kameradschaftlich.

Nach der Anmeldung wärmte ich mich auf. Zwanzig Minuten radeln und eine Viertelstunde locker laufen. Danach zog ich meinen Neoprenanzug an und wunderte mich, dass er nicht so richtig sitzen wollte. Das Wasser hatte eine angenehme Temperatur; in der Nähe schwammen einige vergnügte Urlauber. Ihr samstägliches Planschen wirkte auf mich unseriös. Wir wurden in den Saal gerufen, zur Wettkampfbesprechung. Ein Mann tippte mir auf die Schulter: »Sag mal, wieso hast du den Neopren falsch rum an?« Eine Büchse Scham explodierte in mir, als mir klar wurde, was für eine lächerliche Gestalt ich abgab inmitten all dieser getunten Athleten. Was sollte ich antworten? Weil ich ein Trottel bin? Weil ich zu sehr damit beschäftigt war, Leute wie dich zu beobachten? Oder sollte ich sagen: Passt schon, mein Fahrrad hatte ich ja auch vergessen? Ich stammelte, dass es sich so bequemer anfühle. Der Mann warf mir einen exkommunizierenden Blick zu. Ich wartete, bis er mir den Rücken zugedreht hatte, und rannte in die Toilette. Das Zuziehen des Reißverschlusses am Rücken erwies sich als schwierig, dafür saß der Anzug jetzt viel besser. Ich hätte das Anziehen wirklich üben sollen.

Wir wurden an die Startrampe gebeten. Ich hatte mir keinerlei Gedanken gemacht, wo ich mich beim Schwimmstart positionieren sollte. Als das Horn ertönte und das Seil vor uns hinabfiel, musste ich innerhalb weniger Sekunden erfahren, wie töricht es war, aus der ersten Reihe heraus zu starten. Die Teilnehmer der Western Province Triathlon Championships schwammen nicht mit ruhigen, langen Zügen los, sie paddelten und wedelten wie Raubfische, die nach hingeworfenen Leckerbissen schnappen. Von hinten wurde ich nach unten gedrückt, zu beiden Seiten schwammen Haie über mich hinweg. Ich sank ein wenig, verschluckte mich beim Luftholen und stellte das Schwimmen ein.

Als ich mich prustend wieder in Bewegung setzte, musste ich feststellen, dass der Pulk schon weit entfernt war. Obwohl wir in einer Lagune schwammen, war der Wellengang stark genug, um meinen Rhythmus durcheinanderzubringen und eine ruhige Atmung zu verhindern. Immer wieder musste ich aussetzen, um nach der nächsten Boje Ausschau zu halten. Einmal schwamm ich auf die falsche zu, bis ein Lebensretter in einem Kajak meine Richtung korrigierte. Ich stieg als Letzter aus dem Wasser, aber immerhin waren zwei andere Teilnehmer vor mir noch in Sichtweite.

Obwohl mir etwas schwindelig war, rannte ich so schnell ich konnte zur *Transition Area* hinauf, zu beiden Seiten des Weges Zuschauer, die vergnügte Zeugen meines Versuchs wurden, mich aus dem Neoprenanzug zu häuten (noch etwas, was ich nicht geübt hatte). Schlimmer noch: Der Ansager nahm sich meiner fürsorglich an. Mit einer fast unverständlichen Aussprache meines Namens beglückwünschte er mich zu meinem Schwimmresultat. Ich vermutete, er war entweder bestens gelaunt oder er wurde bestens dafür bezahlt, gute Laune zu verströmen. Als eine Böe mir die Startnummer entriss, die ich am Bauch befestigen sollte, die Schnur zu Boden fiel und ich dem Plastik hinterherhechelte, hörte ich ihn rufen: »Ja, lass dir nur Zeit, I-lai-dschah.« Und ich bildete mir ein, das Lachen der Zuschauer zu hören.

Schließlich gelang es mir, die Startnummer zu zähmen und mein Mountainbike aus der Zone zu schieben. Ich kämpfte mich die Anhöhe hinauf, die zur Hauptstraße führte, beflügelt von dem Wunsch, die Menschheit schnell hinter mir zu lassen. Die Streckenführung bestand aus drei Runden, die Hauptstraße entlang, an einem Kreisverkehr wieder zurück. Der Verkehr wurde umgeleitet. Kaum hatte ich meinen Rhythmus gefunden, wurde ich schon von einem Formel-1-Rad überrundet. Der Athlet lehnte sich tief gebeugt nach vorn und kurbelte seine Siebenmeilenpedale. Die Geschwindigkeit des Führenden war so hoch, dass ich kaum ein Zischen vernahm, bevor ich ihn vorbeiflitzen sah. Es ist immer erniedrigend, überrundet zu werden. Einziger Vorteil war, dass ich mir aufgrund der Geschwindigkeitsdifferenz zwischen uns keine Sorgen über unerlaubtes Fahren im Windschatten machen musste. Mein Mountainbike hatte dicke Reifen und ich begrenzten Ehrgeiz. Mühsam bewältigte ich den leichten, aber kontinuierlichen Anstieg von gut sechs Kilometer bei starkem Gegenwind. Ich beugte mich nach vorn, meine Augen hefteten sich auf den flimmernden gelben Streifen vor mir.

Meine Gedanken schrumpften mit jedem Kilometer. Bis sie von Panik erfasst wurden, weil der Griff nach meiner Wasserflasche in die Leere ging. Ich musste sie früh am Morgen, noch verschlafen, zu Hause liegengelassen haben. Vierzig Kilometer in dieser Hitze – auf der gesamten Strecke nicht einmal das Skelett eines Schattens –, ohne etwas zu trinken, das wäre herkulisch gewesen. Am Ende der ersten Runde erblickte ich eine Tankstelle. Ich bog ab, sprang vom Rad und stürzte in einen kleinen Laden hinein. Zwei dicke Buren standen an der Theke, in ihren Händen jeweils ein Sixpack einheimischen Biers. Sie starrten mich mit einem Gesichtsausdruck an, der nicht zu enträtseln war. Ich war mir nicht sicher, ob wir vom selben Planeten stammten. »Ein Getränk«, schrie ich, »ich habe kein Geld, aber ich brauche ein Getränk, ich zahle später.« Die Kassiererin blickte mich ausdruckslos an, eine endlos lange Zeit, bis sie sich schließlich zu einem bedächtigen Kopfnicken bequemte. Ich öffnete den Kühlschrank und nahm das erstbeste Getränk heraus. An der Tür stürzte ich einen Riesenschluck hinunter.

Auf der letzten Runde nahm der Gegenwind zu. Eine Frau zog an mir vorbei, die ich zuvor als Einzige überholt hatte. Ich schwang mich, um beim zweiten Umkleiden einen besseren Eindruck zu hinterlassen, schon fünfzig Meter vor dem Eingang zur *Transition Area* vom Rad und lief, für mein Empfinden, elegant in das Rondell hinein. Inzwischen waren meine Arme und Oberschenkel bedrohlich rot geworden. Also cremte ich mich ein, eine absurde Tätigkeit in dieser Zone blitzschneller Verwandlung, doch der Ansager war zu meiner Erleichterung damit beschäftigt, die Namen der Athleten bekanntzugeben, die das Ziel gerade erreicht hatten, samt ihrer astronomisch niedrigen Zeit. Derweil versuchte ich, in meine Laufschuhe zu schlüpfen. Meine Füße wollten partout nicht hineinpassen. Ich dachte, sie seien aufgrund der Anstrengung geschwollen, also zog ich die Fahrradschuhe wieder an.

Gelaufen wurde auf einem Rundkurs von zwei Kilometern, der fünfmal zu absolvieren war. Nach jeder Runde erhielt man von einer streng dreinblickenden Frau unter einem großen Sonnenschirm ein elastisches Band überreicht. Im Ziel würden die vier Bänder am Handgelenk beweisen, dass man die vorgeschriebenen zehn Kilometer hinter sich gebracht hat. Kaum war ich auf den Rundkurs eingebogen, wollte mir die Frau, in der Annahme, ich hätte schon eine Runde hinter mir, ein Band überstreifen. Es war einer jener Augenblicke im Leben, in denen man über sich hinauswächst. Obwohl es drückend heiß und ich ziemlich angeschlagen war (und mein Puls bei hundertsechzig), obwohl sich die Fahrradschuhe zum Laufen nur bedingt eigneten und die Vorstellung, nur acht anstelle von zehn Kilometern laufen zu müssen, mir zu diesem Zeitpunkt verlockender erschien als jede andere Sünde, widersetzte sich irgendetwas in mir der Versuchung, und ich lehnte das Geschenk ab.

»Ich bin stolz auf dich!«, rief die Frau mir hinterher.

Schwierigkeiten beim Laufen bereitete der Untergrund, mal Asphalt, mal Geröll, mal Steinplatte. Ich lief zum ersten Mal in meinem Leben auf einer so unebenen Strecke (auch das hätte ich üben sollen). Ich kam nicht in meinen Rhythmus hinein. Mein Puls beruhigte sich nicht. Die steilste der Steigungen konnte ich nur gehend bewältigen. Jeder Schritt war eine Überwindung. Ich verfluchte die schöne Umgebung um mich herum, die Hügel, das Meer, die Vögel, ich sehnte mich nach Ruhe und Einkehr. Was mich ermunterte, war die Kameradschaft der anderen Teilnehmer, die mir selbst beim Überrunden ein *well done* zuwarfen, sowie die großzügige Unterstützung durch die Zuschauer, die auch meine Bemühungen beklatschten, obwohl ich mit deutlichem Abstand der Letzte im Feld war.

Und dann gab es noch jenen rundlichen Mann, der am Ende des Anstiegs auf seiner Garage stand und eifrig meine zunehmend kraftlosen Anstrengungen kommentierte. Wir freundeten uns fast an. Mal beschwor er mich, nicht aufzugeben, mal triezte er mich, ob ich denn das Ziel im Gehen erreichen wolle, mal forderte er mich auf zu beweisen, wie hart ich sei, mal schalt er mich, dass ich beim Umdrehen an der Hafenmole eine kleine Abkürzung genommen hatte.

Auch die Frau, die Getränke austeilte, wartete bis zum Schluss auf mich, schüttete eisiges Wasser über meinen Kopf und lief einige Schritte neben mir her, während sie mich in höchsten Tönen lobte. Sie folgte mir bis ins Ziel, und wir wechselten später einige Worte. Sie erzählte, dass sie im Jahr zuvor ihren ersten Triathlon bewältigt habe und dabei Letzte geworden sei. »Aber weißt du«, sagte sie, »wenn es etwas im Leben gibt, bei dem man sich nicht schämen muss, Letzter zu sein, dann ist das ein Triathlon.«

Der Ansager bemühte sich erneut vergeblich, meinen Namen auszusprechen, ich lief den Hügel hinab ins Ziel, das Meer vor mir, die letzten Schritte auf einem Bein hüpfend, in einer Zeit, sagte der Ansager, von 3:45 (ich hatte mir eigentlich ausgerechnet, dass ich 3:30 schaffen müsste, aber wenn ich alle unfreiwilligen Pausen zusammenrechnete, war ich von diesem Ziel gar nicht so weit entfernt).

Danach trank ich einen Becher Cola. Die anderen Teilnehmer waren schon gegangen. Einsam schob ich mein Rad zum Auto zurück, ausgelaugt, durchdrungen von einem unvertrauten Stolz. Als ich den Schlüssel ins Zündschloss steckte, freute ich mich auf das Bad zu Hause, auf einen unendlichen Vorrat an kalten Getränken. Als ich den Schlüssel umdrehte, vernahm ich völlige Stille. Ich hatte die Scheinwerfer angelassen. Auch das Anschieben half nichts. Ich musste den AA rufen, das südafrikanische Äquivalent des ADAC. Da Langebaan etwas abseits liege, warnte mich die Frau am Telefon, müsse ich bis zu zwei Stunden warten. Ich stieg auf mein Fahrrad und rollte gemächlich zur Tankstelle, um meine Schulden zu begleichen und drei Liter Wasser zu kaufen. Ein Wachmann hatte Erbarmen mit mir, als er mich auf dem Asphalt im Schatten des Autos liegen sah, und kehrte mit einem älteren Herrn zurück, der seinen kleinen Honda neben meinem Jeep parkte, die Batterien austauschte, meinen Motor anwarf und die Batterien wieder zurücktauschte. Eine einfache Lösung, auf die ich nie gekommen wäre. Ich fuhr auf der Landstraße am tiefblauen Ozean entlang nach Hause. Im Radio lief ein Lied von Kate Bush. Auf einmal überschwemmte mich ein allumfassendes, grenzenloses Glücksgefühl, das mir Gänsehaut verursachte.

In der Euphorie ging mir auf, wieso es keine Rolle spielt, ob man Erster oder Letzter geworden ist – ein stärkeres Glücksgefühl als meines an diesem Nachmittag kann niemand empfinden, nicht einmal ein Olympiasieger.

Vier Jahre Allympics

> »Worüber freust du dich?«, fragte Diogenes
> einen jungen Mann.
> »Ich habe bei Olympia den Sieg davon-
> getragen«, erwiderte dieser voller Stolz,
> »ich habe alle Mitstreiter besiegt!«
> »Was für eine Ehre ist es«, versetzte Diogenes,
> »Schwächere zu besiegen?«

Im Sommer 2012 lümmelte ich wie Milliarden anderer Erdbewohner vor dem Fernseher und schaute mir Wettkämpfe in Sportarten an, von deren Existenz ich nichts wüsste, gäbe es nicht alle vier Jahre die Olympischen Spiele. Ich betrachtete wohlgeformte Menschen, die einander tänzelnd abschätzten, die auf dem Rücken eines herausgeputzten Pferdes eine *bella figura* abgaben, die hoch in die Luft schossen und einige Salti samt Drehungen vollzogen. Ich sah Verrenkungen unterschiedlichster Art, ich wurde Zeuge unvorstellbaren Durchhaltevermögens. Ich ließ nichts aus, keinen der Endkämpfe, kein Halbfinale, nicht einmal Vorläufe und Qualifikationsrennen, doch so sehr ich von dem Geschehen gepackt war, in mir nagte das Gefühl, das Wesentliche zu verpassen.

Je länger ich zusah, desto mehr wuchs meine Unzufriedenheit. Was ich zu sehen bekam, erschien am Bildschirm entweder zu einfach oder zu schwer. Die Bewegungen waren einerseits von selbstverständlicher Eleganz, andererseits von enormer Komplexität. Ich konnte nicht einschätzen, was die erzielten Leistungen bedeuteten, alle Zahlen (und an Zahlen herrschte kein Mangel) blieben abstrakt. Fragen an das Wie und Warum schossen mir durch den Kopf; sie wurden selten beantwortet. Im Gegenteil: Der perfekt ausgeführte Schlag, Stoß oder Wurf stand als Ausrufezeichen hinter einer mir unbekannten Geschichte. Die zirkusreife Virtuosität verschwieg die jahrelang vorangegangene Mühsal. Höchste Meisterschaft ist offensichtlich die dünne Spitze eines Eisbergs. Sport wird bei Olympia als glattes, makelloses Produkt präsentiert, hochgezüchtet, unnahbar, in staunender Passivität zu konsumieren.

Die Distanzierung vom Volk hat Tradition. Im antiken Griechenland waren die Wettkämpfer anfänglich einfache Pilger, die zu Ehren der Götter und im Vertrauen auf die legendäre Fruchtbarkeit des Ortes die Kultstätte Olympia aufgesucht hatten. Mit den Jahren und Jahrzehnten wurde die Pilgerstätte größer, die Wettkämpfe geregelter, bis nur noch Auserwählte antraten, die sich in ihrer Heimat jahrelang auf dieses Kräftemessen vorbereitet hatten. Die Athleten reisten einen Monat früher an, wurden in Elis, dem administrativen Zentrum nördlich der Sportstätten, geprüft und registriert, bevor sie sich sorgfältig auf die Wettkämpfe vorbereiteten, schon damals im heutigen Sinn Vollprofis.

In vielerlei Hinsicht wurde im antiken Olympia die Geschichte des Sports vorweggenommen. Die Ruinen erzählen von der Entwicklung vom Religiösen zum Säkularen. Zuerst errichtet Philipp II., dann Alexander der Große, einen imposanten Tempel zur eigenen Ehrung. Später platzieren die römischen Kaiser ihre Statuen an hervorgehobener Stelle. Repräsentation gewinnt an Bedeutung: Anlässlich des Besuchs von Nero wird eine Villa erbaut, luxuriöse Thermen runden das Lifestyle-Angebot ab. Der Kern der Tradition, die Ehrung von Zeus, die Verknüpfung von Pilgerschaft und Wettkampf, gerät in Vergessenheit. Die antiken Spiele enden mit dem Triumph des Christentums, bevor sie in der Neuzeit neuerdings als heidnischer Brauch wiederbelebt werden, bald schon in Diensten der Götter Masse und Mammon.

Im Laufe der Recherche hat meine Bewunderung für die individuellen Leistungen in dem Maße zugenommen wie meine Abneigung gegenüber dem Leistungssport. Nicht nur wegen der Dominanz von Kommerz, Betrug und Korruption, sondern auch, weil die Durchökonomisierung den Sport seiner Poesie beraubt. Gewiss, Betrüger gab es schon in der Antike. Allerdings standen vor dem Eingang zum Stadion Säulen, *zanes* genannt, auf denen die Sünder an den Pranger der unverbrüchlichen Erinnerung gestellt wurden. Jede neue Generation von Athleten schritt durch dieses Spalier abschreckender Beispiele. Wer damals erwischt wurde, erhielt eine ewige Sperre. Heute haben Dopingfälle höchstens einen Einfluss auf die spezifische Dichte unseres Zynismus.

Die Olympischen Spiele haben mich von früh an fasziniert. Als Flüchtlingskind streifte ich im Sommer 1972, angesteckt von der allgemeinen Begeisterung, durch München, um jeden öffentlich zugänglichen Wettkampf live zu erleben. Bernd Kannenberg kommt mit dynamischen Schritten näher, die Menschen klatschen, Fahrradfahrer rasen an mir vorbei, die Menschen jubeln, Bernd Kannenberg entfernt sich mit wackelnden Hüften, auf dem Weg zu seinem legendären Sieg. Es gelang mir sogar, mich in eines der Stadien hineinzuschmuggeln (dazu später mehr).

Die Faszination blieb. Noch Jahre später breitete ich gelegentlich in meinem Zimmer alle Spielsachen aus und veranstaltete meine eigenen Wettkämpfe, erfundene Disziplinen mit selbstbestimmten Regeln. Die Sportstätten bestanden aus Mikadostäbchen, Mensch-ärgere-dich-nicht-Brettern und Fischertechnik-Bauteilen, die Athleten wurden zwei Monopoly-Spielen (dem englischen und dem deutschen) entnommen. Die Hüte lieferten sich eines Tages ein spannendes Kopf-an-Kopf-Rennen. Die Olympischen Spiele waren mir eine Kirmes, auf der in jedem Zelt eine andere aufregende, betörende Sensation aufgeführt wurde, Sport war für mich eher Theater als Wettkampf, eher Sprache als Statistik.

Vielleicht lag meine Begeisterung auch darin begründet, dass meine Eltern Leistungssportler waren, der Vater Hürdenläufer, die Mutter Volleyballspielerin. Oder darin, dass ich die ersten Schuljahre in einem britischen Internat namens Kenton College in Kenia verbrachte, wo wir jeden Nachmittag Sport trieben. Vielleicht verdanke ich mein Interesse einer frühen unreflektierten Ahnung, dass der Mensch im Sport seine vielfältigen Sehnsüchte ausleben, seinen individuellen Ehrgeiz wie auch seine soziale Kompetenz ausloten kann. Als lebenslanger Sportfan, als Aktiver (vor allem Tennis) sowie als Passiver (vor allem Leichtathletik), saß ich in jenem Sommer vor dem Fernseher und fragte mich: Was macht den Reiz dieser Sportarten aus? Was erzählen sie vom Menschen? Und: Wie würde ich mich anstellen, wenn ich sie betreiben würde?

Meine Fragen blieben natürlich unbeantwortet. Stattdessen folgte Siegerehrung auf Siegerehrung. Als die Fahne ein weiteres Mal gehisst und die Hymne abgespielt wurde, kam mir die eingangs erwähnte Anekdote über Diogenes in den Sinn. Bei diesen

Krönungsritualen war trotz der Rührung der Gewinner von der »emphatischen Wahrheit der Geste in den großen Momenten des Lebens« (Baudelaire) wenig zu spüren. Schon während der Wettkämpfe galt die Aufmerksamkeit der Moderatoren einzig der Frage, wer wohl gewinnen würde. Sie erklärten kein einziges Mal, wieso willkürlich die drei Bestplatzierten geehrt werden, anstatt etwa die ersten fünf oder gleich alle Finalteilnehmer. Stets lag jemand »in Führung«, gelegentlich gab es eine »Aufholjagd« oder eine »Demonstration der Überlegenheit«, mal einen »klaren«, mal einen »überraschenden«, mal einen »sensationellen«, immer aber einen »Sieg« (weswegen es ein Leichtes ist, Sportübertragungen in einer fremden Sprache zu folgen, wenn man die Namen der Athleten kennt). Sport wurde auf einen einzigen Aspekt reduziert, der mir meist belanglos erschien, denn ich kannte keinen der antretenden Kanuten, Bogenschützen oder Gewichtheber, insofern war es mir egal, wer von ihnen gewann. Der Reichtum menschlicher Phantasie, die jede Sportart zu einem lebendigen Kunstwerk formt, wurde auf einen simplen binären Code reduziert: Daumen rauf oder Daumen runter. Die Choreographie der Abläufe, der soziopolitische Hintergrund der Regeln, die Physik der Bewegung und die Medizin der Anstrengung fanden kaum Erwähnung. Stattdessen pfiffen im aufdringlichen Hintergrund die Branding-Brigaden das olympische Marschlied: *The sponsor takes it all.*

Woher dieser Kult des Siegens? Diese Obsession der Zahl der Triumphe? Wieso macht es für den Sportler einen existentiellen Unterschied, ob er sechs oder sieben Mal Gold erringt? Wieso ist es von Bedeutung, dass irgendein Land im Fernen Osten elf anstelle von zuletzt neun Medaillen gewonnen hat? Die vielbeschworene Tragik des Leistungssportlers besteht nicht darin, dass er verliert, sondern darin, dass er *fast* gewinnt bzw. *knapp* verliert. Diese Dramatik des engen Ausgangs wird von den Moderatoren mit sich überschlagender Stimme und operettenhaftem Gehabe ausgeschlachtet. Wenn aber die Niederlage einem Wimpernschlag geschuldet ist, könnte man sie genauso gut als Nichtigkeit betrachten. Einer Hundertstelsekunde, einem Millimeter so viel Bedeutung beizumessen (zumal nach einem stundenlangen Wettkampf und jahrelangem Training) banalisiert die Schönheit der Tätigkeit, die bei den Olympischen Spielen angeblich gefeiert werden soll: des Sports.

»Dabei sein ist alles!« So wird die berühmteste Aussage des Neugründers der olympischen Bewegung, Pierre de Coubertin, salopp überliefert. Wortwörtlich sagte er 1908 in London: *L'important dans ces Olympiades, c'est moins d'y gagner que d'y prendre part.* (Das Wichtigste an diesen Olympischen Spielen ist nicht das Siegen, sondern das Teilnehmen.) Und präzisierte im Anschluss: *L'important dans la vie ce n'est point le triomphe mais le combat; l'essentiel ce n'est pas d'avoir vaincu mais de s'être bien battu.* (Das Wichtige im Leben ist nicht der Triumph, sondern der Kampf. Das Wesentliche ist nicht, gesiegt, sondern gut gekämpft zu haben.)

Bekanntlich gelten Propheten nichts in der eigenen Religion. Auch wenn dieser Satz oft beschworen wird, angesichts der heutigen Realität klingt er hohl und verlogen. Nicht nur die Siege, auch die Platzierungen werden minutiös gewertet und bewertet, gemessen und bemessen, Finanzierungen und Investitionen daran geknüpft. Der Medaillenspiegel ist das olympische Testament. Das zweite, ebenso berühmte Credo – »citius, altius, fortius« (schneller, höher, stärker), formuliert von dem Dominikanerpater Henri Didon – folgt einer Wachstumslogik, die zu vielen Pervertierungen des Sports geführt hat, nicht nur zum Doping, sondern auch zu steigenden Anforderungen, die selbst Profis (fast) überfordern. Ist es wirklich heroisch, dass Athleten zehn Jahre ihres Lebens opfern, um zehn Sekunden schneller zu werden? Das »Höher hinaus« als geistige Übung, gemessen nicht in Minuten oder Metern, sondern in Erfahrung und Einsicht, ist hingegen in Vergessenheit geraten.

Ich weiß nicht, an welchem Tag während der Olympischen Spiele in London es geschah, aber mit einem Schlag (einem Ippon, einem Smash, einem Wurf) wurde mir bewusst, dass es für mich nur eine Reaktion auf diese Enttäuschung geben konnte: Ich musste die passive Rolle des Glotzers ablegen und den Sportler in mir wiederbeleben. Vom Voyeur zum Akteur! Also sprang ich vom Sofa auf und kramte aus der hintersten Ecke meines Schranks die alten Joggingsachen hervor. Das Trikot saß so eng, dass ich einer gestopften Leberwurst ähnelte. Souverän ignorierte ich mein Spiegelbild und trappelte das Treppenhaus hinunter. Nach einigen Kilometern war ich zwar außer Atem, aber zugleich euphorisch. In diesem verschwitzten Augenblick schoss mir ein vermessener Gedanke durch den Kopf: Ist der wahre Olympionike nicht derjenige, der sich allen Disziplinen aussetzt? Wieso täglich das gleiche Gericht essen? Wieso nur eine Sprache lernen? Wieso jeden Urlaub an denselben Ort fahren? Wieso sich beschränken bei so viel Auswahl? Ein kleiner Schritt im Kopf, unzählige Schritte (Sprünge, Züge) in der Realität. Allerdings konnte ich in dieser Stunde der unschuldigen Begeisterung nicht ahnen, was alles auf mich zukommen würde. Nur eines war mir von Anfang an klar: Der einzige Mensch, den es zu besiegen galt, war ich selbst.

Ich habe ein Leben lang Sport getrieben und ein Leben lang bedauert, nicht mehr Sport zu treiben. Ich war nie eine Sportskanone, aber auch nie ein Stubenhocker. Es gab Phasen, in denen mein Ehrgeiz erwachte, es gab lange Winter des Müßiggangs. Insofern war ich für dieses Experiment wie geschaffen. Was immer mir gelingen würde, könnte vielen anderen ebenso gelingen. Zunächst musste ich mir, nach einer längeren Lesereise mit alkoholisierten und nikotinisierten Abenden, eine gewisse Grundfitness aneignen. Das erste halbe Jahr verwendete ich darauf, mir eine solide Kondition anzutrainieren. Als neues Mitglied in einem schicken Fitnessklub nahm ich Stunden bei einem *Personal Trainer*. In diesem Zeitraum weihte ich so gut wie niemand in mein Projekt ein, um Reaktionen wie etwa »Du willst hundertfünfzig Kilometer Radfahren? Du? Der Wampenträger als Wasserträger!« zu vermeiden. Heimlich, still und leise kaufte ich mir neue Trikots und schnürte die Laufschuhe.

Nach einigen Monaten war ich ausreichend wiederhergestellt, um anderen von meinem Projekt erzählen zu können, ohne einen Lachanfall hervorzurufen. Die Reaktionen fielen trotzdem nicht immer ermutigend aus. Die meisten vermuteten ein Missverständnis und fragten erst einmal nach. Dann fragten sie noch einmal nach. Viele schüttelten ungläubig den Kopf und erklärten mich für verrückt. Sie waren zwar beeindruckt, aber eher wie von einem indischen Fakir, der einen langen Pilgerweg auf Händen und Knien zurücklegen will. Einzig ein Freund, der seine Freizeit seit Jahren damit verbringt, für Ironman-Triathlons zu trainieren, reagierte mit emphatischer und solidarischer Begeisterung. Von dick bis dünn wurde ich unterstützt von meiner Frau, die sich selbst Kriemhild nannte, kaum gebärdete ich mich wie Siegfried. In den langen Jahren des Trainings hatte sie reichlich

Gelegenheit, ihre Augenbrauen zu einem skeptischen Bogen zu krümmen, wenn sie mich bei einer merkwürdigen, schief ausgeführten Übung ertappte. Kriemhild hüpft lieber, als dass sie läuft, planscht lieber, als dass sie schwimmt, schaukelt lieber, als dass sie turnt, zumal sie das Leben mit einem lädierten Knie meistern muss. Gemeinsames Training war also nur beim Schießen und Segeln angesagt, doch Ersteres interessierte sie nicht, bei Letzterem ging sie baden. Zwischendurch hüpften wir nebeneinander auf dem Trampolin.

Im ersten Überschwang wollte ich alle Disziplinen der Sommerspiele ausüben, bis mir bewusst wurde, dass ich auf die Mannschaftssportarten würde verzichten müssen. Es war schlichtweg nicht praktikabel, zehn bzw. fünf andere Sportler auf meinem Niveau zu finden, die bereit wären, kurz, aber intensiv mit mir zu trainieren. Aber es blieb ja Arbeit genug übrig: dreiundzwanzig Sportarten, achtzig Disziplinen. Als Nächstes musste ich dieses gewaltige Programm auf gut drei Jahre verteilen. Einige Entscheidungen ergaben sich von selbst: Der Zehnkampf würde einen krönenden Abschluss bilden. Ebenso der Marathon, in der Hoffnung, dass ich gegen Ende des langjährigen Trainings die nötige Fitness aufbringen würde. Da ich stets einige Sportarten parallel würde trainieren müssen, legte ich mir einen Plan zurecht, der konditionell anstrengende Tätigkeiten mit Disziplinen paarte, die eher technische und geistige Anforderungen stellten. Am Schießstand sparte ich die Energie, die ich für den langen Lauf danach brauchte; Segeln und Fahrradfahren ergänzten sich gut, ebenso Tischtennis und Schwimmen.

Um Effizienz bemüht, setzte ich Trainingseinheiten aus exzentrischen Duathlons und Triathlons zusammen. So nutzte ich das häufige Kentern bei meinen ersten Kajakstunden, um für eine

Weile die richtige Wasserlage beim Schwimmen zu üben, während ich umgeben von Algen in einem Seitenkanal der Donau dahintrieb. Ich lockerte die Arme, zog die Schultern nach vorne, spannte den Bauch an und schlug leicht mit den Füßen aus, neben mir das Boot, das ich sofort umgedreht hatte. Nach dem Abtrocknen lief ich die acht Kilometer nach Hause. Auf dem Weg zu einer Trainingseinheit oder auf dem Rückweg vom Einkaufen setzte ich jeden meiner Schritte mit durchgedrücktem Knie, wie es das Sportgehen erfordert, ungeachtet der verwunderten Blicke, die ich erntete. Auf die Meinung der Nachbarschaft konnte ich bei einem so dichtgedrängten Programm keine Rücksicht nehmen.

In einer typischen Woche lief ich am Montag Intervalle, lernte am Dienstag die Riposte im Degenfechten, versuchte ich mich am Mittwoch an verschiedenen Schlagkombinationen unter der Ägide einer 78-jährigen Boxlegende. Oder ich trainierte Badminton, eilte aus der Stadt hinaus in die Berge, um am nächsten Morgen einen reißenden Fluss mit dem Kajak hinabzufahren, bevor ich mich am übernächsten Tag pünktlich an der Leichtathletikanlage im Prater zum Zehnkampftraining einfand. Wenn das Wetter für das Rudern unvorteilhaft war, ging ich segeln, und umgekehrt. Manchmal kam ich mir vor wie in der Karikatur *The Seven-Second-Workout* aus *The New Yorker*, auf der ein Mann mit Glatze und überlangen Schuhen mit einer Geschwindigkeit von zwanzig Meilen pro Stunde eine Steigung von fünfzig Grad hinaufrennt, während er fünfhundert Kilo stemmt.

Trainieren geht über Studieren, heißt es. Aber wer nicht studiert, der trainiert falsch. Soviel auch über das Trainieren nachgedacht und geschrieben wird, die Grundprinzipien sind denkbar einfach. Um seine körperliche Leistung zu verbessern, muss der Mensch regelmäßig und in Einheiten von gesteigerter Intensität und Dauer in einer Mischung aus Wiederholung und Abwechslung üben. Alles Weitere ist Feinarbeit. Das ist seit langem bekannt. Neu ist höchstens das Konzept des hochintensiven Intervalltrainings (auf Englisch HIIT, was eher wie eine seltene Krankheit klingt, die man sich im Regenwald von Borneo holen kann), ein professionelles Verfahren, das inzwischen bis zu den ambitionierten Hobbysportlern hinabgesickert ist. Kondition wird nicht allein durch ausdauerndes Training aufgebaut, sondern durch kurze, besonders fordernde Übungen, durch auf die Spitze getriebene Anstrengung. Kurze Sprints oder extrem schwere Gewichte, bei denen die Sportler alles geben müssen. Den Spruch *no pain no gain* schreibt diese Methode auf den Muskelkater. Weswegen jene Gurus, die bei geringem Zeitaufwand enorme Fortschritte vorhersagen, keineswegs das Blaue vom Himmel versprechen. Ob solche auf die Spitze getriebene Effizienz die Freude am Sport steigert, ist eine andere Frage.

Wie jeder Konvertit vertiefte ich mich in die heiligen Schriften. »Das große Laufbuch«, »Das große Fitnessbuch«, »Die Trainingsfibel«, »Alles, was Sie wissen müssen über Übungen, die ein jeder ohne weitere Hilfsmittel innerhalb von zwölf Minuten überall absolvieren kann«. »Ich lerne Fechten«, »Boxen basics«, »Badminton Training«. Jedes Mal kam ich mir wie ein Abc-Schütze vor. Ich informierte mich über alle technischen Hilfsmittel. Mein Bruder schenkte mir ein Gerät, das ein strenges Akronym trug (TRX) und von einem Soldaten der US-Navy-SEALs während eines Einsatzes in Asien entwickelt worden war, der sich vor lauter Sehnsucht nach dem heimischen Fitnessstudio mit einem Tau und den Strippen eines Fallschirms behalf. (So wie einst

Joseph H. Pilates, Boxer und Zirkusartist in London, nach dem Ausbruch des Ersten Weltkriegs von den Briten interniert, obwohl er Scotland-Yard-Beamten Selbstverteidigung beigebracht hatte, in der Not aus Einrichtungsgegenständen Sportgeräte gebastelt hatte.) Inzwischen sind die TRX-Seile wie auch die Pilates-Geräte modisch aufgepeppt und erfüllen hauptsächlich den Zweck, faulen Entschuldigungen den Garaus zu machen. Ebenso gewissenhaft studierte ich die Evangelien der richtigen Ernährung und entschied mich auf diesem sektiererischen Markt für eine strenge Low-Carb-Diät, schränkte somit meinen Konsum von Kohlenhydraten extrem ein, was allmählich zu einem Frühstück führte, über das sich alle Freunde lustig machten: Linsen, Sauerkraut, Ei und Hüttenkäse, indisch gewürzt.

Schon nach wenigen Wochen realisierte ich, dass mein Körper ein Buch war, in das ich bislang kaum hineingelesen hatte. Ein erstaunliches, sich selbst fortschreibendes Buch, das immer wieder neue Kapitel auftat. Nach jeder ersten Trainingseinheit einer neuen Sportart deklinierte mein Körper Muskeln, die nie zuvor zur Sprache gekommen waren. Die Erkenntnis, dass es über sechshundert verschiedene gibt, wurde mir subkutan vermittelt. Richtig trainieren, das begriff ich allmählich, bedeutet nichts anderes, als eine ehrliche Unterhaltung mit dem eigenen Körper zu führen.

Kriemhild achtete auf jede Veränderung an mir. Nach einem Jahr Training klatschte sie in die Hände und rief begeistert aus:

»Du hast ja einen Twopack.«

»Was soll das denn sein?«

»Ein Drittel eines Sixpacks.«

Ich fühlte mich gehörig geschmeichelt und sah mich vor meinem inneren Auge auf dem nächsten Cover von Men's Health:

»Twopack in sechs Monaten. Das neue Wundertraining.« Vom Ehrgeiz gepackt, eilte ich in die nächste Buchhandlung und kaufte mir das jüngst erschienene Werk »Sixpack in 66 Tagen«. Ich hatte die Wahl zwischen »Sixpack in 6 Wochen«, »Sixpack in 90 Tagen«, »Die Sixpack-Strategie« sowie einer Vielzahl anderer Sixpackiana. (»Ohne die Sixpack-Bücher«, vertraute mir die Buchhändlerin an, »hätte ich den Laden schon längst dichtmachen können.«) Alle diese Werke, unabhängig davon, ob sie eher gymnastisch fokussiert oder ernährungsphysiologisch-stoffwechseltechnisch versiert sind, erteilen in der Quintessenz ein und dieselben Ratschläge:

1. Weniger essen.
2. Richtiger essen.
3. Mehr trainieren.
4. Richtiger trainieren.

Das sind sie, die vier Geheimnisse des Sixpack-Mysteriums, meine Urformel des Waschbrettbauchs, die mich in den Ratgeberolymp katapultieren wird.

Die Zeit drängte, und es war nicht immer leicht, einem Trainer, der sein Leben einer bestimmten Sportart gewidmet hat, zu vermitteln, dass ich mich im Schnellverfahren, in einigen Wochen oder Monaten, vom blutigen Anfänger zu einem halbwegs akzeptablen Hobbysportler wandeln wollte, der im besten Fall in der Lage sein würde, an einem Wettkampf teilzunehmen und den letzten Platz zu gewinnen. Bei jeder Begegnung mit einem neuen Trainer erntete ich erst einmal Kopfschütteln ob der geringen Zeit, die ich zu investieren gedachte, um die Sportart kennenzulernen, von der ein jeder Trainer annahm, sie sei komplex und schwer zu erlernen. Selten sagte ein Trainer: Kein Problem, das kriegen wir im Handumdrehen hin. Manche überzeugten mich, dass mein Unterfangen in ihrer Sportart schlichtweg unsinnig und unmöglich sei (etwa im Reiten oder im Turnen), weswegen ich mich in solchen Fällen mit einem Anfängerkurs und ein wenig teilnehmender Beobachtung begnügen musste.

Um nicht ins Blaue hinein zu trainieren, hatte ich mir bei jenen Sportarten, die messbare Ergebnisse hervorbringen, das Ziel gesetzt, halb so gut wie der Olympiasieger von London 2012 zu sein. Das erwies sich in manchen Disziplinen als einfach (etwa beim Luftgewehrschießen), in anderen als unmöglich (etwa beim Wasserspringen), bestimmte aber oft erstaunlich genau die Grenze des für mich Erreichbaren. Bei anderen Sportarten, etwa den Ballsportarten, konnte ich nicht mehr anstreben, als das Alphabet der Schläge zu erlernen. Es kam mir entgegen, dass die meisten Trainer Wert auf eine solide Ausbildung der technischen Fertigkeiten legten. Auch wenn sie wussten, dass wir kein stabiles Haus würden bauen können, bestanden sie auf einem soliden Fundament. Allerdings fingen einige von ihnen während der gemeinsamen Trainingszeit Feuer, wandelten sich zu begeisterten Mittätern, die mich anspornten und antrieben.

In den meisten Sportarten erlebte ich einen Moment der Erkenntnis und Offenbarung, einen Durchbruch, einen Quantensprung (nur für mich natürlich: Mann, Mond und die Metaphorik der Schritte), einen Moment, in dem ich etwas Wesentliches über die jeweilige Disziplin begriff und soweit verinnerlichte, dass ich es umzusetzen vermochte. Das waren Glücksmomente. Einmal, in einer Juliwoche 2014, geschah dies in verschiedenen Disziplinen an aufeinanderfolgenden Tagen. Am Mittwoch gelang mir in einem Freibad, bei entgleitender Abendsonne, die entscheidende Hüftrotation, die müheloses Kraulen ermöglicht. Und am Donnerstag, auf einem Seitenarm der Donau, paddelte ich, auf einem kippligen Kajak sitzend, mehr als eine Stunde, engagiert und gelegentlich beschleunigend, ohne zu kentern (beim vorangegangenen Training war ich bei einem heftigen Wind, der die Wasseroberfläche aufraute, sechs Mal ins Wasser gefallen).

Solche Erfolgserlebnisse blieben bestehen, wurden weder relativiert noch zunichtegemacht durch die folgenden Rückschläge, denn ich betrieb die jeweilige Sportart nicht ausgiebig genug, um den unweigerlich einsetzenden Frust der gekrümmten Lernkurve – zunächst schneller Fortschritt, der allmählich abflaut, bis er sich sogar ins Gegenteil verkehren kann – zu erfahren. Im Gegenteil, ich war motiviert durch die rasanten Fortschritte, die mich nach wenigen Trainingsstunden in jede Sportart so hineinführten, dass ich meist ihrer Faszination erlag, ihren besonderen Reiz erkannte, ihre Schwierigkeiten ermessen konnte. Es ist erstaunlich, wie schnell man, als mittelmäßiges Talent in mittleren Jahren, eine völlig unbekannte Tätigkeit derart erlernen kann, dass sie einem Freude bereitet. So intensiv, dass ich bei jedem Neuanfang eine unerwartete Sehnsucht nach der aufgegebenen Sportart spürte, bevor eine neue Faszination die entstandene Leerstelle füllte.

Dieses Buch beschreibt die vier Jahre meines Lebens zwischen den Olympischen Sommerspielen in London und denen in Rio de Janeiro 2016. Vier Jahre, in denen ich fast jeden Tag sportelte oder, wenn ich aus Zwang oder freiem Willen eine Pause einlegte, über Sport nachdachte. Vier Jahre, in denen ich oft in mich hineingehorcht und mich beobachtet habe. Vier Jahre, in denen ich intensiver gelebt habe als sonst. Vier Jahre, in denen ich viel über den Menschen erfahren habe, über seine Sinne und Sehnsüchte, seine Ambitionen und Illusionen. Zweifellos, Sport ist Kampf. Doch Wettkampf, nicht Konflikt. Wichtiger als das Kräftemessen mit einem Kontrahenten ist die Überwindung aller Widerstände, des Wassers, der Luft, das Verschieben der Grenzen der eigenen Anatomie und des eigenen Geistes.

Ich habe einiges über mich selbst erfahren, was ich in diesem Buch gelegentlich anspreche, obwohl ich der modischen Sprache der Selbsterkenntnis misstraue. Entdecke dich selbst! Du kannst mehr, als du glaubst! Wachse über dich hinaus! In dir schlummert ein Tiger (oder irgendein anderes vom Aussterben bedrohtes Tier)! In unseren durchökonomisierten Zeiten wird Selbsterkenntnis zu einem Bestandteil der erstrebenswerten Flexibilität reduziert, die einem ermöglicht, konkurrenzfähig zu bleiben, vergleichbar dem regelmäßigen Dehnen der Muskeln. Ein Satz wie »*You're stronger than you think*« (prangt auf einer meiner Trinkflaschen) ist grundsätzlich weder falsch noch richtig, als Werbespruch aber verdächtig glatt. Man stellt sich gleich einen Coach mit dem Aussehen von Tom Cruise beim Wochenendseminar mit Powerpoint-Präsentation vor: Gehe an deine Grenzen, und du wirst alle Hindernisse überwinden. Die Wahrheit ist, dass man oft schwächer ist, als man denkt, und dass man immer wieder scheitert an den Hürden, die einem das Schicksal oder der eigene Übermut in den Weg stellt.

Sport ist aber auch eine kulturelle Leitidee, übernimmt eine wichtige Funktion in der Gesellschaft. Die militärischen Ursprünge (Disziplin, Selbstüberwindung, Härte) wirken genauso nach wie die inhärenten sozialen Absichten (Kameradschaft, Solidarität, Gemeinsamkeit). Jene, die sich einer Sportart verschrieben haben, betrachten diese entweder als Kunst, als Wissenschaft oder als Religion. Wenn sie reden, ob in Zahlen oder Chiffren oder Schibboleths, offenbaren sie einen affirmativen Gestus oder einen emanzipatorischen Anspruch. Beides wirkt nebeneinander, manchmal sogar miteinander. Die althergebrachten Rituale, die in manch einer Sportart den Rahmen setzen, die Stimmung beeinflussen, werden von den einen streng eingehalten, von anderen spöttisch unterlaufen. Alle Sportler partizipieren an den kultischen Handlungen, manche als Hohepriester, andere als Ketzer.

Sport weckt Emotionen, provoziert Haltungen. Ich traf auf Apodiktiker und Rabulistiker, auf Häretiker und Fanatiker. Ich erlebte ideologische Grabenkämpfe zwischen Rationalisten und Esoterikern, zwischen Technomanen und Intuitiven. Einmal, beim Bogenschießen, wurde ich zu einem unschuldigen Pfand in einer Schlacht zwischen zwei Trainern mit unterschiedlichen Lehrmeinungen. Sport stiftet für viele der Menschen, die ihn intensiv betreiben, existentiellen Sinn. Sie werden von dieser Tätigkeit »davongetragen«, gemäß der etymologischen Herkunft des Wortes Sport aus dem lateinischen *de(s)portare*. Beim Training behalten sie die Zeit im Blick, weil sie meistens auf bestimmte Ziele hin trainieren. Danach, auf dem Sportplatz oder im Klubraum oder im Gasthaus, werden eigene und fremde Leistungen noch stundenlang besprochen. Bei Wettkämpfen wird ein erstaunlicher Ehrgeiz an den Tag gelegt. Wer sich einbildet, die älteren Semester würden mit abgeklärter Weisheit und ironischer Brechung in den Wettkampf trotten, wird eines Besseren belehrt. Gerade bei den Senioren begegnet man einer Ambition, die zunehmend lauter nach Verwirklichung schreit, weil sie zu lange nicht befriedigt wurde. Sport ist eine Arena der Leidenschaften.

Für nicht wenige der Menschen, mit denen ich trainieren durfte, war der Sport ein zentraler Bestandteil ihres Lebens, für manche von ihnen wichtiger als ihr Beruf, eine Tätigkeit, bei der sie eine Reise vom Ich zum Selbst vollzogen, oft zusammen mit anderen. Wer also – so wie ich – die Welt des Sports durchstreift, holt sich nicht nur einen Sonnenbrand und einen Twopack (beides vergänglich), sondern erfährt einiges über das Wesen des Menschen (von Dauer). Sport ist eine anthropologische Konstante. Auch wenn der Mensch nur einem Ball hinterherjagt.

IM WASSER

> *Geehrte Festgäste! Ich habe zugegebenermaßen einen Weltrekord, wenn Sie mich aber fragen würden, wie ich ihn erreicht habe, könnte ich Ihnen nicht befriedigend antworten. Eigentlich kann ich nämlich gar nicht schwimmen. Seit jeher wollte ich es lernen, aber es hat sich keine Gelegenheit dazu gefunden. Wie kam es nun aber, daß ich von meinem Vaterland zur Olympiade geschickt wurde? Das ist eben auch die Frage, die mich beschäftigt.*
>
> Franz Kafka, *Der große Schwimmer*

■ Schwimmen (im Becken)

Wasser ist unser fernster Verwandter. Unser Körper hat in etwa die Dichte von Wasser. Deswegen gehen wir nicht unter. Zumindest nicht sofort. Unser Körper besteht überwiegend aus Wasser, bei Neugeborenen etwa zu achtzig Prozent – der Wasseranteil nimmt im Laufe des Lebens ab, wir trocknen allmählich aus, bis zum logischen Endresultat: der Mumie. Wenn Sie jemanden kennenlernen, schwappt Ihnen knapp ein halber Hektoliter Wasser entgegen. Trotzdem ist der Mensch für längere Aufenthalte im Wasser nicht geschaffen. Wenn er schwimmt, begibt er sich in ein fremdes Element. Es ist eine gute Weile her, dass unsere Vorläufer an Land gekrochen sind.

Laufen ist die Beschleunigung einer gewohnten Bewegung, Schwimmen hingegen der Aufbruch in ein Reich der Träume, in dem die Normen des Alltags nicht gelten. Im Wasser können wir nur selten vergessen, dass wir zu Gast sind. Mühsam entwickeln wir ein Gefühl für das Element. Schwimmen ist die schwierigste aller Annäherungen.

Andererseits ist Schwimmen geradezu pathologisch gesund. Im Wasser, achthundermal dichter als Luft, erfolgt jede Bewegung gegen einen starken Widerstand. Der Kraftaufwand ist hoch, das Verletzungsrisiko gering. Wegen des Auftriebs (bei Frauen stärker als bei Männern) werden die Gelenke geschont. Zudem presst das Wasser die Blutgefäße unter der Haut zusammen, das Herz muss mehr arbeiten, um alle Muskeln mit Blut zu versorgen, die Folge: mehr Lungenvolumen, ein kräftigeres Herz.

Und doch gab es für mich gute Gründe, das Schwimmbad zu meiden: Der Chlorgeruch, der einen umschlingt wie ein Dunst aus der Unterwelt; und die Monotonie der einsamen Bahnen, die jegliche Abwechslung negierenden Kacheln am Beckengrund. So folgte ich dem Lockruf des Wassers nur, wenn dieses zum Horizont führte.

Freistil

Schwimmen lernte ich mit knapp fünfzig; die Kunst, nicht zu ertrinken, beherrsche ich seit dem siebten Lebensjahr. Als Kind konnte ich im Bruststil zum Riff hinausschwimmen, im Internat eine Meile im Schwimmbecken überstehen, in studentischen Sommern lange im Meer ausharren, aber das, wonach sich mein schwaches Schwimmerherz sehnte – ruhiges, kraftvolles, ausdauerndes Kraulen –, blieb mir versagt. Bis ich mich an einem windigen Frühlingstag aufmachte, »nach Art der Fische« schwimmen zu lernen – so lautete das Versprechen einer neuen Technik mit dem etwas blechernen Namen *Total Immersion*.

Adepten von TI (wie *Total Immersion* abgekürzt wird) sprechen von der Entdeckung dieses Schwimmstils wie von einem religiösen Erweckungserlebnis und von seinem Erfinder Terry Laughlin wie von einem Guru. Sie schwärmen von dem unvergleichlichen Gefühl, durch das Wasser zu gleiten, als würde man die Moleküle durchschneiden. Das klingt nach schlechter Poesie, aber aufregender Erfahrung. Julia, eine Ärztin, die sich mit Sommersprossen und blonden Haaren dieser Lehre verschrieben hat, verspricht mir zu Beginn das Blaue vom Wasser; sie wird ihr Versprechen (nicht ganz) halten.

Zunächst lässt sie mich einige Bahnen kraulen, filmt mich und zeigt mir anhand der Aufnahmen auf dem Tablet, was ich alles falsch mache (fast alles). Wir beginnen mit Grundsätzlichem: Wie liegt man richtig im Wasser? Mit entspannten Armen, die Schultern etwas nach vorn gestreckt, der Rumpf leicht angespannt. Die Beine sanft und ruhig flatternd. Auch der Kopf sollte entspannt sein, auf der Wasseroberfläche treiben, so als sei er abgeschnitten worden (Julia ist, wie schon erwähnt, Medizinerin). Die meisten Schwimmer halten den Kopf zu weit oben, was die Hüften sinken lässt, so dass eine gute Wasserlage nicht mehr möglich ist. Am ersten Tag lerne ich nicht mehr, als den Brustkorb ins Wasser zu drücken. Solange ich absinke, können wir nicht fortfahren.

Wer wie ein Stück Holz treibt, kann mit weniger Aufwand schwimmen. Wasser ist eine widersprüchliche Herausforderung. Je mehr unkontrollierte Kraft man einsetzt, desto mehr Widerstand entsteht. Wer schneller oder stärker mit den Armen zieht, verschwendet nur Energie, wie der kraftstrotzend-hilflose Versuch des athletisch gebauten Éric Moussambani aus Äquatorialguinea bei den Spielen in Sydney bewies, an dessen Ende der Olympionike fast ersoff. »Die schnellsten Schwimmer«, so eine Quintessenz der TI-Lehre, »benötigen am wenigsten Züge«.

Ein durchschnittlicher Schwimmer verwandelt nur drei Prozent seines Kraftaufwands in Vorwärtsbewegung, Michael Phelps immerhin neun Prozent, ein im Vergleich erstaunlich hoher Koeffizient, denn an Land sind Spitzenathleten im Durchschnitt »nur« zwanzig Prozent effizienter als Hobbysportler.

Beim Schwimmunterricht in der Schule konzentrierten wir uns auf Oberkörper und Beine, übten mit Flossen und *Pull Buoys*, um Armzug und Fußschlag zu verbessern. Jetzt wird mein Körper vertikal in zwei Hälften geteilt und Schwimmen als Serie von Gleitphasen vermittelt, unterbrochen von einer Rotation, weswegen der Körper meist seitlich im Wasser liegt, wie ein Boot mit leichter Krängung. Die Arme, angeführt von dem spitzen Ellenbogen, werden nach vorn gezogen – in Julias Worten »als sei der Unterarm amputiert worden« –, um diese Rotation zu erleichtern.

Die Hände werden zum Anker, als würde man das Wasser festhalten, um sich vorwärtszuziehen.

»Es ist wie eine Therapie, hat ein Kunde mal zu mir gesagt.«

Die Hände strecken sich möglichst weit nach vorn und warten dort, kurz, aber geduldig.

»Was man zwischen den Zügen tut, ist wichtiger, als wie man die Züge ausführt.«

Die Hände schlüpfen ins Wasser wie in einen Ärmel, laut- und spritzerlos.

Manchmal geht einem ein Licht auf. Auf einmal gleite ich durch das Wasser wie ein Propeller. Es fühlt sich nicht an, als würde ich schwimmen, sondern schweben. Je mehr Rotation ich verspüre, desto weniger erkenne ich die Leichtigkeit meines Körpers wieder.

Leider geraten Erkenntnisse wieder in Vergessenheit. Ich arbeite in der Folge mit Hilfe unterschiedlicher Übungen täglich an meinem Wassergefühl. Manchmal stellt sich das gewünschte Feeling unvermittelt ein, an anderen Tagen bleibt es aus, egal wie präzise ich die Bewegungen ausführe. Zu Hause schaue ich mir immer wieder das Video des schwimmenden Shinji Takeuchi an, Head Coach von TI Japan, in dem Bemühen, seine perfekten Bewegungen zu verinnerlichen.

Als Nächstes wenden wir uns der Atmung zu, für viele ungeübte Schwimmer das größte Problem beim Kraulen. Die Erkenntnis lautet: »Das Ausatmen ist wichtiger als das Einatmen.« Das hat mir vorher noch nie jemand erklärt. Entscheidend für die Atemnot sei nicht der Mangel an Sauerstoff, sondern die übermäßigen Rückstände von Kohlenwasserstoff in der Lunge. Deswegen sei es zwar wichtig, tief und gleichmäßig einzuatmen, wichtiger noch, die Luft nicht anzuhalten, sondern sofort langsam und kontinuierlich auszuatmen.

Heureka!

Bald schwimme ich mit erstaunlicher Ausdauer, ein zeitgenössischer Leander, das 25-Meter-Becken in Hütteldorf mein Hellespont, das Neonlicht mein Leuchtfeuer, Kriemhild meine Hero. Ich schwimme der Vergangenheit entgegen. Durch die Geschichte bis zu jener Nacht, da ein Sturm das Licht löschte, an dem sich Leander orientierte. Er ertrank, und Hero nahm sich das Leben.

Leander war als Liebender außergewöhnlich, nicht aber als Schwimmer. Die Antike fühlte sich im Wasser wohl. In Athen gehörte Schwimmen zur männlichen Grundausbildung. Tölpel wurden mit dem Satz abgekanzelt: »Er kann weder schwimmen noch lesen.« Im antiken Rom gab es über achthundert Schwimmbäder, einige von ihnen so groß, dass sie bis zu tausend Schwimmer fassen konnten. Eine europäische Großstadt kommt heute bestenfalls auf einige Dutzend öffentliche Bäder.

Das Mittelalter dämonisierte das Schwimmen so wie den Sex. Es galt als sinnlich, dem Körperlichen untertan, dem Geistigen abhold, daher teuflisch – Schwimmen war eines der Opfer des Christentums. Die Renaissance hat uns wieder ins Wasser geführt. Der Machiavelli des Schwimmens hieß Everard Digby, sein epochales Lehrbuch »De arte natandi«. Mit der Aufklärung schwamm sich der Mensch von den sittenstrengen Konventionen frei. Benjamin Franklin stählte sich in der Themse, die Romantik vertraute sich dem Wasser an. Der berühmteste aller Schwimmer war Lord Byron, der sich im Keller seines Anwesens, dort, wo einst Mönche Leichen einbalsamiert hatten, ein Becken ausgraben ließ. Byron schwamm überall, in schottischen Seen ebenso wie im Canal Grande, und er durchquerte den Hellespont im Kielwasser Leanders. »Ich brüste mich mit dieser Leistung mehr als mit jeder anderen Art von Ruhm, ob politisch, poetisch oder rhetorisch.« Für Byron war Schwimmen so wichtig wie Sex.

Auch die Dichterkollegen Algernon Charles Swinburne und Edgar Allan Poe waren ausgewiesene Langstreckenschwimmer. Poe überwand die Strömungen des James River in Virginia und war pikiert, als ein Leser seine Leistung mit jener von Byron verglich. Flaubert, der als Kind vor Trouville das Schwimmen erlernt hatte, sprang zweimal täglich in die Seine, um sich vom Schreiben abzukühlen. Walt Whitman suchte Heilung durch das Schwimmen. Für Paul Valéry war Schwimmen *fornication avec l'onde* (Wellensex), für Yukio Mishima eine stählende Passion. Ohne das Schwimmen hätte die Literaturgeschichte einen anderen Verlauf genommen.

Die (homo)erotische Komponente zieht sich wie ein einteiliger Anzug (Anfang des 20. Jahrhunderts von der Australierin Annette Kellerman eingeführt) durch die Schwimmgeschichte. »Ich habe Deinen schönen Leib oft, wenn Du in Thun vor meinen Augen in den See stiegest, mit wahrhaft mädchenhaften Gefühlen betrachtet«, schrieb Heinrich von Kleist dem preußischen Offizier Ernst von Pfuel. Es ist schwer, den langen, geschmeidigen Muskeln der Schwimmer seine Bewunderung zu verweigern, auch wenn diese sich ihrer Schönheit durchaus bewusst sind, so wie sie sich lasziv vor dem Start recken, als diene das Wasser vor allem dem Zweck, sie zu spiegeln. Wer sich als Mann für einen bestimmten Körperbau frei entscheiden dürfte, würde bestimmt die Figur eines Schwimmers wählen.

Natürlich entdeckte auch Hollywood die kaum sublimierte Sexualität des Schwimmens. In den Filmen mit Esther Williams wird der Pool zu einer vielversprechenden Spielwiese, zum Zentrum des Vergnügens an sich. Esther Williams überlässt sich nach einem Schwalbensprung dem Wasser, tollt umher, pure Lust, reine Freude. Und ein Kuss verbindet das Wasser mit dem Land, auch wenn klar ist, dass der Kerl am Beckenrand mit dem Wasser nicht konkurrieren kann.

»Im Wasser«, sagte Esther Williams einmal, »bist du von Gewicht und Alter befreit.«

Auf den Sommer des Lernens folgte der Herbst des Übens, in Sri Lanka, bei der *One World Foundation*, wo ich drei Monate in einem Bungalow mit Schwimmbecken vor der Schiebetür verbringen durfte. Das Becken war zwar nur dreizehn Meter lang, aber ich musste es nicht mit jemandem teilen, der in meine Intimsphäre eindrang. Die so friedlich wirkenden Schwimmbäder sind in Wirklichkeit Kampfzonen. Mittelschnelle Schwimmer wie ich werden an den Rand gedrängt von Torpedos und aufgehalten von plantschenden Rentnern. Es gibt eine Etikette, aber die einen kennen sie nicht, die anderen halten sie nicht ein. Selbst wer sich umsichtig benimmt, provoziert gelegentlich aggressive Reaktionen. Unweigerlich schwimmt man jemandem irgendwann zu nahe. Für Rassisten ein Albtraum, weswegen die Segregation in den USA nirgendwo so beharrlich verteidigt wurde wie in den Schwimmbädern.

In Sri Lanka habe ich das Becken für mich allein. Ich versuche jede Bahn bewusst zu schwimmen, indem ich an einen bestimmten technischen Aspekt denke und mich auf dessen korrekte Ausführung konzentriere. Siehe da, die Freude am Kraulen stellt sich ein, zum ersten Mal in meinem Leben schwimme ich lieber Kraul als Brust. Das Wasser streichelt meine Haut; ich spüre, wie ich süchtig werde. Am Abend freue ich mich auf das Schwimmen in der Früh. Am Morgen ziehe ich meine Bahnen in der sanften Stunde des Sonnenaufgangs. Die Silhouetten der Palmen werden plastisch, die Wolken treiben auf dem ersten Licht des Tages dahin. Ich schwimme bei jedem Wetter, auch wenn es regnet und stürmt. Ich genieße es, wenn Tropfen mir ins Gesicht peitschen. Und staune Mal um Mal, dass ich nach einer Stunde nicht erschöpft, sondern voller Energie aus dem Wasser steige.

Doch mein Genuss kann über gewisse Schwächen nicht hinwegtäuschen. Julia, die mir per Ferndiagnose zu helfen versucht, moniert den Armzug, zunächst, dann auch einiges andere:

»Denke daran, den Arm mit dem Ellbogen voran aus dem Wasser zu nehmen, der Ellbogen führt die Bewegung an!!!

Führe ihn nach außen und oben (denke an das Bild eines hölzernen Tores, das aufschwingt, und an das rechtwinkelige Dreieck – wenn man von vorne auf dich schaut –, wobei der rechte Winkel vom Ellbogen mit Unter- und Oberarm gebildet wird).

Führe den Ellbogen hoch und weit nach vorne (denke daran, wie dabei jeder Zentimeter zählt, weil er Gewicht nach vorne bringt).

Achte darauf, dass dein Unterarm und die Hand dabei ganz entspannt der Schwerkraft folgend nach unten hängen (richtiggehend am Ellbogen ›baumeln‹).

Achte darauf, dass die Hand auf gleicher Höhe wie der Ellbogen des gegenüberliegenden Arms in das Wasser eintaucht.

Achte darauf, dass das Eintauchen, die Rotation und das Ausstrecken EINE Bewegung wird, die durch die Rotation der Hüfte zustande kommt (Bild: Sprungfeder).

Rotiere dynamisch, rhythmisch wie ein Pendel.«

Es ist so viel zu beachten, zu viel vielleicht, die teilweise verwirrenden technischen Anweisungen lassen sich schwer in meine Körpersprache übersetzen. Wenn ich zu sehr an meinen Ellbogen oder an irgendein anderes Körperteil denke, werde ich schwerfälliger. Ich rotiere zwar weiter, aber weitaus weniger lustvoll als zuvor. Wenn es wässrige Sackgassen geben sollte, habe ich eine erreicht. Auf die nächste Videoaufnahme reagiert Julia mit unverhohlener Enttäuschung, die mich auf meine Exkommunikation vorbereitet. Sie wirft mir vor, »dass sich irgendetwas in Dir dagegen wehrt, Dich dieser Aufgabe ganz hinzugeben«. Sie erkennt »seit geraumer Zeit keine Fortschritte«. Sie fragt sich, ob sie als Coach oder ich als Schüler versagt habe. Sie macht sich Sorgen, dass ich mein »scheinbares Versagen nicht ertragen« könne. »Erinnerst Du Dich, dass ich Dich in der letzten Stunde im Stadionbad gebeten habe, ein Schwimmtagebuch für mich zu führen, nicht im Sinne eines Leistungsnachweises, sondern auf emotionaler Ebene: Was gelingt? Wie fühlt es sich an? Was gelingt nicht? Was hindert mich an der Umsetzung? Was sind meine Bedenken?« Die Mail endet mit einem Satz des Propheten Terry, direkt auf Englisch: »*More than swimming! Swimming that changes your life!*«

Das ist der Augenblick, an dem ich zu einem Häretiker jener Religion werde, in die ich erst vor kurzem eingeführt worden war. Ich schwimme weiter, aber es schwebt ein Schatten über mir.

Nachdem ich einige Monate lang täglich zweimal meine Bahnen gekrault bin, kann ich mir den prototypischen Schwimmer nur als introvertierten Individualisten vorstellen. Das Gewässer, das er durchschwimmt, ist der Ozean der eigenen Leidenschaften. Eigentlich tauchen Schwimmer nicht ins Wasser ein, sie vertiefen sich ins eigene Ich.

Die technische Komplexität des Schwimmens kommt in der Entwicklung der Weltrekorde innerhalb des letzten halben Jahrhunderts zum Ausdruck. Während es in der Leichtathletik (wenn überhaupt) nur geringe Verbesserungen gegeben hat, haben die Schwimmer ihre Zeiten phänomenal nach unten geschraubt: Lag der Weltrekord vor sechzig Jahren über 100 Meter Freistil noch bei 55,4 Sekunden bei den Männern und 1:02 Minuten bei den Frauen, sind es heute 46,91 Sekunden bei den Männern und

52,07 Sekunden bei den Frauen. Allerdings gab es seit 2009 keine weitere Steigerung – vielleicht haben sich die wissenschaftlichen Erkenntnisse erschöpft.

Beim Sprint über 50 Meter (was Freistil heißt, bedeutet praktisch stets Kraul) atmen die besten Profis übrigens während des gesamten Rennens kein einziges Mal. Das habe ich nicht nachgemacht.

50 Meter Freistil: Der Olympiasieger: 21,34. Ich: 44,5.
100 Meter Freistil: Der Olympiasieger: 47,52. Ich: 1:31,9.
200 Meter Freistil: Der Olympiasieger: 1:43,14. Ich: 3:28,4.
400 Meter Freistil: Der Olympiasieger: 3:40,14. Ich: 7:25,9.
1500 Meter Freistil: Der Olympiasieger: 14:31,02. Ich: 30:11,0.

Rückenschwimmen

Tarik, in Frankfurt geboren und aufgewachsen, gehört zu jenen Trainern, die technologisch auf dem neuesten Stand sind. Als Erstes muss ich bei ihm zum TÜV antreten: Gleichgewichts-, Dehn- und Kraftübungen. Ausgewertet von »*Functional Movement Systems*« (bei den Fitness-Coaches wird ähnlich viel anglisiert wie bei den Marketing-Experten). Das Resultat: aufgrund von asymmetrischen Bewegungsmustern nur bedingt schwimmtüchtig. Vor allem meine Schultermobilität ist eingeschränkt, beim Rückenschwimmen ein ernstzunehmender Nachteil. Tarik schenkt mir einen Tennisball und zeigt mir Übungen, bei denen ich den Ball mit der Schulter gegen die Wand drücken soll. Beim ersten Versuch mache ich etwas falsch, es tut so weh, dass ich beschließe, die klapprige Kiste namens Körper nicht mehr auf diese Weise aufzumotzen.

Rückenschwimmen ist umgedrehtes Kraulen. Das Grundprinzip ist ähnlich – eine zyklische Bewegung mit gleichmäßiger Rotation –, der Beinschlag ebenfalls. Und dass man sich ins Wasser drückt, um mehr Auftrieb zu erhalten, habe ich auch schon erfahren. Wir beginnen mit dem Beinschlag. Ich soll mit gestreckter Hüfte so treten, dass das Wasser »kocht«; mit gestrecktem Fußgelenk von unten gegen die Wasserdecke schlagen. Allmählich die Frequenz steigern. Kurze Amplituden sind vorteilhaft, damit das Wasser nicht zwischen den Füßen hindurchfließen kann, was zudem die Hüfte hebt. Grundsätzlich sollte beim Rückenschwimmen das Wasser unter dem Körper durchfließen. Von Vorteil wären ein langer Oberkörper, riesige Hände und Füße so groß wie Flossen (»am besten«, meint Tarik, »wären natürlich Schwimmhäute«).

Nacheinander üben wir eine Viertelrotation, mit der Schulter vor das Kinn, sowie eine halbe Rotation, allein mit dem Oberkörper, die Hüfte sollte möglichst stabil bleiben. Einseitig wird der Arm hinzugenommen, bedächtig eingesetzt nach zwölf Beinschlägen. Die Rückenbalance wird verbessert, indem der Arm vertikal innehält, bis das Wasser hinabgeflossen ist. »Warte, bis er trocken ist. Ein nasser Arm bedeutet, du warst zu schnell.«

Obwohl mich Tarik zigmal gewarnt hat, dass die rote Markierung die letzten fünf Meter vor dem Beckenrand anzeigt, schlage ich trotzdem immer wieder mit dem Kopf an, womit bewiesen wäre, dass Wissen nicht vor Kopfschmerzen schützt. Vielleicht führt Tarik deswegen den passend genannten »Korkenzieher« ein, das Drehen von der Rücken- in die Kraullage, nötig für die Wende, die man mit Blick nach vorn vollzieht.

Bald schon arbeiten wir an den Kleinigkeiten, die das Wesentliche ausmachen: die Hand leicht nach außen gestreckt, auf Ein-Uhr, den Daumen raus, den kleinen Finger rein. Im Moment des größten Widerstands den Arm und die Schulter nach hinten werfen.

»Du hast ein Problem«, teilt mir Tarik mit. »Wir haben alle ein Problem. Wir sind biologisch programmiert, Kraft zu sparen. Du musst deinen Körper zwingen, nicht durch das Wasser zu wischen, sondern den Druck aufrechtzuerhalten, jedes Mal. Das ist anstrengend, auch mental.«

Das trifft für das Rückenschwimmen in besonderem Maße zu, denn die Wasserlage vermittelt einem eher ein Gefühl von Müßiggang als von Dynamik.

100 Meter Rücken. Der Olympiasieger: 52,16. Ich: 2:00,5.
200 Meter Rücken. Der Olympiasieger: 1:53,41. Ich: 4:08,8.

Brustschwimmen

Brustschwimmen ist einfach. Schnell Brust zu schwimmen ist schwer. Diese Lage ist bestens geeignet für Lernende und Müßiggänger, für ein erfrischendes Bad im Meer, für die sichere Überquerung eines Flusses. Sie wurde nicht von Fischen inspiriert, sondern den Lurchen abgeschaut, weswegen bis Ende des 19. Jahrhunderts mancherorts neben den Schwimmbecken in kleinen Wannen Frösche gehalten wurden, quasi als lebende Stilkunde. Brustschwimmen war lange Zeit die bevorzugte Technik. »Der Frosch ist ein vortrefflicher Schwimmer«, lautet die Begründung des schon erwähnten preußischen Offiziers und späteren Generals Ernst von Pfuel, »und unser Lehrmeister ist gefunden, denn die Beschaffenheit seines Körpers ähnelt in den Teilen, welche hauptsächlich zum Schwimmen nothwendig sind, sehr der des Menschen.« Kraulschwimmen kam erst 1844 nach Europa in Gestalt zweier Ojibwa-Indianer, deren Stil für Aufsehen und Ablehnung sorgte. George Catlins Beschreibung des Schwimmstils der nordamerikanischen Mandan weist übrigens erstaunliche Ähnlichkeiten mit den Vorstellungen der *Total-Immersion*-Schule auf. Doch die Europäer schwammen weiterhin mit breiter Brust, bis ins 20. Jahrhundert hinein.

Trotz offensichtlicher physikalischer Nachteile. Bei den anderen Lagen ist zu jedem Zeitpunkt eine antreibende Kraft wirksam, so dass die Athleten gleichmäßig durch das Wasser gleiten. Der Brustschwimmer hingegen gleicht einem ungeduldigen Autofahrer bei zähflüssigem Verkehr. Er beschleunigt, wenn er Arme und Füße ausstreckt, er bremst stark ab, wenn die Arme zur Seite abstehen und die Knie stark gekrümmt sind. Er drückt Wasser nach hinten, um gleich danach Wasser nach vorn zu drücken. Seine Geschwindigkeit schwankt zwischen zwei Meter pro Sekunde und Stillstand – *stop & go*.

Es ist aber auch eine Frage des persönlichen Stils. Ich habe Leonard Cohen nicht kennengelernt, bin aber neben ihm hergeschwommen, eine Stunde lang im *Breach Candy Club* in Bombay, jeder für sich, Bahn um Bahn in einem Becken, dessen Konturen den Außengrenzen Indiens nachgebildet sind. Wir blickten uns einmal an, er nickte mir nicht zu, er erwiderte nicht mein Lächeln. Später erfuhr ich, sein Guru sei in Bombay zu Hause. Er schwamm mit langen, ruhigen Zügen. Das Gleiten ausgedehnt. Den Kopf aufrecht, wie ein schwarzer Schwan. Kann man sich

Leonard Cohen als Krauler vorstellen? Kaum. Eher Mick Jagger oder Freddie Mercury.

Die frühesten Schwimmwettbewerbe im Bruststil fanden schon 36 v. Chr. unter Kaiser Sugio (oder Sujin) in Japan statt. Ein imperiales Edikt von 1603 verordnete Schwimmen als Schulsport. Schwimmen wurde in der Folge in den Samurai-Kodex integriert, wurde Teil der militärischen Ausbildung wie auch eine Zeremonie (die Japaner verwandeln bekanntlich alles in Zeremonie).

100 Meter Brust. Der Olympiasieger: 0:58,46. Ich: 2:01.
200 Meter Brust. Der Olympiasieger: 2:07,28. Ich: 4:36.

Schmetterling (früher Delfin)

Das Foto zeigt Wladimir Putin von einer weniger bekannten Seite. Sein Kopf ragt aus dem Wasser heraus, beide Arme auch, die Hände eingeknickt. Im nächsten Augenblick wird er den Schmetterlingsschlag ausführen, dynamisch, selbstbewusst, kontrolliert. Ein Bild wie dieses entsteht nicht zufällig, es wird überlegt inszeniert. Voll Kalkül zeigt es den Mächtigen bei einer Bewegung, die nicht nur Männlichkeit suggeriert, sondern zudem von ganz wenigen beherrscht wird, Putin also zugleich stark wie auch außergewöhnlich erscheinen lässt.

Die Idee hinter dieser Lage ist es, das Schwimmverhalten des schnellsten Wassertiers nachzuahmen (eine Geschwindigkeit, die von der Wissenschaft immer noch nicht hinreichend erklärt worden ist). Auch bei den Vorbildern gibt es also eine Evolution: vom Frosch zum Delfin.

Die ersten Übungen erfolgen an Land: Ich schwinge die Schulter, ich schleudere die Arme. Für Schmetterling ist eine besondere Beweglichkeit nötig, also muss ich die Brustwirbel dehnen. Tarik verlangt mir Dehnungen ab, die mich an einen Schlangenmenschen im Zirkus denken lassen, der seinen Körper in einen Schuhkarton hineinfaltet. Mein Trainer diagnostiziert Einengungen im Bereich zwischen Schulterblatt und Wirbelsäule. Alles schrecklich verspannt, bestimmt vom Schreiben (woraus zu folgern ist, dass Schriftsteller im Gegensatz zu Diktatoren keine guten Delfinschwimmer sein können). Tarik übermittelt derart schlechte Nachrichten mit einer Lässigkeit, die mich ermutigt zu akzeptieren, dass zwar alles möglich ist, aber keineswegs alles gelingt. Wir können allerdings »mein Potential aktivieren«, die für meine »motorischen Funktionsstörungen« verantwortlichen »Triggerpunkte behandeln«. Tarik verschreibt im Sinne einer generellen Mobilisierung das »*ramping up* der Faszien« (mit anderen Worten: die Haut muss geschmeidig bleiben, um über die Muskeln zu gleiten). Ich bin erleichtert, als es endlich ins Wasser geht.

Wir beginnen mit der Beinbewegung in der Rückenlage. Aus der Hüfte soll ich das Wasser von mir wegschieben, mit festem Oberkörper und geringer Beugung im Knie. Am besten, wenn nur die Hüfte arbeitet. Die ersten Delfinsprünge absolviere ich aus dem Stand, im seichten Wasser, ich tauche mit dem Kopf aktiv ab, halte die Arme am Körper, gleite aus. Immer wieder führe ich das Kinn zur Brust, weil der Kopf die Wirbelsäule steuert und der Körper dank dieser Hilfe besser abtauchen kann. »Bei den guten Schwimmern«, erklärt mir Tarik, »siehst du nur die

Schulter nach vorne schwingen, sie wirken fast kopflos.« Gewünscht ist eine Kopfnickbewegung wie bei eifrigen Jasagern.

Beim nächsten Schritt kommt ein Arm hinzu, ein halber Schmetterling also, abwechselnd rechts und links, bis der Körper sich danach sehnt, beide zusammen ausspannen zu dürfen. So setzen wir »ratzfatz«, wie Tarik sagt, die einzelnen Technikteile zusammen. Nicht jeder lerne es auf diese Weise, vertraut mir ein verschmitzter Tarik an, im Verein werde langsam aufgebaut, erst einmal wochenlang der Beinschlag geübt. Das wäre die Schule der demütigen Annäherung, wie ich sie von indischen Gharanas und griechischen Ikonenmeistern kenne: Im ersten Jahr dürfen die Schüler nur den Boden wischen, den Hof kehren. Ein solides Basislager für einen lebenslangen Gipfelaufstieg.

Wer es so eilig hat wie ich, der darf gleich darauf die Zugphase üben: mit den Händen im Wasser eine Vase oder ein Fragezeichen nachbilden, diese mit maximaler Spannweite zur Wasseroberfläche führen, locker nach vorn schleudern und aufs Wasser legen, den Druck erst wieder einsetzen, wenn der Brustkorb anhebt. Letzteres nenne man *EVF (Early Vertical Forearm)*. Weil Tarik eine sinnliche Beziehung zu Akronymen hat, glaubt er, dass sie auch seine Schüler verführen können. Die Sprache, die er pflegt, wenn er mich etwa als *Softgainer* einschätzt oder mir die *beast mode* abverlangt, ist mir so unvertraut wie der Schmetterlingsstil. Die Magie der Beschwörungsformeln, älteste aller religiösen Strategien, wirkt unvermindert fort. Wie schon erwähnt ist Tarik in Frankfurt geboren und aufgewachsen. Was sich hinter dieser Aussage verbirgt, erfahre ich erst beim Fischessen zum Abschied: eine Odyssee von Kinderheim zu Jugendheim, teilweise in der Obhut eines älteren Bruders, teilweise auf sich allein gestellt, bis er schließlich als begabter Leichtathlet in einem Sportinternat aufgenommen wird. Angesichts dieses Lebensirrwegs verstehe ich besser, wieso er so fest daran glaubt, dass der Mensch sich selbst optimieren kann, durch Wille, Disziplin und Akronym.

Der Schmetterlingsstil ist kraftraubend, da enorm viel Körperspannung nötig ist, vor allem in Schultern, Armen und Rücken. Wegen des komplexen Rhythmus ist der Lernprozess mühsam und frustrierend. Nicht nur bei mir. Laut Tarik geben in seinen Kursen regelmäßig zwei Drittel der Teilnehmer auf. Aber am Ende des Weges lockt eine der elegantesten Bewegungen im Sport.

100 Meter Schmetterling. Der Olympiasieger: 51,21. Ich: 2:03,0.
200 Meter Schmetterling. Der Olympiasieger: 1:52,96. Ich: 4:28,2.
200 Meter Lagen. Der Olympiasieger: 1:54,27. Ich: 4:04,2.
400 Meter Lagen. Der Olympiasieger: 4:05,18. Ich: 9:00,8.

Freiwasserschwimmen

Der Tag war schön und es schien ihm, als würde ein ausgiebiges Schwimmen diese Schönheit vergrößern und feiern.

John Cheever, *Der Schwimmer*

Jogger drehen ihre Runden selten im Stadion, sie ziehen das freie Gelände vor. Schwimmer hingegen sind eingesperrt im Becken wie Goldfische im Aquarium. Sie absolvieren mit erstaunlicher Geduld ihre (meist) fünfundzwanzig Meter langen Bahnen. Im offenen Gewässer erlebt man eine Befreiung, ohne Begrenzungen gleitet man dahin.

»Gehen Sie hier bitte nicht ins Wasser«, sagt der Mann an der Rezeption. »Ich weiß, dass Sie schwimmen können, aber die chinesischen Gäste, die folgen Ihnen dann und ertrinken.« Das ist kein makaberer Witz, sondern Realität auf einer winzigen Insel der Malediven inmitten des Indischen Ozeans, auf der junge Paare aus China ihre Flitterwochen verbringen, ohne je die Schwimmweste abzulegen.

Nur wer schwimmen kann, vermag im Wasser mit dem Tod zu flirten. Als Jugendlicher legte ich mich in der Bucht von Watamu, Nordkenia, auf den Rücken und betrachtete die Sterne. Als ich mich umdrehte, war das Festland nicht mehr zu sehen. Und die Strömung im Weg. Ich schwamm eine Stunde, zwei Stunden, quer zur Strömung, einem Festland entgegen, das so unklar zu erkennen war wie eine vage Vermutung. Nach anfänglicher Panik überwältigte mich das ekstatische Gefühl, um mein Leben kämpfen zu müssen. Im selben Alter fiel ein betrunkener Jack London von einer Yacht in die Bucht von San Francisco. Er rief nicht nach Hilfe, er machte sich nicht einmal bemerkbar, als die starke Strömung ihn an der hellbeleuchteten, belebten Solano Wharf vorbeidriften ließ. Auf dem Rücken trieb er aufs offene Meer hinaus, todessüchtig besang er die Sterne. Erst am nächsten Morgen wurde er von Fischern gerettet. Später behauptete er, er würde lieber einen wichtigen Schwimmwettkampf gewinnen als *the Great American novel* schreiben. Als er nicht mehr schwimmen ging, ahnte seine Frau, dass er bald sterben würde.

Um die Flitterwöchner nicht einer tödlichen Versuchung auszusetzen, springe ich an der Tauchstation hinter dem Riff ins Meer. Mit ruhigen, ausladenden Zügen gleite ich durchs Wasser, umgeben von Fischen, die mich mit famoser Lässigkeit überholen. Sogar kleine Meeresschildkröten hängen mich ab. Ein neugieriger, blaugestreifter Doktorfisch schwimmt unmittelbar vor mir her, ein Zufall vermeintlich, aber er weicht nicht von meiner Seite, er beäugt mich, während ich neidvoll beobachte, wie er mit einem Schlag seiner Flosse vorschnellt. Der Doktorfisch inspiriert mich zur Mühelosigkeit. Ich ziehe die entspannten Hände am Kopf vorbei knapp über das Wasser, tauche sie weit vor mir ein, strecke den Körper, warte, bevor ich zum nächsten Zug aushole. Wer weiß, vielleicht würde es mir in glattem Wasser gelingen, einem tropischen Korallenfisch gleich zu schwimmen, aber bei Wellengang kämpfe ich gegen den Instinkt, beim Atmen den Kopf aus dem Wasser zu heben, eine übervorsichtige Reaktion auf einige Schlucke salzigen Wassers. Einige Minuten später muss ich erschöpft pausieren, während der Doktorfisch mit wenigen Flossenschlägen in die blaue Unendlichkeit davonschiesst, ohne mich eines weiteren Blickes zu würdigen.

An anderen Tagen fällt es mir leicht, eine Stunde im Meer zu kraulen, ohne Pausen am Beckenrand, ohne die Sorge, Luft oder Kraft könnten mir ausgehen. Mein Wohlbefinden wächst wie bei einem Gast, der in der Fremde allmählich heimisch wird. An dieser Wahrnehmung ändert die Aussage eines Kellners nichts, der mich von Land aus erblickt und im ersten Augenblick für einen Delfin gehalten hat. Es ist die höchste Form der Höflichkeit, einen passionierten Schwimmer mit einem Fisch zu vergleichen.

Doch die Behauptung, der Mensch könne lernen, wie ein Fisch zu schwimmen, ist in etwa so ernst zu nehmen wie das Versprechen, der Mensch könne fliegen wie ein Vogel.

10 km Freiwasser. Der Olympiasieger: 1:49:55,1.
Ich: Der Test ist am 13. September 2015 wegen akuter Grippe ins Wasser (genauer gesagt in die Neue Donau) gefallen.

AUF DEM WASSER

… oder Die Kunst des Kenterns, könnte dieses Kapitel überschrieben sein. Bei jeder Sportart fiel ich ins Wasser, beim Wildwasserkajak oft, auf der Regattastrecke gelegentlich, beim Kanadier dauernd, beim Rudern einmal, beim Segeln zwar nicht ich selbst, dafür aber Kriemhild zweimal, und beim Windsurfen immer wieder. Kentern muss gelernt sein, beim Segeln wird es sogar geübt. Die größere Herausforderung besteht aber in der Überwindung der eigenen Ängste, in der Bereitschaft, das Gefühl des Misslingens abzuschütteln, es noch einmal zu wagen.

■ Kanuslalom (Wildwasser)

Betrachtet man den Fluss als Metapher für die Zeit, dann ist der wilde, reißende Fluss eine Metapher für das Leben. Sorglos treibt man dahin, bis die nächste Stromschnelle einen erfasst. Versunken in der Stille reinen Seins wird man rüde in das Getöse des Kampfs geworfen. Während man durch die Kaskaden geschleudert wird, erscheint die friedliche Existenz von zuvor bloß mehr als Chimäre. Kontemplation kommt vor dem Kentern.

Wer sich auf einem kleinen Kajak dem tosenden Wasser aussetzt, erhält das Leben als Konzentrat. Gefühle verwandeln sich in Erregungen, Zuneigung steigert sich zu Liebe, aus Unwägbarkeit wird Drama. Im Wildwasser ist das Gemüt ein intensiv beanspruchter Muskel. All dies gilt für die klassische Form des Sports. Die olympischen Wettkämpfer messen sich auf künstlichem Wildwasser, auf irgendwo hingestellten Betonstrecken, mit allgegenwärtigen Herausforderungen (durchgehend Schwierigkeitsstufe 3–4), die eher einer Achterbahn ähneln. Aufgrund der gleichbleibenden Wassermenge werden so gleiche Bedingungen für alle Teilnehmer garantiert, auch wenn nur wenige den Sport in dieser Form ausüben können. Diese Rennen werden von einer kleinen Elite betrieben; die allermeisten Hobbysportler befahren, wie ein kursorischer Blick in die einschlägigen Zeitschriften zeigt, weiterhin die Flüsse. Und weil die Boote über die Jahre kleiner und stabiler geworden sind, kann man sich heute selbst reißende Bäche hinabstürzen und wildeste Landschaften erleben. In kaum einer anderen Sportart ist man der Natur so nahe, in Schluchten, die ansonsten nicht zugänglich wären, allein mit uralten Ablagerungen und umtriebigen Vögeln, ein unaufdringlicher Gast in zunehmend seltener gewordenen Flusslandschaften. Das Glück, das ich verspüre, ist das einer ersehnten Wiederkehr in das Ursprüngliche, auch wenn meine Ausrüstung alles andere als naturnah ist.

Vielleicht würde ich diesen Sport weniger philosophisch betrachten, wäre mein Lehrer nicht ein knapp 80-jähriger Mann, der sich nach mehr als sechs Jahrzehnten in den Strudeln der Welt einen eigenen Reim aufs Paddeln macht. Auf dem Land wirkt Wolf, wie ihn alle nennen, rüstig, auf dem Wasser hingegen wie ein junger Spund. Jedes Mal, wenn wir zusammen die Königsseeache oder die Steyr oder die Teichl hinabfahren, schlängelt er sich durch die Stromschnellen, tänzelt auf den Wellen, dreht den Zeiger der Zeit zurück. Alles Gewicht der Welt scheint von ihm abzufallen. Nur einmal gerät er in Verlegenheit, als ich zu nahe an eine gefährliche Walze gerate, obwohl er mich eindringlich davor gewarnt hat, und er sich sorgt, ob er mich im Notfall aus den Klauen des Wassers würde befreien können.

Im Wildwasser verschmilzt der Mensch mit dem Kajak zu einer Einheit. Kaum ist er eingestiegen, mit dem Bug gegen die Strömung, kaum hat er die Spritzdecke über den Süllrand (zuerst hinten, dann vorn) gespannt, damit kein Wasser ins Boot schwappt, verwandelt er sich in eine Nixe, einen Nöck, sein Unterleib nicht Flosse, sondern Boot. Mit Hüftbewegungen kann er das Boot zum Teil steuern, mit den Hüften wackelnd über die Wellen reiten.

Das kommt für mich überraschend, denn der Uneingeweihte sieht nur das Paddeln, das Evidente: Linksschlag, Rechtsschlag. Konterschlag – von hinten nach vorn; Bogenschlag – ein Bogen von vorn nach hinten, unterstützt durch eine Rotation; Ziehschlag – parallel zum Boot, vor dem Körper angesetzt, mit leicht geöffnetem Paddelblatt. Trotz dieses Grundkurses bin ich keineswegs für die erste Stromschnelle gerüstet, die von Land aus harmlos aussah, im Boot hingegen die gewaltige Kraft des Wassers offenbart. Mein Magen zieht sich zusammen. Ich verkrampfe, versteife, lasse das Paddel los (eine Todsünde) und lande im Wasser. Panisch trete ich gegen das Boot. Die Spritzdecke geht sofort auf, ich entschlüpfte dem Kajak. Danach treibt es mich (wie ein ohnmächtiger Käfer auf dem Rücken liegend) ins ruhigere Wasser, wo ich das Kajak an Land ziehe und entleere, zuerst über die

Luke, dann über die Ablassschraube. Das wiederholt sich einige Male. Die einsetzende Verunsicherung ist noch turbulenter als das Wasser.

Gemeinsames Paddeln fördert die Freundschaft. Auf dem Wasser hat man reichlich Zeit für eigene Betrachtungen wie auch für Zwiegespräche, die sich an Land fortsetzen. Etwa über die Zufälle des Lebens. 1948 sagte jemand zu Wolf: »Gehn ma paddeln.« Seine Jugendstadt Steyr hatte eine große Tradition im Wildwasserfahren. Zuerst Regatta, in Booten aus Sperrholz. Einige Jahre später wechselte er ins Wildwasser. »Es war einfach da, es hat mir gefallen.« Mit einem Faltboot die Enns hinab. Jeder größere Stein zerfetzte das Boot. Trainierten stets in der Natur. Ohne jegliche Sicherheitsausrüstung, nur in der Badehose. »War halt kalt, wenn man gekentert ist.« Als sie Jahre später zu zweit in einem fünfzig Kilo schweren Holzkanadier knieten, trugen sie Fahrradhelme aus Leder. Selbst bei der WM 1951 in Steyr seien alle in Badehose angetreten (heute sehen die Athleten wie Robo-Cops aus). Aufs Wasser, wann immer es möglich war. »Es hat mich fasziniert, draußen zu sein, auf dem Kajak war man weg.« Wenn Wolf von der Vergangenheit auf den Flüssen Österreichs erzählt, berichtet er zwangsläufig von einer um sich greifenden Regulierung der Natur. Fast jeder Fluss, den er befahren hat, ist inzwischen gestaut und gewehrt.

Auf die Schlagtechnik wurde damals sehr geachtet. Die Eskimorolle, mit der man das Kajak wieder aufrichtet, ohne auszusteigen, wurde einem nicht beigebracht, weil der Trainer der Ansicht war, für die Rolle brauche man im Rennen zu viel Zeit, es sei besser, man wehre sich mit allen Kräften dagegen hineinzufallen. Heute hingegen besteht die Eskimorolle aus einer flinken Bewegung, es gibt sie in unzähligen Varianten für jeden Sonderfall, viele könnten besser eskimotieren als paddeln. Deswegen sind heute Befahrungen möglich, die früher undenkbar gewesen wären.

Inzwischen hat sich, durch den alchemistischen Prozess namens Übung, Verunsicherung in Sicherheit verwandelt, und ich überwinde die Königsseeache zum ersten Mal, ohne zu kentern. Als ich mit Bravour die schwierigste Stelle überstehe, reiße ich jubelnd das Paddel in die Höhe und jauchze wie ein Marktschreier. Ich fürchte, ich habe einen Angler beim Ködern gestört. Doch leider leidet die motorische Erinnerung an Amnesie. Einige Wochen Pause, und die Fortschritte sind wie weggeschwemmt, zumal der Einstieg ins Wildwasser einem selten Gelegenheit gibt, sich in Ruhe wieder in den Sport einzufinden. Meist wartet die erste Prüfung hinter der nächsten Biegung des Flusses.

Selbst flaches Wasser kann ein Problem sein. Wolf findet die Rinne, ich folge ihm nicht genau genug, die Steine am Grund bocken das Boot auf, stellen es quer, das Wasser drückt dagegen, ich muss ungelenk aussteigen, just unter einer Brücke, von der aus eine junge Mutter ihrem Kleinen den vielleicht ersten Kajakfahrer seines Lebens zeigt. Kind und Kanute stehen mit offenem Mund da.

In Wien setze ich mich beim Union Kanu Klub am Donauspitz ein einziges Mal in ein Slalomrennboot, das erheblich länger ist als das Freizeitkajak, das ich gewohnt bin. Ich muss mich geradezu in die enge Lucke hineinzwängen. Es hat weniger Kiel, man fühlt sofort, dass es zehn Kilo leichter ist. Nichts, was ich im anderen Kajak gelernt habe, scheint mir anwendbar. Schon bei der ersten Übung kentere ich. Liege unter dem Boot im eisigen Wasser und komme nicht heraus. Muss mich mühsam herauswinden, während ich hektisch mit den Beinen strample. Ich beschließe, dass ich ein Naturbursche bin, der nur Alpenflüsse hinabfährt, und zwar in stabileren Booten.

Wolf und ich folgen dem Oberlauf der Steyr, halten hinter einem kleinen Wasserfall, steigen aus dem Wagen, auf dem die zwei Boote wie Hörner aufragen. Wolf beginnt den reißenden Fluss zu entziffern, aufmerksam, es würde mich nicht erstaunen, wenn er eine Lesebrille aufsetzte. Er identifiziert die Hauptströmung, wo das Wasser am tiefsten ist (die Färbung erlaubt Rückschlüsse auf die Tiefe). Eine auseinandergehende Strömung weist auf einen überronnenen Felsen hin. Nach oben steigendes Presswasser bildet Verwirbelungen. Einige aufplatzende Pilze weisen auf Aufwasser hin, ein Teil des Wassers wird nach unten gezogen und kommt wieder empor, typisch bei Walzen. Flussabwärts stoßen wir auf eine Unterspülung (Siphon), ein arger Feind der Kanuten, Ursache tödlicher Unfälle. Baumverhau, Felsen oder Höhlen gilt es zu meiden, denn die Strömung presst sich durch die Verblockung und bildet ein manchmal unentrinnbares Gefängnis. Der ungestüme Fluss gibt Rätsel auf, die Wolf spielerisch leicht löst. Seitdem kann ich auf keinen reißenden Fluss mehr blicken, ohne ihn lesen zu wollen. Das präzise Analysieren der schwierigen Stellen ist eine Conditio sine qua non. Um sich einen Weg durch die Gefahren zu bahnen, muss man zunächst wissen, wo dieser verläuft. Erkenntnis ist im Wildwasser so wichtig wie der Musculus latissimus oder pectoralis.

Mit der Zeit verinnerliche ich einige der Ratschläge. Lasse dich nicht von der Schönheit der Natur ablenken, wenn das Wasser aufbraust. Behalte stets die Konzentration bei, selbst wenn das Schwierigste vermeintlich überstanden ist. Nimm vor der Stromschnelle Geschwindigkeit auf, das hilft enorm, die gewünschte Linie zu halten, lasse dem Wasser keine Zeit nachzufragen.

Eines Tages schickt mir Wolf die Aufzeichnungen eines engen Paddelfreundes als Excel-Tabelle. Alle Flussbefahrungen von 1960 bis 2011, oft gemeinsam unternommen, auf drei Kontinenten, Tausende von Kilometern, unzählige Stunden auf dem Wasser. Welch schöne Übersetzung von Zeit.

■ Kanurennsport

Kajak

Als ich im WAT Kanuzentrum in der Kuchelau ankomme, ruht die abendliche Sonne auf zwei gemütlichen Herren und einer dezidiert rauchenden Frau, die – kaum hat sie meine Absicht vernommen – wie von einer Tarantel gestochen aufspringt und mir mit größter Dringlichkeit die Unmöglichkeit meines Vorhabens auseinandersetzt. Das Boot sei kipplig, der Unterschied zum Wildwasser gewaltig, ich würde mich unvorstellbar schwertun und auf jeden Fall scheitern. Die Besteigung des Mount Everest und das Durchschwimmen des Ärmelkanals seien vergleichsweise leichte Aufgaben.

Glücklicherweise erscheint Werner, mit breitem Kreuz und zurückhaltendem Lächeln, Olympiateilnehmer, Bronzemedaillengewinner bei der WM 1983. Er ist gewillt, mir das Regatta-Kajakfahren zu ermöglichen. Wir holen ein schmales, elegantes rotes Kajak von einer der oberen Streben im Bootshaus herunter. Werner reicht mir ein altes hölzernes Paddel. Wir lassen das Boot zu Wasser.

Anders als beim Wildwasserfahren bildet der Kanute keine Einheit mit dem Boot, seine Oberschenkel und Knie sind nicht unter dem Seitenrand eingeklemmt. Er sitzt auf einer Schale und hat mit dem Boot darüber hinaus nur über die Fußstützen Kontakt. In der Mitte ein kleiner Hebel zum Steuern. Beim Regatta-Kajak sitzt man auf dem Boot wie ein Reiher auf einem dahintreibenden Ast.

Kaum stoße ich mich vom Kai ab, mache ich Bekanntschaft mit dem erfrischend kühlen Donauwasser. Wir werden in der Folge bestens miteinander vertraut. Ein Dutzend Mal falle ich hinein. Instinktiv kralle ich mich mit den Händen am Bootsrand fest, ein Fehler mit Folgen: Ich kentere erst recht. Es gibt zwei Möglichkeiten, die eigene Stabilität zu erhöhen. Das Paddel flach auf das Wasser zu drücken und sich dadurch abzustützen wie bei allen Booten. Oder Geschwindigkeit aufzunehmen, selbstbewusst loszupaddeln. Je schneller man das Blatt durch das Wasser bewegt, umso größer wird die »dynamische Stabilisierung«. Aber genau das fällt einem Anfänger schwer. In der Gefahr Gas zu geben, anstatt abzubremsen, widerspricht der Intuition. Grundsätzlich gilt es, jegliche Bewegung des Bootes, sei es das Gieren, Rollen oder Stampfen, zu vermeiden, möglichst ruhig durch das Wasser zu gleiten. Die erfahrenen Kanuten kentern eigentlich nie (es sei denn, sie werfen sich im Zielsprint wie ein 100-Meter-Läufer nach vorn), denn eine Eskimorolle ist nicht denkbar, man hätte keine andere Möglichkeit, als das Boot im Wasser umzudrehen und es schwimmend an Land zu ziehen, wo man, wie ich in den nächsten Wochen oft erfahren sollte, mühsam das Wasser ablassen muss.

Meine ersten Trainingsstunden sehen folgendermaßen aus: Werner hilft mir, in das Boot zu steigen, und schickt mich mit spärlichen Tipps auf die nasse Reise. Mehr, meint er, sei eh nicht zu sagen, später könnten wir etwas am Schlag arbeiten, aber jetzt gelte es erst einmal, Sicherheit zu gewinnen. Beim zweiten Versuch sitzen einige Jugendliche, die gerade ihr Training absolviert haben, auf den Stufen hinter der Anlandestelle und beobachten amüsiert, wie sich der alte Knacker wohl anstellen wird. Ihr Lachen empfängt mich, als ich den Kopf prustend aus dem Wasser recke. Kajakfahrer auf dem Flachwasser sind Individualisten, die jeden seinem Schicksal überlassen.

Sicherheit erscheint mir ein unerreichbares Ziel. Solange ich heftig paddle, kann ich mich, leicht nach vorn gebeugt, auf dem Schalensitz halten, kaum aber lege ich eine Pause ein, weiche einem anderen Boot aus oder vollziehe eine Kehre, wackelt das kipplige Ding, kippt das wacklige Ding: ich im Wasser, neben mir das Boot. Reichlich Gelegenheit zu schwimmen. Das Boot entleeren und wieder einsteigen, jedes Mal ein beängstigender Balanceakt für einen Anfänger ohne eine helfende Hand. Losfahren, die ersten Schläge voller Sorge, ob ich nicht wieder hineinfallen werde, bevor ich ein gewisses Tempo und einen soliden Rhythmus zustande bringe. Bis zum nächsten Rendezvous mit dem Donauwasser. Weil Pausen synonym für Havarien sind, verzichte ich auf sie, paddle trotz kreischender Muskeln ohne Unterbrechung zum Klubgelände zurück.

Jede Wetterkapriole wirkt sich destabilisierend aus. Leichte Böen stellen das Kajak auf, kleine Wellen werfen es um. An manchen Tagen sehne ich mich danach, einen wilden Mustang einzureiten. Zumal es mir schwerfällt, mich zu motivieren. Beim Wildwasser war jede Fahrt eine Entdeckung, eine Offenbarung, Abwechslung der zuverlässige Grundton. Auf der Regatta hingegen kenne ich bald jedes Hausboot, jedes Wochenendhäuschen, jede Anlandestelle und jeden Strommasten auswendig. Sogar einige der Wasserpflanzen erscheinen mir vertraut. Immerhin ernte ich die Früchte meiner Beharrlichkeit. Vier Wochen nach dem ersten Kentern gelingt mir eine Fahrt, ohne ein einziges Mal ins Wasser zu fallen. »Siehst du, wie trocken ich bin!«, rufe ich Werner zu und stolziere mit dem Boot die Treppen hinauf. Keiner nimmt Kenntnis von meinem Quantensprung.

Als ich an einem trägen Augusttag im Klub ankomme, ist niemand zu sehen. Ich ziehe mich um und greife mir mein Boot. Kaum nehme ich auf der Schale Platz, fühlt es sich wackliger an als zuletzt. Ich bin erstaunt, dass ich mein mühsam erworbenes Balancegefühl verloren habe. Es fällt mir schwer, mich abzustoßen, es gelingt mir kaum, einen Schlag zu setzen, schon kippt das Boot. Verärgert ziehe ich mich an Land zurück, leere es aus, setze mich erneut hinein und falle umgehend wieder ins Wasser. Das wiederholt sich unzählige Male. Es ist peinlich, ich blicke mich um, ob mich jemand beobachtet. Kaum ergreife ich das Paddel, kippt das Boot. Ein älterer Mann gibt mir den Ratschlag, mich weiter nach vorn zu lehnen. Ich falle ins Wasser. Der Mann rät mir, den Sitz abzumontieren. »Es hat letztes Mal gut geklappt«, rufe ich ihm zu, »ich schaffe es schon.« Ich falle ins Wasser. »Na, wennst net auf mi hörst«, brummt der Mann und zieht sich zurück. Inzwischen gaffen mich alle paddelnden, radelnden und schlendernden Menschen an. Ich fürchte, Werner wird mich als hoffnungslosen Fall abschreiben. Ich beschließe, mich nicht mehr zu bewegen und auf seine Rückkehr vom Training mit den Jugendlichen zu warten. Gleich nach dem Gruß sagt er:

»Du hast das falsche Boot, das hier ist schmaler.«

»Das macht so viel aus?«, frage ich überflüssigerweise.

»Na, hast es ja eh schon gemerkt.«

Rennboote dürfen nämlich beliebig schmal sein. Kaum sitze ich in meinem üblichen Boot, paddele ich los, und es läuft wie zuletzt. Ich trainiere eine Stunde lang. Selbst als ein Orkan aufkommt und meterhohe Wellen mit dem Boot jonglieren, kentere ich nicht. Mit aller Kraft treibe ich das Blatt durchs Wasser. Ich werde nie wieder kentern, schwöre ich mir, nie wieder!

K1 200 Meter: Der Olympiasieger 0:36 min. Ich: 1:08 min.
K1 1000 Meter: Der Olympiasieger 3:26 min. Ich: 6:50 min.

Kanadier

Im Vergleich zu den »Kanadiern« erwiesen sich die Kajakfahrer nachgerade als Optimisten. Der Erste, den ich kontaktiere, schreibt zurück: »Kommen Sie vorbei und schauen Sie sich mal so ein Rennboot an.« Der Zweite antwortet gar nicht. Der Dritte, Christian, trifft mich im Polizeisportklub an der Alten Donau, zeigt mir ein Boot – fünf Meter lang und so eng, dass ich mir einklappbare Hüften herbeiwünsche –, entscheidet sich dann aber für ein klobigeres, doppelt so breites Modell. Er stellt das eine Bein nach vorn und kniet sich mit dem hinteren auf ein Kissen nieder. Mir schwant, wie schwer es für mich werden wird, als er wacklig anfährt und eine nicht gerade souveräne kleine Runde paddelt. »Ich hab's schon lang nicht mehr geübt«, entschuldigt sich Christian.

Er hält das Boot fest, während ich einsteige. Dennoch schwanke ich wie ein Baumwipfel im Sturm. Mit dem Paddel soll ich mich auf dem Wasser abstützen, die einzige Möglichkeit, mich zu stabilisieren. Kaum vergesse ich das, plumpse ich in den Fluss. Nach einigen Minuten lässt Christian das Boot los, übereifrig spieße ich die Donau mit dem Paddel auf und – kentere. Mit einem Lächeln komme ich wieder hoch (nach dem ersten Mal), mit einem

Achselzucken (nach dem dritten), prustend (nach dem achten), fluchend (nach dem zwölften). Selten im Leben habe ich mich so verunsichert gefühlt. Ich verdamme die Luft, weil man sich an ihr nicht festhalten kann.

Als ich mich schließlich doch halbwegs auf dem Boot halten kann, drehe ich mich im Kreis. Immer rechts herum. Wie das Opfer einer besonders perfiden Höllenstrafe. Es gelingt mir zwar, mit dem Boot eine Null im Wasser nachzuzeichnen, nie aber, auf den geraden Weg zu kommen. Gelenkt wird durch einen »Steuerschlag«, wie man das Eindrehen des Blattes nennt. Doch wenn ich das Paddel in meinen Händen drehe, kippe ich ins Wasser. Steuern erweist sich als destabilisierend. Mir bleibt nur die Wahl zwischen Kentern und Kreisen. Ich entscheide mich für Letzteres, denn wenigstens bleibe ich so in Bewegung und kann mir einreden, ich käme doch irgendwie voran. Der Kanadier ist für mich eine Chimäre der Fortschrittsgläubigkeit.

Nach dem dritten, überwiegend erfolglosen Training gab mein Trainer mich auf. Christian erwiderte meine Anrufe nicht, beantwortete nicht meine SMS. Es war schon Spätsommer, er rettete sich in einen für den Kenterer vom Dienst zu kalten Herbst. Ich habe volles Verständnis. Jeder Geduldsfaden reißt einmal.

Rudern

> *Es ist Abend. Vorbei gleiten*
> *Zwei Faltboote, darinnen*
> *Zwei nackte junge Männer. Nebeneinander rudernd*
> *Sprechen sie. Sprechend*
> *Rudern sie nebeneinander.*
>
> Bertolt Brecht

Beim Rudern hat man die Zukunft im Rücken. Was vor einem liegt, ist der zurückgelegte Weg. In keiner anderen Sportart hat man das Ziel nicht vor Augen. Die Blätter greifen aus, schöpfen Wasser, tauchen wieder auf, mit der Zuversicht eines verlässlichen Rhythmus. Wäre Sport Musik, ähnelte Rudern einem Stück von Philip Glass. Kraftvolle Meditation. Trance durch Bewegung.

Florian sieht und spürt alles. Er ist ein Schamane auf dem Ruderboot. Ob ich mit den Händen zu fest greife oder anstatt mit den Beinen zu drücken zu sehr mit den Schultern ziehe, Florian entlarvt jede meiner technischen Ungereimtheiten. Die subtilsten Variationen meines Bewegungsablaufs analysiert er anhand des Bootsverhaltens. Und ruft mir knappe Anweisungen zu.

Hände nebeneinander.

Knapp am Bauch vorbeiziehen.

Nicht hektisch werden.

Arme weit nach vorn strecken.

Rücken nicht krümmen.

Kraft aus den Beinen holen.

Es ist kurz nach sechs in der Früh, und die Sonne geht mit sommerlicher Allmacht auf. Rudern ist Morgensport. Ein vorbeitreibender Reiher, ein springender Fisch, eine Ente, die sich zu viel Flug zumutet.

Die Bewegung ist schwieriger, als es scheint. Die Neigung des Oberkörpers, der Winkel der Beine, der Durchzug, die Rücklage, das Herausholen und Abdrehen der Blätter. Der Ablauf fließend wie die Donau unterm Kiel.

Präzises Timing geht Hand in Hand mit genauer Ausführung: Kurz lang kurz, wie der Buchstabe »R« im Morsecode. Die Arme müssen schnell ausgestreckt (indem man dynamisch die Vorwärtsbewegung einleitet, wird dem Boot ein zusätzlicher Schub gegeben), der Körper über den Rollsitz langsam nach vorn gebracht werden. »Man darf nie zu früh dran sein«, sagt Florian, »zu spät dagegen ist kein Problem« (wie Gäste im Orient).

Der ganze Körper muss den Widerstand des Wassers überwinden. Die großen Muskeln gehen mit gutem Beispiel voran, die kleineren Muskeln übernehmen die Nachhut. Wie beim Schwimmen gilt es, die Kraft ökonomisch einzusetzen. Je stärker man gegen das Wasser drückt, je wilder die Blätter schlagen, desto größer wird der Widerstand. Wer sich zu sehr anstrengt, verlangsamt das Boot. Der Ehrgeiz sollte sich von der Eleganz und Effizienz der Bewegung leiten lassen. Ideal wäre es, die Blätter als Hebel zu nutzen, um das Boot nach vorn zu drücken. Man sollte das Wasser als Verbündeten betrachten. Wer es bekämpft, kann nur verlieren.

»Fühle das Boot«, ermahnt mich Florian, »nicht den eigenen Körper.« Wie jeder gute Trainer verfügt er über ein Arsenal an Aphorismen zu seinem Sport. Beim nächsten Training fordert er mich auf, einige Zeit mit geschlossenen Augen zu rudern. Tatsächlich spüre ich den Kiel unter dem Hintern, die beschleunigte Masse. Ein erregendes Gefühl.

Zur Schulung hat Florian mich in ein stabiles, breites Gigruderboot gesetzt. Mich mit »Ausleger«, »Rollsitz«, »Stemmbrett« und »Dolle« vertraut gemacht, mir den Unterschied zwischen Sculls (Doppelruder) und Riemenruder erklärt (nur auf einer Seite, wie man es vom Achter kennt). Im Bootshaus des Wiener Rudervereins Donauhort ruhen die umgedrehten Boote wie aufgebockte Wale, ein jedes von ihnen liebevoll getauft. Die älteren sind aus Holz, wie auch die Blätter, mit denen es sich leichter rudern lernen ließe, weil sie für mehr Stabilität im Wasser sorgen, doch inzwischen benutzen fast alle Ruderer Kohlefaserblätter. An Schönheit sind die alten Boote aus Mahagoni oder Zedernholz nicht zu überbieten.

Es gibt Anblicke, die unsere Phantasie anregen. Ein Achter in voller Fahrt beschwört eine Galeere herauf, Hunderte Riemen, angekettete Sklaven. Rudern diente dem Transport (Säcke und Hühner, Säcke und Ziegen, Säcke und Menschen, über den Fluss, über den See) und dem Krieg, lange bevor es sich zu einem Sport entwickelte. Wie Bogenschießen oder Speerwerfen entstammt es dem Pragmatismus der Notwendigkeiten. Frühzeitliche Funde – etwa aus Duvensee in Holstein – belegen, dass bereits in der Steinzeit gerudert wurde. Auf den Südseeinseln wurden Einbäume verwendet, in der Nordsee mit Tierfellen bespannte Boote. Bereits in grauer Vorzeit hat der Mensch die Hebelwirkung erkannt und Konstruktionen benutzt, die an heutige Dollen erinnern. Im 18. Jahrhundert entwickelte sich Rudern an den Universitäten von Oxford und Cambridge sowie in Eliteinternaten wie Eton zum Sport. Die Erfindung des Rollsitzes und der Drehdolle brachten die Beine zum Einsatz und verlängerte den Schlag.

Die ausladenden Blätter sorgen für Distanz zum Gegner. Die Konzentration gilt dem Boot, dem eigenen Rhythmus. Vielleicht gilt Rudern deswegen als *gentlemen's sport*. Die entspannte Männlichkeit, die im Wissen um die eigene Kraft auf protzige Gesten verzichtet, entsprach dem Selbstbewusstsein der angelsächsischen Eliten und faszinierte zugleich die Massen. Im 19. Jahrhundert waren Ruderer in den USA Volkshelden, bevor sie von Baseball- und Footballspielern verdrängt wurden. Die Profis, überwiegend Männer proletarischer Herkunft, konnten bis zu fünftausend Dollar pro Rennen verdienen, damals ein Vermögen. Der Maler Thomas Eakins, der wie kein Zweiter die Einsamkeit des Ruderers beim Stelldichein mit der Natur porträtiert hat, hielt die Mischung aus Intellekt, Präzision und Durchhaltevermögen für eine vorbildliche Verkörperung des egalitären amerikanischen Geistes.

Am nächsten Morgen werde ich in einen Vierer ohne Steuermann gesetzt. Mir wird die dritte Position zugewiesen; Schlagmann vorn und Steuermann hinten müssen Erfahrung aufweisen, weil sie Rhythmus und Richtung vorgeben. Es ist eine Herausforderung, das vorgegebene Tempo zu halten, sich von der eigenen Befindlichkeit zu emanzipieren. Anfänglich rudere ich einige Male aus der Reihe, meine Blätter kollidieren mit jenen der Vorderfrau (Männer und Frauen rudern hier zusammen, je nachdem, wer morgens zum Training erscheint, eine schöne Besonderheit). Florian als Steuermann ruft von hinten technische Anweisungen, nach einer halben Stunde rasten wir, und der Schlagmann zieht Bilanz, regt Verbesserungen an. Er nimmt die Fehler von uns anderen wahr, obwohl sich alles in seinem Rücken abspielt. Offensichtlich haben Ruderer Augen im Hinterkopf. Wir bessern uns, die ruhige, effiziente Bewegung beschleunigt das Boot, wir wirken zusammen, und auf einmal fühle ich unsere gemeinsame Kraft. Als es uns gelingt, im Einklang zu rudern, fühlt es sich an, als schlügen unsere Herzen im gleichen Takt. Und es herrscht Stille. Abgesehen von den Tropfen, die von den Blättern fallen.

Wenn so viele Muskeln zum Einsatz kommen, japsen die nach Sauerstoff gierenden Lungen. Wenn die Kräfte schwinden, spürt man, wie die Bewegung ungenauer wird, wie der Rhythmus verrutscht. Der Rücken beginnt zu schmerzen, ebenso der Hintern. Der Hintern ist wichtig beim Rudern. Im Klub gibt es einen Querschnittsgelähmten, der hervorragend rudert; wie er das macht, wie er kompensiert, kann sich keiner erklären. Am nächsten Tag tut ein Muskel im Hintern weh und einer im Unterschenkel.

»Das ist gut so«, sagt Florian, »das sind die richtigen Stellen.«
»Und die Blase auf der Hand?«
»Direkt unter dem Finger?«
»Ja.«
»Das ist die richtige Blase.«

Florian zeigt auf seine Hände. Blasen weiter unten auf der Hand wären Beweise technischer Unfertigkeit. Was lernt man daraus: Muskelkater und Blasen sind zu begrüßen, wenn sie an der richtigen Stelle auftreten.

Wieder im Vierer sitze ich direkt hinter dem Schlagmann, einem Wissenschaftler, der das Rudern als Student in Oxford gelernt hat. Man kann diesen Sport, eine Seltenheit, gemeinsam mit erheblich besseren Athleten betreiben. Florian übernimmt das Steuer. Wahre Weisheit lässt nie auf sich warten: »Du musst die Bauchmuskeln an den Kiel fesseln!« Leser, stelle Dir das vor, richtig vor, und Du wirst durchs Wasser gleiten wie der Deutschland-Achter. Leider müssen wir uns die Donau mit Lastschiffen teilen. Bei Wellengang gerate ich aus dem Rhythmus. »Ruhig bleiben«, ruft Florian von hinten, »nicht hektisch werden.« Es ist eine große Herausforderung, im Sport wie im Leben, bei Gefahr Ruhe zu bewahren und sich bei unruhigem Wasser keinen »Krebs« zu fangen, also mit dem Ruderblatt im Wasser hängen zu bleiben. Sonst landen wir womöglich in der kalten Donau. »Es wäre schade«, meint Florian, »um das Boot.«

Auf dem Wasser zu sein ist ein prägnanter Ausbruch aus dem Alltag. In eine Welt mit anderen Gesetzen. Nach einer langen Ruderfahrt kehrt man ans Land zurück und fragt sich, ob man fremdeln wird.

Am Sonntag fährt ein Achter stromaufwärts. Die Ruderer allesamt weißhaarig. Ihre Bewegungen bedächtig, aber synchron. Die Blätter gleiten nach hinten und tauchen ins Wasser, mit der Regelmäßigkeit von Sekundenschlägen. Es wirkt, als rudere dieser Achter der Alten gegen den Uhrzeiger, beharrlich, tröstlich.

Auf mich allein gestellt, gerät alles ins Wanken. Beim Einer, hat mich Florian gewarnt, »köpfelt« man anfänglich ins Wasser, das geschehe plötzlich und schaue ganz und gar »unfertig« aus. Birgit, eine Polizistin und ehemalige Spitzensportlerin, ist meine Trainerin, an der stillen Alten Donau, denn nur erfahrene Ruderer sollten sich im Einer auf den gefährlichen, vielbefahrenen Strom wagen. Schon beim Einsteigen merke ich, wie kipplig der acht Meter lange und sehr leichte (vierzehn Kilo) Einer ist. Man darf nur auftreten, wo das Holz verstärkt ist, sonst würde man durchbrechen. Birgit setzt sich auf das Floß und hält die Spitze fest, während ich mich mit vorsichtigen Schlägen akklimatisiere. Als Erstes bringt sie mir das richtige Verhalten beim Kentern bei. Gute Ruderer können im Wasser wieder auf das Boot gelangen, Anfängern wie mir bleibt nichts anderes übrig, als das Boot schwimmend zum nächsten Floß zu ziehen. Ich werde nur ein einziges Mal kentern, und das aus Übermut.

Dann lässt Birgit das Boot los. Es ist, als würde ich auf einem Drahtseil Gewichte stemmen. Wann immer ich abzustürzen drohe, lege ich, wie mir Birgit eingeschärft hat, die Blätter aufs Wasser, was mir sofort ausreichend Stabilität gibt. Kaum habe ich mich mit der subtilen Motorik vertraut gemacht, geht mir ein weiteres Problem auf: Da die beiden Seiten des Körpers unterschiedlich stark ziehen, fährt das Boot nicht gerade. Der einsame Ruderer muss auch steuern, indem er die eine Schlagseite betont. Das klappt zwar bald gut, bringt mich aber aus dem Rhythmus. Im Zickzack taste ich mich voran. Je mehr ich mich im eigenen Rhythmus verliere, desto unsichtbarer wird die Welt um mich herum; bis Birgits warnende Stimme mich davor bewahrt, gegen ein Floß oder einen Brückenpfeiler zu knallen.

Der Tag, an dem sich alles fügt und ich die ganze Länge der Alten Donau ohne Schwankungen und Wankungen durchpflüge, ist auch der Tag, an dem ich übertreibe. Nach zwei Stunden Rudern fällt es mir schwer, aus dem Boot zu steigen, schwerer noch, am nächsten Morgen das Bett zu verlassen. Der Orthopäde begrüßt mich mit dem Ausruf: »Jaja, dass Sport gesund sein soll, ist ein großes Missverständnis. Es ist ein Überrest an Wagemut aus alter barbarischer Zeit.«

Sport sei nie gesund gewesen, fährt der Arzt engagiert fort, das glaubten nur jene, die von unserer Gesundheitsdiktatur verblödet seien. Übrigens stamme »Orthopädie« vom griechischen

»ortho« (»gerade, richtig, aufrecht«) ab, es gehe also um die rechte Haltung, aber das passe nicht zum Zeitgeist, weswegen die Berufsbezeichnung (inzwischen hat er sich in jene für Wiener so typische theatralische Rage hineingeredet) geändert werde, jetzt heiße es neuerdings »muskularskeletöse Behandlung«. Er bereitete zwei monströse Spritzen vor, mit denen ansonsten Beruhigungsmittel an Elefanten verabreicht werden. »Wenn Sie ein Leistungssportler wären, dürfte ich Ihnen dieses Cortison nicht geben, das ist nämlich Doping.« Ich versuche mich zu entspannen, doch der Orthopäde will sich unbedingt mit mir über bestimmte Aspekte eines meiner Essays unterhalten. Es fällt mir schwer, über den Wert des Menschen im Spätkapitalismus zu reflektieren, während er die Spritze in meinen Rücken bohrt. Später spannt er mich in eine moderne Interpretation der Streckbank und verkündet, es gebe heutzutage wenige, die Vernünftiges zu Papier brächten, wir seien umgeben von Volltrotteln. Nach einer Stunde spüre ich keine Schmerzen mehr und verabschiede mich aufrecht von dem guten Mann, der mir mit auf den Weg gibt, die heutige Lehrmeinung plädiere dafür, bei solchen Verletzungen in Bewegung zu bleiben. In den 1980er Jahren hätte man sich zwei Wochen lang ins Bett gelegt und täglich eine Flasche Whiskey getrunken. Heute glaube man, dass die Bewegung, die den Schaden verursacht habe, diesen wieder gutmachen könne. Die Heilung für eine Ruderverletzung ist somit das Rudern selbst. Wie gut, dass just für den nächsten Tag mein Rennen angesetzt ist.

Das Rennen

Ruderer sind harte Athleten. Vielleicht die härtesten überhaupt. Die übliche Rennstrategie besteht darin, sich zu Beginn zu verausgaben, um in Führung zu gehen, denn nur so kann man die Gegner im Blick behalten. Also sprinten die Ruderer eine Minute lang und versuchen danach, die restlichen sechs bis sieben Minuten zu überstehen, in der Annahme, dass die eigene Erschöpfung nicht das letzte Wort hat. Ich war durchaus bereit, mich zu verausgaben, aber ich war vollauf damit beschäftigt, Tretbootfahrern, Schwimmern, Kanuten und Flößen auszuweichen. Birgit ruderte neben mir her und benannte das jeweilige Hindernis. An Rhythmus war nicht zu denken, zumal ich in Hektik geriet, als ich es erzwingen wollte, weswegen ich einige Male aussetzen und mich neu sammeln musste. Je länger ich mich quälte, desto klarer wurde mir, dass ich die Technik noch nicht ausreichend beherrschte, um zwei Kilometer auf Zeit zu rudern.

Einer 2000 Meter. Der Olympiasieger: 6:57,82.
Ich: knapp 17 Minuten.

■ Segeln

> *Wir können den Wind nicht ändern,*
> *aber die Segel anders setzen.*
>
> Aristoteles

Zu Pfingsten wird der Winter nachgeholt. Es ist kalt, es stürmt, die Menschheit flieht vor den Naturgewalten ins Einkaufszentrum. Der Segellehrer bietet eine einfache Lösung: Theorie. Er wird bei seinen Ausführungen gelegentlich unterbrochen von einem Heulen, das die Fundamente der Segelschule erschüttert. Wir sind dankbar, nicht auf dem Wasser zu sein. Unzählige Bilder von schreienden Männern, knirschenden Masten, fallenden Männern, brechenden Masten schießen mir durch den Kopf, »Mann über Bord« setzt sich als Ohrwurm fest. Kriemhild, die sich seit Jahren auf den Segelkurs freut, träumt derweil, wie sie mir später erzählt, von Piraten. Es trifft sich gut, dass Segeln aus sehr viel Theorie besteht, aus Physik, Meteorologie und Verkehrsregeln sowie aus angewandter Knotenkunde. Jede Sportart kennt spezifische Begriffe, Segeln hingegen eine eigene Sprache, die so klingt wie eine von J. R. R. Tolkien erfundene, vermeintlich altgermanische Zunge: Luv, Fock, Liek, Stag.

Gerald, unser Lehrer, ist so wie man sich einen Segler vorstellt. Ruhig, tiefenentspannt; er spricht bedächtig mit wohlgesetzten Worten, er macht den Eindruck eines Menschen, der selbst von einem Hurrikan nicht aus der Ruhe zu bringen wäre. Temperamentvoll wird er nur, wenn er die zentrale Maxime des Segelns postuliert: »Wir lassen nie, nie, nie, niemals die Pinne los, nie!« Alles Weitere vermittelt er mit trockenem Humor: Man schreitet von Boot an Land, man springt nicht, denn der Sprung würde das Boot vom Kai abstoßen, man fiele ins Wasser, das Boot würde zurückschnellen, die anderen müssten den »Holzpyjama« bestellen. Segeln ist keineswegs, das zu vermitteln liegt ihm am Herzen, eine gemütliche Sonntagsausfahrt, es lauern viele Gefahren zwischen Wasser und Wind, weswegen wir zu meinem Erstaunen schon am ersten Vormittag lernen, was wir nach einem Kentern zu tun haben. Man stelle sich vor, die Fahrschullehrer würden ähnliche Prioritäten setzen. Kentern ist nicht nur ein potentielles Problem bei Anfängern, sondern ein Restrisiko, das geübte Segler eingehen, wenn sie hart an Limit und Wind segeln. Es gibt bei den Booten übrigens zwei Typen: jene, die kentern, aber nicht sinken (etwa die Jollen), sowie jene, die nicht kentern, aber sinken (etwa die Kieljachten).

Wir verbringen den ersten Tag und auch den zweiten damit, eine Vielzahl von Regeln, Gepflogenheiten, Techniken und Kenntnissen zu erlernen. Um ein Boot ausleihen zu können (die wenigsten Landratten werden sich gleich eins kaufen), benötigt man einen A-Schein oder Sportsegelschein, der einen als ausreichend kompetent ausweist, für größere Boote gar einen Skipperschein. Der anfängliche Aufwand ist somit größer als bei allen anderen olympischen Sportarten. Und er beinhaltet mehr Büffeln, als einem Büromenschen an einem erholsamen Wochenende recht sein kann. Gerald teilt eine Broschüre mit den einschlägigen Begriffen aus. Wer nicht im Norden aufgewachsen ist, dem werden viele Wörter nicht nur unbekannt sein, sondern auch unvertraut klingen: Tampen, Pütz, Want, Palstek. Beim Segeln hat sich das Englische nicht durchgesetzt (nur die Mannschaft heißt *Crew*).

Man muss die Segelsprache beherrschen, weil es auf einem Boot (außer man ist solo) bei jeder Maßnahme eines klaren Kommandos bedarf, das vom Steuermann ausgeht, der alles entscheidet, ob abgelegt, angelegt, gewendet, gehalst, überholt oder Brotzeit gemacht wird. Vor jedem Manöver erfolgt eine klare Ansage, die in einem »Alles klar zum ...« kulminiert, worauf die schicksalswendende Antwort ertönt: »Ist klar!«

Luv ist die windzugewandte, Lee die windabgewandte Seite. Steuerbord ist rechts, Backbord ist links.

Hinten ist Heck, vorn ist – Achtung: Fangfrage – vorn.

Oder alternativ Achtern und Bug.

Das Vorsegel heißt Fock, das Großsegel hat keinen anderen Namen.

Die sprichwörtlichen Schoten bezeichnen die Leinen, mit denen die Segel bedient werden; die Fallen jene Leinen, mit denen die Segel zu hissen und zu bergen sind.

So viel zur Semantik; die Windkunde ist nicht einfacher. Erste Regel: Wenig Wind = viel Segel. Kommt viel Wind auf, muss man die Segel verkleinern, also reffen. Dies betrifft das Großsegel; das kleinere Vorsegel wird meist nicht verändert. Wie auch beim Wildwasserkajak besteht der Sport aus Phasen der Entspannung und der Dynamik. Monate später segele ich mit dem Verleger Niko und seinem Sohn Felix auf der Außenalster. Es ist ein sanftmütiger Tag, träge furchen wir durchs Wasser, in entspannte Gespräche verwickelt. Als auf einmal der Wind wechselt, übernimmt eine antrainierte, konzentrierte Dringlichkeit. Jeder Handgriff sitzt, wir luven an (segeln an den Wind), das Segel wölbt sich, die Gischt spritzt uns ins Gesicht, das Boot krängt. Kaum lässt uns der Wind im Stich, fallen wir in den Schaukelstuhl unseres Gesprächs zurück. Zudem existieren grundsätzlich drei Winde, die in einem dialektischen Verhältnis zueinander stehen: der wahre Wind (die in Beaufort gemessene These), der Fahrtwind (die durch die Bewegung des Bootes erzeugte Antithese) und der scheinbare Wind (die Addition der beiden genannten Vektoren, die Synthese). Alles Weitere ist knallharte Physik. Wenn man vor dem Wind segelt, heben sich Fahrtwind und wahrer Wind auf, ebenso wie gelebte und erlebte Zeit.

Das Boot kann unterschiedlich zum Wind positioniert werden: Vor dem Wind, also mit dem Wind im Rücken (eine sichere, wenn auch schwunglose Alternative); im raumen Wind, der schräg von hinten kommt; halb im Wind (die schnellste Option), am Wind oder aber, und dies nur zum Ab- und Anlegen, im Wind. Der Wind ist den Seglern Partner, sie wissen ihn zu lesen und zu verstehen, so wie die Kanuten das reißende Flusswasser. Diese beiden Sportarten haben sich einem Naturelement verschrieben.

Auf zwei Tage Theorie folgt ein Tag der Praxis. Zuerst wird das große Segel gehisst, dann das Focksegel. »Alles klar zum Ablegen?« »Ist klar!« Einer aus der Mannschaft muss sich kraftvoll vom Kai abstoßen, damit das Boot mit Schwung hinausgleitet, denn im Hafen dürfen die Schoten nicht angezogen werden, das Boot hat für eine kurze Weile keine eigene Antriebskraft. Kaum wenden wir uns zum Wind, werden wir vom Wind erfasst. Wotan hat die Backen aufgebläht und bläst, was die Lunge hergibt. Sofort nimmt das Boot Fahrt auf, geht in die adrenalinsättigende Krängung, innerhalb von Sekunden erfasse ich mit allen Sinnen den Reiz dieses Sports. Es ist, als würden wir mit den Walküren um die Wette reiten, über den trügerisch harmlosen Neusiedler

See. Das Boot, in dem wir zu zweit sitzen, wird bei Olympia von einem Athleten gesegelt, der das Segel und zugleich über einen Pinnenausleger das Ruder bedient.

Gerald zeigt mir, dass ich mich entweder für einen bestimmten Kurs entscheiden kann und zum schnellstmöglichen Vorankommen das Segel feinfühlig und windgerecht anziehen oder auslassen muss, oder aber das Segel in einer bestimmten Position fixieren kann, um durch Kursänderungen den Wind optimal zu nutzen. Wenn wir hart am Wind segeln, wirkt es zwar rasant, aber wir kommen nicht schneller voran, es fühlt sich nur so an. Wenn der Wind von hinten bläst, wir also »im Wind« segeln, merke ich ihn sogar bei der herrschenden Windstärke von fünf kaum, ich würde mir einbilden, er sei abgeflaut, eine gefährliche Täuschung, denn bei der folgenden Wende oder Halse würde ich überrumpelt werden von der plötzlich einfallenden Macht.

Immer wieder üben wir die Wende, zuerst die normale, dann die sogenannte Q-Wende, ein einfacher Vorgang, bei dem man die Pinne von sich schiebt, müsste man nicht als Steuermann auch seine Position ändern, von steuerbord auf backbord oder umgekehrt, was bei einem glitschigen Boot dazu führt, dass ich gelegentlich mit dem Hintern im Cockpit lande, die Schoten auslasse, das Ruder aus der Hand gebe (»nie, nie, nie«). Einmal kommt es ungewollt zu der Patenthalse, vor der uns Gerald eindringlich gewarnt hatte (»wenn man nicht aufpasst, ist der Kopf weg«), der Baum schießt auf die andere Seite, ich ziehe im letzten Augenblick den Kopf ein, sonst wäre ich in hohem Bogen ins Wasser geworfen worden.

Das Anlegen erweist sich als größte Herausforderung. Man muss präzise in den Hafen hineinfahren, zum richtigen Zeitpunkt ausschießen, darf nicht zu weit von der Kaimauer weg sein, aber auch nicht zu nahe, nicht zu viel Fahrt haben, aber auch nicht zu wenig, sonst verhungert das Boot, wie bei uns mehrmals, oder es schlägt mit zu viel Kraft gegen die Kaimauer und prallt zurück, so dass derjenige, der vorn steht, keine Zeit zum Abspringen hat, wie es meiner Kriemhild geschah, die zwischen Kai und Boot unentschlossen ins Wasser fiel. Die meisten, tröstet uns Gerald, fallen im Hafen ins Wasser. Kriemhild bestätigt diese Lebenserfahrung, indem sie ein zweites Mal ins Wasser fliegt und mangels Ersatzkleidung nicht mehr trocken wird.

Aus ästhetischer Warte sind die Knoten das Faszinosum beim Segeln. Was muss man nicht alles verknoten, und auf wie viele verschiedene Weisen. Solide haltende Knoten, die sich schnell knüpfen und schneller noch »brechen« lassen. Eine Tätigkeit so reizvoll wie Rätsellösen, bei erster Begegnung mit einem komplizierten Knoten verwirrend, bis man die eigene Perplexität überwindet. Am Ende muss man mit erstaunlicher Fingerfertigkeit einen schwierigen Knoten geradezu blind knüpfen können, wie einst von den Matrosen gefordert, nämlich hinter dem Rücken. Am ersten Abend sitzen Kriemhild und ich am Küchentisch und knüpfen uns von Aufgabe zu Aufgabe, eine Probe, die ungeduldige Menschen erzürnen kann, zumal wenn im Hintergrund der Eurovision Song Contest läuft.

Der Höhepunkt meiner kurzen Seglerkarriere erfolgt, als wir stark Fahrt aufnehmen, das Boot fünfundvierzig Grad krängt, wir auf der Bugwelle zu liegen scheinen und ich mich über den Bootsrand hinauslehnen kann. Der Fahrtwind gibt mir eine Vorahnung vom Regattasegeln, bei dem man im Trapez hängt, weit aus dem Boot heraus. Wasser spritzt mir in die Augen, die Sonne knallt mir ins Gesicht, ich bin allen Elementen ausgesetzt. Selten ist man im Sport der Natur näher.

Windsurfen

»Surfen ist kein Muskelsport«, sagt der muskelbepackte Thasul. Sondern? Thasul lässt mich den Rest der Erkenntnis erst einmal erraten. Er macht gerne halbe Sachen. Er trägt einen Bierbauch zum beachtlichen Bizeps, er zeigt sich an einem Tag engagiert, am nächsten indisponiert. Er sagt: »Surfen ist mein Leben« und spricht von Vergangenem, von Tagen schönster Eitelkeit, als er im Zirkus der Surfer reüssierte, ohne Förderung der heimischen Behörden, bis hin zur Weltmeisterschaft. Er blüht auf, wenn er auf Deutsch an die Sommer in Hamburg erinnert, an Partys und Models, an das Leben, das dazu da war, genossen zu werden, denn das Geld »konnte ich eh nicht nach Sri Lanka zurückbringen, also hab ich es auf den Kopf gehauen«.

Wenn Thasul gut aufgelegt ist, gehört er zu jenen begnadeten Trainern, die das Komplexe ihres Sports auf einige simple Grundelemente zu reduzieren vermögen. Er sagt oft »ganz einfach«, und dies ist weder eine falsche Beschreibung noch ein leeres Versprechen. Seine Schulung dreht sich um die zentralen Bojen dieser Sportart, um die Wende und die Halse: das Segel senken, aus dem Wind ziehen, langsam mit den Füßen um den Mast herumrutschen, während das Brett sich dreht, bis man wieder neunzig Grad zum Wind steht, dann den Mast mit der einen Hand an der Schulter entlangziehen, mit der anderen den Gabelbaum greifen und langsam zu sich hieven, vorsichtig, denn kleine Veränderungen können – je nach Wind – große Auswirkungen haben. Es sei entscheidend, mit dem Körpergewicht zu arbeiten, nicht mit Muskelkraft, weil man ansonsten bei längeren Touren verspannen und einem die Energie ausgehen würde. Tatsächlich zieht es bei mir nach einer Stunde auf dem Wasser gewaltig im Rücken.

Ich segle über den Bentota-Fluss in Aluthgama und wieder zurück. Der Wind stellt einfache Fragen. Ob ich alles richtig mache, rufe ich Thasul zu. »Weiter üben«, schreit er von der Bar aufs Wasser hinaus. Ich übe weiter, ohne weiter üben zu können, denn der matte Wind ist ein Lehrer, der seinem Schüler nichts zutraut. Ich tuckere über den Fluss, habe reichlich Gelegenheit, den Müll darin zu betrachten, die Plastikflaschen, die Zeitungsfetzen, die Wassermelonenrinden. Auf Bildern sieht Bentota idyllisch aus; der Fotografie gelingt es nicht immer, die Vermüllung der Welt einzufangen. »Ständig müssen wir mit Netzen den Müll aus dem Fluss holen«, beschwert sich Thasul. »Vor allem Schnapsflaschen. Arak, weißt du, unser Schnaps, billig und tödlich. Sri Lanka liegt beim Alkoholverbrauch weltweit an zweiter Stelle, knapp hinter Russland. Aber die Statistik ist falsch, weil nämlich das, was illegal gebrannt wird, gar nicht auftaucht.« Er selber habe seinen Konsum zurückgefahren, früher habe er an einem guten Abend mehrere Flaschen gekippt. Thasul praktiziert einen gerade in Entwicklungsländern weitverbreiteten, negativen Lokalpatriotismus.

An den nächsten Tagen fällt es mir schwer zu trainieren, weil entweder Thasul nicht auftaucht oder der Wind ausbleibt. Zu meinem Glück kommt der Fotograf Thomas Dorn zu Besuch, seit Jahrzehnten passionierter Surfer, und übernimmt die Rolle des Trainers mit Feuer und schnell verglühender Flamme (die uralten Bretter finden sein besonderes Missfallen). Ich solle die Füße nicht so ins Brett krallen, rät er mir, sondern entspannt und mittig auf dem Brett stehen, dieses sei sensibel und reagiere negativ auf übermäßigen, unnötigen Druck. Da ist sie wieder, die ultimative Herausforderung des Sports: kontrollierte Entspannung. Schwierig, wenn man sich davor ekelt, ins vermüllte Wasser hineinzufallen.

Mehr könne er mir nicht beibringen, weil der schwache Wind so wenig zulasse. Die Abhängigkeit vom Wind ist frustrierend. Ich habe erwartet, dass der Wind mit mir spielt, dass ich mich allmählich aus meiner Ohnmacht befreien würde und ihm, ohne ebenbürtig zu sein, ein wenig Paroli bieten könnte. Stattdessen versteckt er sich. Langsam über einen schmutzigen Fluss zu segeln, ist keine Werbung für das Windsurfen. Weder der Wind noch Thasul bessern sich; Thomas schießt Fotos von anderen Disziplinen.

KLEINER BALL, GROSSER BALL, FEDERBALL

■ Tischtennis

Unter den Büchern, die ich gerne verfassen und doch nie schreiben werde, steht an vorderster Stelle »Die Geschichte des 20. Jahrhunderts durch die Augen von Ping und Pong«. Es wäre eines jener seltenen Bücher, wie ich sie liebe, scheinbar abwegig, schräg, verschmitzt, und doch – wenn auch auf Umwegen – ins Herz existentieller Themen zielend. Die Erzählung müsste mit einem Prolog beginnen. 1936 treffen bei einem Turnier in Prag der polnische Jude Aloizy Ehrlich und der Rumäne Farkas Paneth aufeinander, beide Meister des Defensivspiels. Nach zwei Stunden und zwölf Minuten war es vollbracht: der erste Punkt. Die Beschreibung der zwölftausend Schläge, unterbrochen von einigen dramatischen Höhepunkten, wann immer der Schiedsrichter wegen eines steifen Nackens ausgetauscht werden muss, würde den Lesern einige Geduld abverlangen.

Da die Nazis für derart subtiles Abtasten wenig übrighatten, musste der österreichisch-jüdische Weltmeister Richard Bergmann nach England fliehen, wo er britische Truppen in die Geheimnisse der Vor- und Rückhand einführte. Die Alliierten hatten die militärischen Vorzüge des Tischtennis entdeckt, ganz im Gegenteil zum Ersten Weltkrieg, als eine Pingpong-Phobie herrschte (1914 wurde in den USA eine generalstabsmäßige Kampagne gestartet: Pingpong-Soldaten unerwünscht). Die Vorstellungen von Korpsgeist und Männlichkeit hatten sich gewandelt, die psychologische Labsal des Spiels wurde nunmehr geschätzt, zur Ablenkung und als Ausdruck vergnüglicher Normalität. Tischtennis galt sogar als Verhörmethode, wie der hochrangige Intelligence Officer Henry Kolm erst vor wenigen Jahren zu Protokoll gab: »Wir haben bei einem Pingpong-Spiel mehr Informationen aus einem deutschen General herausgeholt, als sie es mit ihrer Folter heute hinkriegen.« Mit deftigem Seitenspin zusammengefasst: I. WK: Anti-Pingpong, II. WK: Pro-Pingpong.

Bei Fidel Castro offenbarte Tischtennis sein revolutionäres Potential: »Wie bei Pingpong müssen wir sie angreifen, dort wo sie es am wenigsten erwarten.« Der kubanische Guerillakampf war eingeläutet. Castro blieb sein Leben lang ein passionierter Hobbyspieler, Nixon hingegen wirkte mit einem Tischtennisschläger in der Hand ungelenk und verlegen, im Gegenteil zu Mao, dessen unsterbliche Worte unbedingt zu goutieren wären: »Betrachte den Pingpong-Ball als den Kopf deines kapitalistischen Feindes. Triff ihn mit deinem sozialistischen Schläger, und du wirst einen Punkt für das Vaterland gewinnen.«

Die berühmte Pingpong-Diplomatie zwischen den USA und China verdankte sich eher Berechnung und Inszenierung als Leidenschaft. Die hoffnungslos unterlegene amerikanische Mannschaft wurde auf ihrer China-Tournee hofiert und gelegentlich mit einem Sieg beschenkt. Ein Jahr später (1972) reisten die Chinesen in die USA, in ihrer Mitte Chuang Tse-tung, den viele für den besten Spieler aller Zeiten halten. Das Schlusswort bleibt diesem charismatischen Zauberer überlassen: »Es ist gefährlich, ein

Sieger zu sein. Du kannst verwirrt werden. Zwar ist Pingpong ein sehr kompetitiver Sport, aber es gibt keinen wirklichen Sieg, keine wirkliche Niederlage. Es gibt immer beides zugleich.« Besser ist der Ausgang des Kalten Kriegs selten zusammengefasst worden.

Tischtennis ist auf den ersten Blick unsexy. Es wird meist im Souterrain gespielt (oder in Turnhallen), bei künstlichem Licht (vorgeschrieben), die Räume sind funktional ohne jeglichen Charme, die Figuren der Athleten eher unauffällig, ihre Bekleidung keineswegs erotisch aufgeladen, die Bewegungen selten spektakulär. Tischtennis ist weltweit eine der beliebtesten Sportarten, doch gilt sie nicht als schick. Unvorstellbar, dass in einem Hollywoodfilm der Held zur Bestätigung seiner Männlichkeit bei einem Pingpong-Workout gezeigt wird. Kein Zufall, dass just Forrest Gump, der heilige Narr, zum Tischtennishelden avancierte. Eher wird dieser Sport ins Nebensächliche marginalisiert, die Tische verbannt in den Garten oder in die Garage, in die Gemeinschaftsräume von Internaten und Jugendherbergen, in Schwimmbädern neben die Getränkeausgabe, in coolen Start-up-Unternehmen auf den Korridor.

So auch der Klub, in dem ich trainiere, laut Webseite die älteste Tischtennishalle auf der Welt, seit 1932 in der Langen Gasse in der Wiener Josefstadt beheimatet. Als ich zu meiner ersten Stunde mit Roman antrete, einem Tschechen mit der Gelassenheit eines Meditationslehrers, fühle ich mich beim Hinabsteigen über eine lange Treppe ins nüchterne Reich der Ballwechsel an eine Beschreibung des großartigen Pingpong-Chronisten Jerome Charyn erinnert: »Der Club befand sich im fensterlosen Untergeschoss eines Kinos. Man stieg eine mit zertretenen Insekten und leeren Süßigkeitenverpackungen übersäte Treppe hinunter, ging durch eine zerkratzte, grüne Holztür und betrat einen langgestreckten, schmuddeligen Raum, in dem eine altersschwache Klimaanlage ächzte. Entweder rang man beständig nach Luft, oder man gab das Pingpong-Spielen im Riverside Club auf.«

Was Charyn nicht erwähnt, ist der schäbige Mief der Umkleidekabine, wo meist ältere Herren eine elastische, weite Hose über ihren Bierbauch stülpen. Doch kaum beginnt das Training, vergeht angesichts der Rasanz der Ballwechsel und der schnellen Positionsveränderungen jede Anmutung von schläfriger Behäbigkeit. Gefordert ist die flinke Beweglichkeit kurzer Schritte. Normalerweise steht der linke Fuß etwas vor, bei kürzeren Bällen muss man mit dem rechten schnell nach vorn steigen und genauso schnell wieder zurück. Variationen der Richtung führen oft zum Erfolg, meist reicht eine Gewichtsverlagerung, um etwa einen diagonalen Ball gerade die Außenlinie entlang zu spielen.

Da man sehr wenig Zeit zum Reagieren hat, muss man auf den Schläger des Gegners achten, um Schlagtyp und Richtung zu erkennen, bevor der Ball über die Netzkante fliegt. Erstaunlich, wie anstrengend eine Trainingsstunde sein kann, vor allem wenn man vom Trainer von links nach rechts und wieder zurückgescheucht wird. Die tiefe Körperstellung (stets etwas in die Knie gehen) und das Tänzeln auf den Fußballen bedeutet ständige Anspannung und Bewegung. Allerdings stimmt auch die Aussage meines Trainers, dass es besonders anstrengend ist, weil ich mich falsch bewege oder dem Ball hinterherhechele, anstatt ihn richtig positioniert zu erwarten. Die Ökonomie des eigenen Stellungsspiels dürfte, wie auch bei Badminton und Tennis, eines der Geheimnisse des Erfolgs sein.

Schon nach wenigen Trainingseinheiten lerne ich, meine Schläge nicht zu überhasten, das Spiel zu verlangsamen. Je besser man wird, desto eher sieht man den Ball und nicht die Geschwindigkeit des Balls. Tranceartig, vor allem, wenn im Training lange, routinierte Ballwechsel zustande kommen, völlige Versenkung, reine Schlagbewegung. Ich habe das Gefühl, mein Unbewusstes darf auch mal Ball spielen. Die Wiederholung des Gleichen ist faszinierend, denn bei konstant zugespielten Bällen ist ein Anfänger wie ich um Klassen besser als bei variierten Schlägen, und so erfahre ich angesichts einer erstaunlichen Treffsicherheit und Geschwindigkeit eine Ahnung davon, wie es sich wohl anfühlt, ein richtig guter Spieler zu sein. Doch kaum streut Roman einige unerwartete Bälle ein, indem er etwa auf meinen Körper zielt oder einen starken Topspin aus dem Handgelenk zaubert, stürze ich aus dieser Seligkeit in die Demütigung des Luftschlags.

Immer wieder falle ich in alte Tennisgewohnheiten zurück, hole bei der Vorhand viel zu weit aus, anstatt jenen typisch kompakten Schlag auszuführen, der eher von unten nach oben geht, in einer schnellenden Bewegung. Die Vorhand erweist sich im Vergleich zur Rückhand, die aus einer einfachen, eindimensionalen Bewegung nach vorn besteht, als der schwierigere Schlag. Die Vorhand beschäftigt den ganzen Körper, erfordert mehr Koordination.

Als ich den Ball gut im Spiel halten kann, nehme ich einen unserer langen Ballwechsel akustisch auf. Zu Hause spiele ich die Aufzeichnung ab, das regelmäßige Klopfen des Balles klingt wie der Herzschlag eines zuversichtlichen Menschen, ein akustisches Symbol der Kontinuität; es ist ein kleines Wunder, dass bei solchen Geschwindigkeiten mit diesem kleinen Schläger dieser zerbrechliche Ball so lange hin und her fliegen kann.

Zweimal werde ich von Freunden eingeladen, an Vereinsabenden mitzutrainieren. Was den Gelegenheitsspieler vom Hobbyspieler vor allem unterscheidet, ist das Schnibbeln und Schneiden und Slicen (in Österreich Schupfen genannt) – die Unlesbarkeit der gegnerischen Schläge. Jeder halbwegs weitgereiste Mensch kennt die Frustration angesichts eines unbekannten Alphabets. An einem langen Abend spiele ich in Stuttgart gegen einen kniemaladen älteren Herrn, der mich mit japanischen Zeichen verknotet; gegen einen aufgeschossenen Blondkopf mit schlechter Haltung, der mich mit chinesischen Zeichen in die Ratlosigkeit treibt; und schließlich gegen einen nadeldürren Buchhalter, der die geschwungenen und gewundenen Zeichen der Singhalesen auf den Tisch zaubert. Was den Anfänger vom erfahrenen Spieler zunächst unterscheidet, ist der Aufschlag und die Annahme des Aufschlags. Ein Spieler kann noch so sehr in die Jahre gekommen sein, fast unbeweglich auf der anderen Seite des Tisches stehen, jeden gutplatzierten Ball verloren geben, und doch gewinnt er unweigerlich, weil er jeden Aufschlag geschickt pariert und pro Satz mit einigen seiner Aufschläge direkt punktet. Der Druck auf den unerfahrenen Spieler wächst, er riskiert mehr, begeht mehr Fehler und verliert erst recht. Den Aufschlag des Gegners muss man lesen lernen, und jede weitere Stufe hinauf ist eine fortwährende Befreiung aus der selbstverschuldeten Pingpong-Legasthenie. Der Blick auf Hand und Schläger des Gegners verrät, ob der Ball mit Unterschnitt oder Seitenschnitt erfolgt, und eigentlich ist die Annahme einfach, entweder man slict zurück, erwidert also Unterschnitt mit eigenem Unterschnitt (ein hervorragendes Beispiel für das Prinzip der Kausalität), oder man drückt zurück, gibt unter Umständen mit Topspin etwas Tempo drauf. Alles Weitere sind Varianten dieser zwei Grundschläge. Eine gute Angabe wird so gespielt, dass der Ball knapp zweimal auf den Tisch aufkommen würde, wodurch ein druckvoller Topspin-Return verhindert wird. Springt der Ball etwas zu hoch auf, kann er mit einer schnellen Drehung des Handgelenks aggressiv retourniert werden.

Wie die meisten Sportarten wurde auch Tischtennis in grauer Vorzeit irgendwo auf der Welt erfunden (manche verweisen auf Frankreich im Mittelalter, auf das *Jeu de paume*, bei dem Mönche ihre bloßen Handflächen und später Lederhandschuhe verwendeten) und Ende des 19. Jahrhunderts von skurrilen Briten modernisiert und kodifiziert, in diesem Fall angeblich in Indien, wo sie sich mit den Deckeln von Zigarrenkisten Weinkorken zuschlugen über ein Netz (eher ein Hindernis) aus aufgestapelten Büchern. Sofort nahmen Aristokraten in der Heimat diese Neuerung ins Repertoire auf, bestens geeignet, die Tennissaison bei schlechtem Wetter *indoor* fortzusetzen. Gegen Ende des Jahrhunderts war aus einer Marotte eine Mode geworden, in feinen Kreisen zelebriert, mal »Flim Flam«, mal »Whiff Waff« genannt, bis die Erfindung des Zelluloidballs die moderne Ära einläutete und das Aufprallgeräusch zu dem Namen »Pingpong« führte. Die zweite große technische Neuerung erfolgte durch den Schwammbelag, mit dem 1952 in Bombay ein bislang unbekannter Japaner namens Hiroji Satoh die WM gewann. Das revolutionierte den Sport, und so wie manche Schauspieler den Übergang von Stummfilm zum Tonfilm nicht bewältigen konnten, verzagten einige der größten Meister am neuen Material. Selbst der Name Pingpong war genaugenommen nicht mehr gültig, denn die ploppenden Geräusche verdankten sich den einst harten Schlägern. Heute sind schwammartige Beläge mit und ohne Noppen im Angebot und die Wahl des Schlägers abhängig von der jeweiligen Spielweise der Athleten. Im Winter muss übrigens auch der Schläger aufgewärmt werden, denn er reagiert auf Kälte so empfindlich, dass in der ersten Viertelstunde kaum ein Topspin möglich ist. Also legt man ihn auf die Heizung und macht derweil einige Dehnübungen.

Als ich eines Tages den Keller in der Langen Gasse betrete, retourniert ein drahtiger älterer Spieler Bälle gegen eine Maschine, die mit der ihr eigenen Präzision millimetergenau Dutzende von Bällen auf seine Rückhand schießt. Die Maschine kann nur das, aber mit einer erstaunlichen Vielfalt, sechs verschiedene Schlagtypen, in beliebiger Zusammensetzung programmierbar. Noch beeindruckender ist der Roboter der Firma KUKA, der den einst weltbesten Spieler Timo Boll herausgefordert hat (www.youtube.com/watch?v=tIIJME8-au8). Wenn man sich das Video genau anschaut, sieht man, dass Boll aufgrund einer sehr menschlichen Eigenschaft gewinnt, der des Glücks. Einige Kantenbälle und Netzkullerer (reizend wie er sich bei der Maschine gemäß etablierter Etikette entschuldigt) geben ihm den entscheidenden Vorteil. Bemerkenswert, wie einfach Tischtennis aussieht, wenn man wie KUKA über Geschwindigkeit und Schlagpräzision verfügt. Der Roboter drückt die Bälle meistens nur zurück, nutzt die Geschwindigkeit des menschlichen Gegners. Nicht zu erkennen ist allerdings, wie der Roboter mit extremem Spin und kurzen geschupften Bällen klarkommen würde. Am Ende steht es 11:9 für einen erleichterten Timo Boll (auch wenn das Ganze nur ein genialer Werbegag war).

Erinnern Sie sich an »Pong«? Für viele in meinem Alter der Einstieg in die Droge Videospiel. So einfach, dass es weh tat. Jedes religiöse Ritual ist im Vergleich dazu von immenser Komplexität. Zwei vertikal verschiebbare Balken und ein Ball, der zwischen ihnen hin- und herflitzt. Pong wurde 1972 in Kalifornien auf den Markt gebracht. Ein Milliardengeschäft. Die Idee (der

Name gesteht es ein) inspiriert von einem Spiel, das Kinder Pingpong nennen, Erwachsene Tischtennis. Pong wie auch Pingpong sind täuschend leicht zu lernen, jedes Kind kann innerhalb weniger Minuten den Ball zurückschaufeln, aber beides ist frustrierend schwer zu beherrschen. Darin besteht der Reiz. Nur dass Pingpong noch viel schneller ist als Pong.

Nie hat man genug Zeit, nicht einmal zwischen den Ballwechseln, um sich das Handtuch zu holen, sich gemütlich abzutrocknen. Erst nach sechs Punkten gibt es eine kurze Unterbrechung zum Abwischen des Schlägers, denn Schweiß wirkt sich auf dem Belag verheerend aus, weil der Ball von der Oberfläche abfällt. Selbst zwischen den Sätzen ist nur eine Pause von einer Minute erlaubt. Das trägt bei zur roboterartigen Rasanz des modernen Spiels, bei dem taktische und technische Finessen kaum mehr sichtbar sind. Die Folge ist, dass man sich lieber Spiele von dazumal anschaut, etwa das Finale der English Open aus dem Jahre 1949 zwischen den legendären Victor Barna und Marty Reisman, die beide in langen Hosen aufrecht hinter dem Tisch stehen und sich mit einer ausgebufften Ruhe belauern, die an Kontemplation grenzt.

Nach einer meiner Trainingsstunden spielt Roman gegen den Betreiber der Tischtenniskellerei. Es ist ein Kampf zwischen Gegenwart und Vergangenheit. Der übergewichtige ältere Mann schneidet und schaufelt, es sieht aus wie Kartentricks eines Magiers, beim Jüngeren hingegen zischen die Windmühlenschläge, als gelte es die eh schon rasch verfliegende Zeit zu beschleunigen. So schnell der Ball auch zwischen den beiden hin- und herfliegt, er schwebt zugleich in einem komprimierten Raum aus charmanter Tradition und rasanter Zukunft.

■ Tennis

Jahrelang träumte ich von Ballwechseln. Mit geschlossenen Augen konnte ich meinem Schläger blind vertrauen. Alles gelang: die Rückhand *longline*, die Vorhand *cross*, der hohe, lange Entlastungs*lob*, mit starkem *Topspin* gespielt. Ich bewegte mich nicht über den Platz, ich schwebte zum Ball. Ich ging in die Knie und spielte einen tiefen *Slice*. Ich sprang in die Luft und schmetterte in die Ecke. Ich gewann den Punkt mit einer Eleganz, die einem nur in der Imagination vergönnt ist, mit einem platzierten *Volley* oder einem gelungenen *Dropshot*, der sogar mich überraschte. Der Gegner war nie zu sehen. Ich spielte ohne Fehl und Tadel, nie traf der Ball den Rahmen, nie verzog ich eine aggressive Vorhand, nie kam es zu einem Netzroller. Es gab keine Zufälle, keine Einbrüche, kein Nervenflattern. Wenn mein Kopf auf dem Kissen lag, wurde perfektes Tennis gespielt. Ich träumte mit einer robusten Kondition, vergleichbar allein mit der Ausdauer früher erotischer Phantasien.

Tennis war mein Sport, seitdem ich entdeckt hatte, dass man Mauern nutzen konnte, um stundenlang einen weißen Ball dagegen zu schlagen (eine Linie in einer Höhe von knapp einem Meter war schnell gezogen). Die Mauer war der optimale Trainingspartner, sie brachte jeden Ball zurück. Ich forderte sie zu stundenlangen Matches heraus. Ich spielte so lange, bis meine Mutter mich zum Abendessen rief. Ein Jahr später wurde ernsthaft trainiert, im bereits erwähnten kenianischen Internat Kenton College, unter Anleitung einer professionell ausgebildeten Trainerin, deren Namen ich vergessen habe, nicht jedoch ihr Aussehen, denn sie bestand nur aus Knochen und wettergegerbter Haut. Sie brachte uns die Regeln bis ins letzte Detail bei. Wenn wir nicht spielten, mussten wir als Schiedsrichter fungieren. Höchstes Lob erhielt ich, weil ich einmal laut und deutlich auf *foot fault* entschieden hatte. Zwei Jahre später war ich der Captain der Tennismannschaft, und wir fuhren zu anderen Schulen, Schulen mit unebenen Tennisplätzen, mit ambitionierteren Lehrern, mit Gegnern, die im Doppel direkt auf denjenigen zielten, der am Netz stand. In den Ferien nahmen wir an Turnieren teil, und wenn wir nicht aufschlugen oder retournierten, sahen wir den Älteren voller Bewunderung zu. Ich kann heute noch die Vorhand eines Jungen namens Joplin visualisieren, den elegantesten Schlag, den ich bestaunen durfte, bis ich Pete Sampras' Vorhand aus dem Lauf heraus kennenlernte (oder Rod Lavers Halbvolley oder Arthur Ashes Aufschlag oder Miloslav Mečířs Stellungsspiel, jene florentinische Skulptur, die aus unerfindlichen Gründen beschlossen hatte, über Tennisplätze zu gleiten).

Dann erfolgte der Abbruch. Wir zogen nach Deutschland, mehr als drei Jahre hielt ich keinen Schläger in der Hand, und als ich nach der Rückkehr nach Afrika mit sechzehn wieder zu spielen begann, war der Faden gerissen, ich war nie wieder so gut wie mit zehn, als ich inoffizieller kenianischer Jugendmeister in meiner Altersklasse geworden war. Ich stagnierte. Ich verlegte mich auf das Verteidigen. Ich jagte jedem Ball hinterher. Ich versuchte, selbst zur Mauer zu werden. Hauptsache, du bringst den Ball zurück. Manchmal funktionierte es, und der überlegene Gegner verschlug frustriert den zehnten, den fünfzehnten, den zwanzigsten Ball, der in hohem Bogen auf ihn zuflog. Ich kämpfte verbissen um den nächsten Punkt. Denn Tennis mit seiner exzentrischen Zählung belohnt Hartnäckigkeit. Der unterlegene Spieler kann mit Geduld und Beharrlichkeit bei einem scheinbar aussichtslosen Spielstand Punkte hamstern, die Nachlässigkeit des Gegners ausnutzen, bis es nach einem klar gewonnenen ersten Satz auf einmal 5:5 im zweiten steht und alles wieder möglich scheint.

Meistens aber wurde ich deutlich besiegt, und eines nachrichtenarmen Tages war in der Zeitung zu lesen: *Wekesa destroys Trojanow*. Aber trotzdem spielte ich fast jeden Nachmittag, in Clubs mit so schönen Namen wie »Karen« (auf der Plantage, die einst Karen Blixen gehört hatte) und »Parklands«. Tennis war sinnliche Verinnerlichung; der ploppende Klang des Schlags, unterschiedlich tönend je nach Bespannung, eine Komposition von komplexen Rhythmuswechseln; der Geruch des Aschenplatzes; die roten Socken; das Abklopfen der Schuhsohle; die Pommes im Klubhaus danach, um den Hungerast zu bekämpfen. Die Bälle, verteilt über das ganze Zimmer. Zwar bin ich im Gegensatz zum legendären Pancho Gonzales nie mit meinem Schläger ins Bett gegangen, aber beim Aufwachen fiel mein verschlafener Blick als Erstes auf das Racket. Ich wusste, ich war erwachsen geworden, als in meiner Studentenbude weder Tennisbälle noch -schläger zu sehen waren.

Später wurde Tennis zu einem Kitt männlicher Freundschaft. Ich teilte mit einem Niederbayern namens Christoph Wohnung, Büroräume und Tennisplatz. Wichtiger als das Spiel waren die Gespräche davor und danach, Nischen des ungehetzten Austausches in einem hektischen Alltag. Ich hatte mich damit abgefunden, dass ich mich nicht mehr verbesserte. Tennis war gänzlich zu einer sozialen Funktion geworden, nicht unähnlich der Entwicklung dieses Sports, dessen Ursprung vielleicht das ritterliche Duell war, dessen Popularität in viktorianischen Zeiten sich den Gartenpartys verdankte, auf denen sich Wort- und Ballwechsel ergänzten. In Kenia, auf Festen, zu denen meine Eltern mich mitnahmen, wurde es in diesem Sinne zelebriert, unter dem ausladenden Sonnenschirm einer entspannten Etikette. In Bombay, auf einem harten Platz im Erdgeschoss des Hochhauses, das wir bewohnten, wartete ich jeden Morgen auf einen Goaner namens Karl, der den Ball teuflisch schnibbelte, so als schnitte er eine dünne Scheibe von einem Hinterschinken ab. Aus den Auspuffen der Autos, die direkt neben dem Platz parkten (in Bombay ist Raum rar), pufften minutenlang die Abgase, weil die Chauffeure das Innere kühlten. Manchmal stellten sie das Autoradio auf infernalische Lautstärke, und wir schlugen uns die Bälle zum Rhythmus von Bollywood um die Ohren. Von Spiel zu Spiel wurde die Freundschaft tiefer, unbeeindruckt von den häufigen Streitigkeiten über Linienbälle. Als ich von Bombay wegzog, gab ich das Tennisspielen auf. Manche Partner sind unersetzlich.

■ Badminton

Drop, Clear, Drop, Clear, Drop, Clear.
Lang, kurz, kurz, lang, kurz, kurz.
Drive Vorhand, Rückhand, Vorhand, Rückhand.
RückhandRückhandRückhandRückhandRückhand.
Lift, Smash, Lift, Smash, Lift, Smash.
Smash, Kill Vorhand, Kill Rückhand. Smash, Kill Vorhand, Kill Rückhand.

So sah mein Training aus, kaum hatte ich die Grundschläge erlernt. Höchste Intensität, gnadenlose Choreographie. Ein Tanz ohne Partner, bei dem der Gegenspieler den Takt vorgibt. Die Schrittfolgen präzise festgelegt. Beim Badminton hat man nicht genug Zeit, sich eigene Laufwege zu überlegen. Wer mit dem falschen Bein zum Ball geht, hat schon verloren. Badminton besteht, so die Quintessenz vieler Trainingsstunden und Gespräche, aus drei Elementen: Geschwindigkeit, Platzierung und Bauernschläue.

Die Geschwindigkeit verdankt sich der Beschleunigung, die der Kopf des Federballs (aus Kork, die Federn von Gänsen oder Enten) beim Schlag erfährt – der malaysische Profi Tan Boon Heong schmetterte bei einem *Speedtest* mit einer Anfangsgeschwindigkeit von an die fünfhundert Stundenkilometer. Badmintonspieler behaupten gerne, ihre Sportart sei die schnellste auf der Welt, ein Attribut, das Roman für das Tischtennis beansprucht hatte. Beide Behauptungen treffen zu. Bei Badminton ist die Geschwindigkeit des Federballs unmittelbar nach dem Treffpunkt die mit Abstand höchste. Allerdings bremst er danach extrem stark ab und kommt nur noch mit einem Bruchteil dieser Geschwindigkeit beim Gegner an. Zudem ist die Entfernung zwischen den Tischtennisspielern erheblich kürzer, so dass der Gegner bei Schlägen um die hundertsechzig Stundenkilometer weniger Zeit zum Reagieren hat als beim Badminton.

Platzierung ist noch wichtiger als Geschwindigkeit. Die Kunst besteht darin, nicht nur den Federball im gegnerischen, sondern auch den eigenen Körper im eigenen Feld zu platzieren. Immer wieder ermahnt mich mein Trainer Erik, der eine Karriere als Programmierer unterbrochen hat, um seiner Leidenschaft zu frönen, die Zentralposition hinter der T-Linie zu besetzen, die den eigenen Hegemonialanspruch nach jedem Schlag erneut bestätigt, weil man von ihr aus am schnellsten in alle vier Richtungen des Spielhimmels gelangen kann. Jeder Ball erfordert eine spezifische Präzision. Der *Drop* muss knapp hinter das Netz fallen, soll er vom Gegner nicht gleich getötet werden. Der *Clear*, ein Ball mit langer, hoher Flugbahn, muss bis an die hintere Linie fliegen, bevor er fast senkrecht von der Decke fällt wie eine erlegte Taube. Und zur Platzierung gehört das erstaunliche Auge der guten Spieler, die voraussehen können, dass ein Ball um wenige Millimeter ins Aus segeln wird.

Am wichtigsten ist jedoch die Bauernschläue, die strategische Fähigkeit, zu täuschen und zu überrumpeln. Blitzschach auf zwei arg strapazierten Beinen. Ein Beispiel für angewandten Machiavelli, voller teuflischer Finten. *A thinking man's game*, würde man auf Englisch sagen, bei dem es keine monotonen Grundlinienduelle wie etwa bei Tennis auf Sand geben kann. Erik macht sich einen Spaß daraus, gelegentlich mit einem Einknicken des Handgelenks oder einer unsichtbaren, kleinen Variation im Bewegungsablauf den Ball dorthin zu schicken, wo ich ihn nie erwartet hätte. Dann grinst er über meine Verblüffung und erzählt mir, dass er gegen die Allerbesten im Land allein deswegen chancenlos sei, weil er den Überraschungen hinterherhechele, die sie ihm bereiteten.

Die Hand-Auge-Koordination aus den langen Jahren des Tennisspielens leistete mir im Badminton gute Dienste, ich kam schnell voran, bis zu dem Punkt, den ich auch in anderen Sportarten erlebt habe – jener Punkt, an dem es nicht weiterging, weil ich eine Technik, eine Übung nicht bewältigen konnte, weil sie zu hohe motorische Anforderungen stellte. Beim Badminton war es der halbe Cha-Cha-Cha, wie ich den Moment des Versagens für mich taufte. Es handelte sich um die Aufgabe, einen hoch und tief auf die Rückhand gespielten Ball mit Druck links vorm Kopf zu schlagen, indem man nach hinten links springt und eine halbe Drehung ausführt. Ein Auftaktsprung, ein Hüpfer, zuerst mit dem rechten Bein, dann leicht seitlich versetzt mit dem linken, worauf der dynamische Höhepunkt folgt, der sogenannte *Malayen-Step*, ein einbeiniger linksseitiger Hüpfer mit gleichzeitiger Drehung um hundertachtzig Grad, gefolgt von einem Sprung nach hinten, der in der Bewegung aufgefangen wird, um mit Vorwärtsschwung anzukommen, also ein »Umsprung«. Diese Bewegung ist genauso kompliziert, wie sie sich anhört. Ohne Ball gelang sie mir einige Male, aber sie so auszuführen, dass ich den Ball solide traf, blieb mir versagt.

Bei jedem Training sah ich auf den Nachbarplätzen Freizeitspieler den Ball zurücklupfen wie Kinder am Strand beim Federball. In kaum einer anderen Sportart vergnügen sich so viele Menschen ohne technische Fertigkeiten. Beim Tennis würden sie den Ball mit einer derart falschen Schlägerhaltung und schiefen Bewegung nicht über das Netz bringen. Beim Kajak würden sie kentern, beim Reiten vom Pferd fallen. Dabei würden wenige Trainerstunden ausreichen, um die Grundzüge des Badmintons zu erlernen, einer Sportart, bei der sich die enorme körperliche Anstrengung im Spielerischen auflöst.

LEISES SCHIESSEN, LAUTES SCHIESSEN, TONTAUBENSCHIESSEN

■ Bogenschießen

An einem heißen Sonntag schieße ich als Einziger auf der Anlage im Wiener Prater neben einer Frau mittleren Alters, die immer wieder missmutig den Kopf schüttelt. Wir packen zusammen ein, sie bietet mir an, mich zur nächsten U-Bahn-Station mitzunehmen. Kaum sitzen wir im Auto, will sie wissen, was ich vom Bogenschießen halte. Ich beginne meine Faszination zu beschreiben, da unterbricht sie mich unwirsch: »Hochkomplex, motorisch unglaublich komplex, wenn man was treffen will. Da geht es nur um Kleinigkeiten. Klappt selten so, wie man will. Bogenschützen sind unzufrieden, ist dir das aufgefallen? Per se unzufrieden, es ist nie gut genug, immerzu unzufrieden. Wir haben einen, der trifft immer ins Goldene, aber wenn er einen Zentimeter links ist, hat er ein Problem mit sich und der Welt, auch wenn er das Turnier gewinnt.«

Ich unterbreche die Frau nicht, weil sie sich in eine verkehrsgefährdende Erregung geredet hat. Was sie sagt, entbehrt nicht einer gewissen Logik. Bogenschützen können nicht ganz glücklich sein, sie müssen stets einen Mangel empfinden, weil das Ziel in seiner wissenschaftlich präzisen Definition ihnen mit unverblümter Brutalität vorführt, wie weit sie von der Perfektion entfernt sind. Bogenschießen ist die Einsicht in die eigene Fehlbarkeit.

»Als Bogenschütze«, sagt die Frau zum Abschied, »muss man Masochist sein.«

Dagegen spricht, dass mein Trainer Georg in sich ruht wie kaum ein anderer Mensch, den ich kenne. Seine Aussagen sind so abgeklärt wie profund. An manchen Tagen erweckt er den Anschein, Buddha habe mit österreichischem Akzent gesprochen. Georg hält nicht viel von ausschweifenden Erklärungen und ausführlicher Theorie. Er zeigt mir das Nötigste und lässt mich dann üben. Besser der Schüler begeht den Irrweg, als dass der Lehrer ihn davor warnt, lautet sein Credo, zumindest bilde ich mir das ein. Das kommt meiner furiosen Ungeduld entgegen.

Also stehe ich da, der Oberkörper entspannt, die linke Hand eher an den Bogen gelehnt, als dass sie ihn hält, ziehe die Sehne mit drei Fingern nach hinten und lasse sie los (das sogenannte *Release*, zentrales Moment des Bogenschießens), unzählige Male, auf eine Scheibe zielend, die sechs Meter entfernt steht. Aber ich ziele nicht wirklich, manchmal schließe ich gar, auf Georgs Anraten, die Augen, denn bis zu achtzig Prozent des Gehirns seien damit beschäftigt, ein Ziel anzuvisieren, so blieben nicht genügend Kapazitäten übrig für die Konzentration auf die Bewegung. Die reine Bewegung, in ihre einzelnen motorischen Teile zerlegt, ist tatsächlich von verwirrender und lähmender Komplexität (der Hinweis auf die Kraftlinie zwischen ausgestrecktem linken Unterarm und dem gebeugten rechten Arm möge reichen).

Eine einfache Bewegung von natürlich-flüssiger Eleganz, wenn richtig, verquer linkisch, wenn falsch ausgeführt. Besonders schwierig wird sie dadurch, dass man sie konstant wiederholen muss, bei unterschiedlichen Bedingungen, unter Druck, bei schlechter Laune, wenn es regnet und bei Sonnenschein. Mitentscheidend ist das Timing, das ein jeder Schütze über die Jahre hinweg entwickeln muss. Die Südkoreaner, die immer wieder als das Maß aller Dinge herbeizitiert werden, schießen sehr schnell. Andere hingegen halten die Sehne lange in der Verankerung unter dem Kinn, bevor sie diese loslassen. Hyperaktive unterscheiden sich von Phlegmatikern. Es ist eigentlich ganz einfach, schreibe ich am Ende meiner ersten Stunde ins Notizbuch, es geht um die möglichst effiziente Übertragung von Zugkraft auf Fliehkraft. Alles andere ist …

… Streit, wie ich schon während meiner dritten Trainingseinheit erleben muss. Kurz nachdem ich mich ganz rechts, wo sich die Anfänger tummeln, platziert habe und Georg mich auf einige weitere Details hingewiesen hat, tritt ein magerer Mann an mich heran und korrigiert meine Technik. Wer mir denn das beigebracht habe, fragt er mit heftig gerunzelter Stirn. Offensichtlich erstaunt ihn meine Antwort nicht, denn er verliert keine Zeit, Georgs Kompetenz als Trainer in Frage zu stellen, wobei er mit theatralischer Übertreibung seiner eigenen Verwunderung huldigt, dass ich dieses oder jenes noch nicht wisse.

Höflich lasse ich ihn gewähren, versuche seinen Anregungen sogar Folge zu leisten, bis er auf einmal erstarrt und sich nach einigen konspirativ gemurmelten Warnungen aus dem Staub macht. Hinter mir taucht Georg auf, in der Pose der statuesken Rechtschaffenheit, die Arme vor der Brust verschränkt, sein Tonfall im Nu vom Buddhismus zum Darwinismus konvertiert. Empört verteufelt er den Versuch, mich als Anfänger in dieser Lernphase mit technischen Veränderungen zu verwirren.

Der Frieden währt nicht lange. Bald steht der Querulant mit

seinem Bogen direkt neben mir und schießt mit höchster Konzentration und rasanter Geschwindigkeit zwölf Pfeile auf eine zehn Meter entfernte Scheibe ab. Danach kommentiert er – durchsetzt mit Anekdoten – meine eklatantesten Fehler, die wohlgemerkt nicht mir, unschuldiges Opfer dämonischer Kräfte, angelastet werden könnten. Ich komme mir vor wie Helena von Troja, fühle mich zunächst geehrt, derart heftig umbuhlt zu werden, doch angesichts der sich in den nächsten Tagen steigernden Animosität kann ich die Bilder von einer zentralasiatischen Polovariante nicht aus dem Kopf vertreiben, bei der die Gegner mit Schlägen und Tritten um einen Schafskopf kämpfen.

Bei keinem anderen Training wurde ich von den erfahrenen Sportlern so oft beraten, korrigiert, gemaßregelt. Bogenschützen haben eine Vorliebe für Technik und eine entschiedene Haltung zum Bogen. Eine feste Moral, eine unbeugsame Ethik. So schalt mich ein Intuitivschütze (das sind jene, die ohne Visier zielen), er habe noch nie jemanden seinen Bogen so barbarisch behandeln gesehen wie mich. Wir kamen ins Gespräch. Er war ein Mann, dem die kulturellen Ursprünge des Bogenschießens viel bedeuteten, ein Kenner der vielfältigen Facetten dieser Tradition, lange bevor sie zu einem Sport im modernen Sinne geworden war. Er wusste von den Gepflogenheiten der Reitervölker, er hatte sich seinen wunderschönen türkischen Köcher selbst gebastelt, er schwärmte von Wettkämpfen, bei denen man nur mit selbstgemachten Bogen antreten darf. Er hegte eine gewisse Verachtung gegen die hochgerüsteten Visierschützen, er war ein Romantiker, der den Verlust des Natürlichen beklagte. Und wie alle Schützen war er an schlechten Tagen tief betrübt und hoch beglückt an guten. Er wickelte seinen Bogen in ein Fell und entschwand in die flimmernde Hitze, umschwirrt von Mücken.

Was den Judoka der Gürtel ist den Bogenschützen der Pfeil. Die erste Prüfung gilt der Erlangung des »weißen Pfeils«. Es ist merkwürdig, als Erwachsener, nach vielen Jahren der Abstinenz, wieder abgefragt zu werden. Ich kann mich nicht richtig auf das Schießen konzentrieren, weil ich innerlich über die ritualisierte Prüfungssituation grinsen muss. Zumal der Prüfer, im Nebenleben Chemieprofessor, das mündliche Examen so ernsthaft abnimmt, als gehe es um einen Flugschein.

Gewiss, einige Sicherheitsregeln sind zu beachten, denn ein Pfeil, geschossen mit einer Geschwindigkeit von an die zweihundert Stundenkilometer, kann eine tödliche Waffe sein. Das ausgefuchste System von Punkten, Fragen und Vorgaben, die allesamt abgehakt werden müssen, ist ein merkwürdig bürokratischer Aspekt eines meditativen Freizeitvergnügens. Die einzig schwierige Frage (wie ist mit einem Pfeil zu verfahren, der einem aus den Fingern gleitet und zu Boden fällt) beantworte ich mit Bravour (man nimmt einen anderen Pfeil aus dem Köcher und hebt den zu Boden gefallenen erst auf, wenn sich alle Schützen zu den Zielscheiben begeben; sollte der Pfeil allerdings mehr als drei Meter von einem entfernt landen, gilt er als abgeschossen). So erringe ich den weißen Pfeil, der mir feierlich überreicht wird.

Bei der praktischen Prüfung schieße ich alle sechs Pfeile ins Gold (erziele also entweder eine 10 oder eine 9). Der Querulant fragt mich, ob ich den Spruch kennte, viele Leute hätten schon eine 10 erzielt, doch das Entscheidende sei, eine 10 zu treffen, wenn es darauf ankomme. Ich will ihn nicht darauf hinweisen, dass es bei meiner ersten Prüfung durchaus »darauf angekommen« war. Als er am nächsten Tag meine Treffsicherheit registriert, kommentiert er süffisant, es komme nicht auf die Trefferquote an, sondern auf die Eleganz. Man müsse schon hohe

Ansprüche an sich selbst stellen. Das ist das letzte Mal, dass ich ihn sehe. Ich vermute, er ist seiner Pyrrhussiege müde geworden.

Der Professor begrüßt mich tags darauf mit den Worten: »Sie werden einen Präzedenzfall schaffen. Das habe ich noch nie erlebt, dass jemand zwei Tage nach der Prüfung zum weißen Pfeil schon die Prüfung zum schwarzen Pfeil ablegt. Dafür trainieren die Bogenschützen normalerweise wochen-, wenn nicht gar monatelang.« Es klingt eher vorwurfsvoll als lobend. Meine Schießleistung ist nicht annähernd so gut wie bei der ersten Prüfung, ich bestehe mit Mühe und Not. Der Prüfer meint, ich hätte mich viel zu lange eingeschossen, man werde müde, mental, aber auch körperlich, vor allem bei diesem heißen Wetter. Die Feinmotorik leide dann. Beim japanischen Oyakazu-Schießen, geht mir durch den Kopf, wird vierundzwanzig Stunden lang geschossen, auf ein Loch in der Wand.

Als sich der Buddhismus in China ausbreitete, verband er sich mit dem taoistischen Gedankengut zum Zen-Buddhismus, der im Japan des 12. Jahrhunderts tiefe geistige Wurzeln schlug. Der »Weg« heißt auf Japanisch »do« (Ju-do bedeutet etwa »sanfter Weg«). Im Zen sind alle Künste Wege zum erstrebten Zustand der Leere. Der Weg ist somit ein Umweg, der zu einem von der jeweiligen Kunst losgelösten Ziel führt. Eine der wichtigsten Zen-Künste ist Kyudo, der »Weg des Bogens«. Während der Wochen meines intensiven Trainings lese ich Eugen Herrigels kleinen Bericht »Zen in der Kunst des Bogenschießens«, eine esoterisch angehauchte Schwärmerei, die mich weniger berührt hätte, wenn ich nicht, eher zufällig, von Heimito von Doderers Begeisterung für das Bogenschießen als Praxis, geistige Übung und Metapher für das Schreiben erfahren hätte: »Denken wie der Tiger springt; schreiben wie der Bogenschütze schießt; wachsam sein und scharf sehen wie ein Raubvogel in den Lüften: das zusammen macht einen Autor.« Die Vorstellung, dass ich beim Bogenschießen an meiner Haltung als Künstler, an meiner Präzision als Schriftsteller arbeite, gefällt mir.

Doderer erhob den Umweg zu einem zentralen, geradezu moralischen Prinzip. Als leidenschaftlicher Schütze bediente er sich des Bildes der Sehne, die vom Schützen möglichst weit zurückgezogen wird, vor dem Ziel weichend, um den Pfeil umso wuchtiger ins Goldene schnellen zu lassen. Ich begriff, dass die ständige Übung der Bewegungsabläufe irgendwann über die meditative Versenkung zu einer Aktion ohne Absicht führen würde, zu dem rein Ziellosen des Zen. Das wäre nur zu erreichen, indem ich die Scheibe gerade nicht anvisierte, denn bei diesem Akt behielte mein Ego die Finger an der Sehne, die Hand am Bogen. Erst der Schuss ohne Anvisieren trifft ins Schwarze.

Übrigens ist ein scharfes Auge beim Bogenschießen nicht so wichtig, wie man meinen könnte. Das Ziel bewegt sich nicht, es steht in ewig gleicher Größe und Entfernung vor einem. Also auch, bei entsprechender Übung, vor dem inneren Auge. Zum anderen wirkt die Scheibe (1,20 Meter im Durchmesser) aus einer Entfernung von siebzig Metern zwar klein wie ein Fingernagel, aber doch um einiges größer als ein Faden, an dem ein Vogel festgebunden ist (Homer), oder die Spitze eines anderen Pfeils, den es zu durchbrechen gilt (Robin Hood).

»Schlechte Sicht ist kein großes Problem«, behauptet Mario Scarzella, Vizepräsident des Weltverbands der Bogenschützen. »Der geistige Aspekt ist viel wichtiger als die Sicht.«

Wer das Ziel nicht klar sieht, der vermeidet gewisse Fehler. Er steigert sich nicht ins Fokussieren hinein und entgeht so dem Yips, jenem kaum merklichen Zucken, das Bogenschützen wie auch Golfer befallen kann. Beim Zielen frieren die Rückenmuskeln ein, der Ellbogen geht leicht nach vorne, und die Schultern fallen Richtung Brust hinab. Die Folge: Zielpanik. Die konstante, alle Unwägbarkeiten ausschaltende Bewegung ist wichtiger als das Zielwasser, mit dem sich Schützen vermeintlich volllaufen lassen müssen.

In seinem Spätwerk gelangt Doderer zu der Erkenntnis, dass große Kunst nur möglich sei, wenn alles Persönliche und Individuelle des Autors ausgeschlossen bleibt! Allein dieser Weisheit wegen hat sich die Erfindung des Bogenschießens gelohnt.

Darauf hatte ich die ganze Zeit hingefiebert: Zum ersten Mal auf die olympische Distanz von siebzig Metern zu schießen. Die Scheibe ist weit weg, sehr weit weg. Ich bin aufgeregt. Der erste Tipp Georgs lautet: »Verdränge die Vorstellung der Entfernung, stelle dir das Ziel vor der eigenen Nase vor.« Die meisten Leute seien von der Entfernung eingeschüchtert und versuchten, mit Kraft zu kompensieren. Dann verreißen sie. Zudem wird bei dieser Entfernung jeder Fehler, auch der kleinste, potenziert.

Ohne den Klicker (der so heißt, weil man die Sehne in einer flüssigen Bewegung nach hinten zieht, bis man ein Klicken hört, das das Erreichen des Endpunktes signalisiert) wäre das präzise Schießen auf eine längere Distanz erheblich schwieriger. Der Klicker sorgt für eine Konstante bei der Ausziehbewegung. Wenn der Bogen richtig eingestellt ist, erlaubt einem der Klicker die Wiederholung des Geforderten. Mein erstes Erfolgserlebnis besteht darin, überhaupt die Scheibe zu treffen. Als ich nach einer Viertelstunde beginne, einzelne Schüsse in die roten und gar in die goldenen Ringe zu setzen, bin ich in Feierstimmung. Das größte Faszinosum bietet der lange Flug des Pfeils, den ich erstaunlich gut verfolgen kann, bis zum fernen dumpfen Aufprall. Allerdings ist mit dem bloßen Auge leider nicht erkennbar, wo er einschlägt, weswegen man ein Spektiv benötigt, wie es sonst nur Ornithologen benutzen.

Bei meinem zweiten Versuch auf die olympische Entfernung werden die Pfeile vom Winde verweht. Gerade wenn man, wie in meinem Fall, nicht mit hoher Zugkraft schießt, wirkt sich der Wind stark aus, zumal man Wind von rechts nicht einfach kompensieren kann, indem man nach rechts zielt, denn perfiderweise erwischt der Wind gelegentlich die Federn zuerst und verdreht den Pfeil so, dass die Spitze in die Windrichtung zeigt. Trotzdem kann man auch an solchen Tagen erkennen, wer gut schießt und wer nicht. Trotz automatisierter Abläufe variiert die Treffsicherheit von Tag zu Tag, auch bei exzellenten Schützen, was aber die Meister von den Stümpern unterscheidet, ist die Streuung. Mit anderen Worten: Wie weit die Pfeile voneinander entfernt sind, ist genauso wichtig wie die Frage, wie weit weg sie vom Gold sind.

Beim dritten Mal simulieren Georg und ich eine Wettkampfsituation, also insgesamt 72 Schuss, wie bei Olympia die Qualifikation für die Finalrunde, sechs Passen à sechs Schuss, dann eine Pause, dann wieder sechs mal sechs. Wir schießen uns ein bei Kaiserwetter. Die Simulation ist natürlich nur begrenzt möglich, es fehlt die Unruhe, der Lärm, der Druck des Wettkampfs. Meistens schießen vier Schützen auf eine Scheibe, also zwei zugleich, die anderen beiden stehen dahinter, tratschen, schniefen, hantieren an ihren Bögen.

Es beginnt gut, der erste Durchgang mit 29 Punkten genau nach Plan; der zweite sogar noch einige Punkte besser. Doch dann, sei es wegen übermäßigen Ehrgeizes oder Konzentrationsschwäche, verfehlen zwei Pfeile die Scheibe völlig (das nennt man *miss*), das Ergebnis magere 15 Punkte, und von da an falle ich dem Fluch des sechsten Pfeils zum Opfer: Insgesamt sechs Mal geht der letzte Pfeil daneben. Nicht leicht daneben, sondern derart daneben, dass die versammelten Schützen mir helfen müssen, die Pfeile im Gras zu suchen (erstaunlich, wie schwer sich die bunten Dinger finden lassen). Ich beginne mich vor dem letzten Schuss zu fürchten, und so geht er erst recht daneben. Beim letzten Durchgang lege ich wieder ab, setze erneut an und ignoriere das Ziel völlig. Es gelingt mir ein halbwegs akzeptabler Schuss.

Um wie viel besser würde man treffen, würden die Gedanken nicht querschießen. Der Albtraum von letzter Nacht, der Streit heute Morgen, die Kichererbsen im Magen, der kaputte Gasofen zu Hause; Gedanken sind Windstöße, die den Schützen aus dem Gleichgewicht bringen.

Wettkampf

Heute geht's locker, guter Beginn, einige Zehner, gar kein Problem, weit über dem, was ich erzielen muss.

Aber jetzt: Was ist da passiert? Das darf doch nicht wahr sein. Gut, den einen habe ich verzogen, aber die anderen sind alle zu weit oben. Ich muss nachjustieren. Vielleicht liegt's ja am Visier. Vorhin beim Einschießen kam der Wind von links, alle Pfeile schlugen rechts ein.

Dritte Passe: Na, geht doch, wobei, dass der eine so völlig danebengeht. Dabei hat er sich gar nicht schlecht angefühlt.

Vierte Passe: Ich versteh' die Welt nicht mehr, gut geschossen, gutes Gefühl, trotzdem einige weit oben. Was ist da passiert? Miserabel. Wie ein Anfänger. Das bin ich ja auch. Allmählich schwimmen mir die Felle davon. Was mache ich falsch? Liegt es an der linken Hand? Lass' ich den Bogen nach dem Abschuss nicht los? Bin ich zu verkrampft?

Fünfte Passe: Ich kann's nicht. Nur 22 Punkte, es wird immer schlechter. Liegt's am Release? Fällt meine Hand nach unten?

Verdammt, wieso habe ich nicht wieder abgesetzt, zu lange gehalten, der Klicker kam und kam nicht, ich wurde unruhig, weit rechts an der Scheibe vorbei, völlig überflüssig nach drei guten Schüssen. Nächste Passe, gleicher Fehler. Schon vier *miss*, das wollte ich doch unbedingt vermeiden. Das Gold, stell' es dir groß vor, wie eine riesige Sonne, die man nicht verfehlen kann, und dich wie einen Krieger, der auf die Sonne schießt – nein, das ergibt keinen Sinn.

In der Pause weist mich Georg darauf hin, dass ich mich zu sehr nach hinten lehne, also konzentriere ich mich darauf, das Gewicht nach vorn zu verlagern. Auf einmal klappt es wieder, mehrere Passen über 30, mehrere Zehner, ich bin euphorisch, es hat angefangen zu regnen, und ich schieße von Passe zu Passe besser.

Die beste aber versaue ich mit dem letzten Schuss, ich sah mich schon weit über 40 erzielen, prompt verreiße ich den letzten Schuss.

Der Olympiasieger (der Sieger der Qualifikation): 699 Punkte.
Ich: 418 Punkte.

■ Mit Gewehr und Pistole

Ich muss gestehen, ich hegte Vorurteile gegenüber dem Schießen. Ich muss gestehen, ich habe sie nicht gänzlich ablegen können. Nicht, weil ich Sportschützen mit Amokschützen in Verbindung bringen würde (wie es nach jeder Tragödie medial geschieht), und auch nicht wegen des Ambientes – daran könnte man sich gewöhnen –, sondern wegen der Gleichförmigkeit der Abläufe. Das Ziel ist, alle Variablen auszuschalten, denn nur die konstante Wiederholung des Ewiggleichen führt zum Erfolg. Ein Cyborg schießt besser als ein Mensch und ein Roboter besser als ein Cyborg. Darin besteht der Reiz, aber auch das Problem des Schießsports. Eine Maschine kann so konstruiert und programmiert werden, dass sie jedes Mal mitten ins Schwarze trifft. Ohne Fehl. Ob stehend oder liegend spielt für die Maschine keine Rolle. Ebenso wenig, ob sie fünf oder zehn Schuss in der Minute abgibt. Die Herausforderung beim Schießen besteht darin, sich in eine Maschine zu verwandeln. Instinkt, Kreativität oder Improvisation kommen nicht zum Tragen. Abwechslung ist ein Wort aus einer anderen Sportfamilie. Die geforderte Entwicklung ist eine der Selbstautomatisierung.

Luftgewehr 10 Meter

Zehn Bahnen, zehn Meter Entfernung, zehn Schießscheiben, zehn mögliche Punkte. Der Schießsport honoriert emphatisch das Dezimalsystem. Alles andere ist pure Funktionalität. Man tut den Schützen gewiss kein Unrecht, wenn man behauptet, dass sie ihren Sport nicht wegen der verführerischen Atmosphäre betreiben.

Die Körperhaltung: gerade, stabil, statisch. Lehne dich nicht ins Gewehr hinein, vermeide es, zu schwanken.

Die Position: Beine parallel zur Zielscheibe, verteile das Gewicht gleichmäßig und lehne dich leicht nach hinten oder belaste dein linkes Bein (bei Rechtshändern). Hebe das Gewehr hoch, drücke den Kolben an den rechten Oberarm, dann an den rechtwinklig angelegten linken Arm, lege die Hand unter den Vorderlauf, bilde eine feste Einheit zwischen Gewehr und Körper, klemme das Gewehr zwischen Schulter und angelegten Haltearm. Friere dich selbst ein.

Der Schuss: Peile das Ziel mit Hilfe des Ringkorns an, justiere mit den Beinen, nicht mit den Armen. Atme aus, ziehe am Abzug, bewege nur den Finger, starre dem Schuss nach. Schieße nicht überhastet. Verharre aber auch nicht zu lange in der Position, der Mensch ist nicht für Regungslosigkeit geschaffen (abgesehen von den lebenden Statuen in der Fußgängerzone).

»Bei jedem Schuss musst du immer wieder das ganze Programm abspulen, geduldig, vom Anfang bis zum Ende«, ermahnt mich Horst, Vizepräsident des Österreichischen Schützenbunds, der mich an einen bärtigen Walter Matthau erinnert. Er hat mir die Grundzüge der Technik in einer halben Stunde beigebracht. Mein zweiter Schuss ist eine 9, der vierte Schuss eine 10, danach nimmt meine Präzision ab. Aber immerhin, einige meiner Schüsse haben Olympianiveau. Das liegt weniger an meinem Talent, als an der Einfachheit der Technik. Neunzig Prozent lernt man im Handanlegen, an den restlichen zehn Prozent wird ein Sportlerleben lang justiert, vor allem an der nötigen Konzentration, die Schuss um Schuss aufzubringen ist.

Die Waffe, ein Gewehr der Firma Steyr aus geschichtetem Holz mit Pressluft für den Druck, hat Horst – ähnlich wie Walter Matthau in »Buddy Buddy« – einem sperrigen Hartschalenkoffer entnommen, der innen mit Styropor gepolstert ist, ein veritabler Werkzeugkasten, ausgestattet mit Hammer, Schraubenzieher, Kreuzschlüssel, Schrauben, Federn und Ohropax sowie Wettkampfkugeln der Firma Vogel. Fünfhundert Stück, zwischen 4,9 und 5,1 Millimeter im Durchmesser, das Gewicht 0,53 Gramm. Alles ist peinlich genau festgelegt im Schießsport, auch das Reglement, bis ins letzte Detail, die offiziellen Statuten der ISSF (International Shooting Sport Federation) umfassen sage und schreibe fünfhundertfünfzig Seiten.

Zur Ausrüstung gehört neben dem Gewehr eine Schießjacke, eine Art Oberkörperkorsett, das mich einengt, aber auch auf erstaunliche Weise stabilisiert – meine Ergebnisse verbessern sich merklich, nachdem ich sie angezogen habe. Selbstverständlich ist die Dicke der Jacke ebenso vorgeschrieben wie die Beschaffenheit sowie die Überlappung des Jackenverschlusses. Weil auch das Gewicht begrenzt ist, schneiden manche Schützen unnötige Teile aus der Jacke, bis sie wie ein gerupftes Huhn am Schießstand stehen. Spezielle Schießhosen, Schießschuhe, Schießhandschuhe, Schießbrillen und Schießstirnbänder (wenn man das eine Auge zudrückt, wird das andere Lid schwerer, was zu einer gewissen Unschärfe des Blicks führt, weswegen vom Stirnband ein Blättchen herabhängt) komplettieren die Ausrüstung, doch bis zu diesem Niveau bin ich nicht vorgedrungen.

Eigentlich, so würde man annehmen, ist es selbstverständlich, dass die Schützen stehend freihändig schießen, aber im Schießsport gibt es eine gerontologische Besonderheit, die den Senioren (allen über sechsundfünfzig Jahren) erlaubt, das Gewehr beim Stehendanschlag aufzulegen, was ich vehement ablehnen würde, unwillig, mir eine potentielle Tattrigkeit unterstellen zu lassen. Zumal der älteste Medaillengewinner der olympischen Geschichte, der Schwede Oscar Swahn, ein Schütze war, der mit zweiundsiebzig Jahren 1920 in Antwerpen in der Disziplin Laufender Hirsch (Doppelschuss) Silber gewann. Und seitdem altern wir doch stabiler!

Wer die Schützen einige Nachmittage lang beobachtet, merkt, dass dieser Sport Tüftler anzieht. Ein Mann neben mir am Schießstand überprüft seine Stehposition mit einem ausgelegten Zollstock. Ein zweiter probiert verschiedene Stabilisatoren aus, ein dritter nimmt sein Gewehr auseinander und schraubt daran herum wie einst wir Jugendlichen im Internat am Transistorradio. Schießen ist wie geschaffen für geduldige Feinmechaniker.

Beim zweiten simulierten Wettkampf erziele ich 292 von 400 möglichen Punkten (40 Schuss in 75 Minuten), also einen Durchschnitt von 7,3. Dem Olympiasieger Alin Moldoveanu aus Rumänien gelang in der Qualifikation ein Durchschnitt von 9,9. So dicht ist die Elite beieinander, dass im Finale auf das Zehntel genau gemessen wird. Selbst bei regionalen Meisterschaften sind die Unterschiede zwischen den Athleten so gering, dass meist ein einziger Fehlschuss entscheidet.

Sportarten erweisen sich als unterschiedlich großzügig und gnädig gegenüber der Fehlbarkeit des Menschen. Manche sehen über Ausrutscher hinweg, solange der Athlet seine Leistung im entscheidenden Augenblick umzusetzen vermag, andere vergeben nichts. Es gibt versöhnliche und unversöhnliche Sportarten. Schießen gehört zu den unversöhnlichsten.

Luftpistole 10 Meter

Beim Schießen auf kurze Distanz kann ein Anfänger den Könnern das Zielwasser reichen. Bei einem Schuss. Sogar bei mehreren Schüssen. Kaum habe ich mich an die Pistole in meiner Hand gewöhnt, an den gestreckten Arm, an die ruhige Abfolge von Atmung und Bewegung, lege ich eine Sequenz von fünf Schüssen zwischen 9,2 und 10,3 hin, erreiche also für einige Minuten olympisches Niveau. Es fühlt sich gut an. Doch Überschwang kommt vor der Fahrkarte. Mit einer Handvoll Treffern ist es nicht getan, es sind 40 Schuss in 65 Minuten bzw. 60 Schuss in 90 Minuten gefordert, und alle meine weiteren Schüsse treffen zwar die Scheibe, nicht aber ihre Mitte, und mit jedem Fehlschuss (gemessen von Meyton Elektronik, automatisiert und computerisiert, ein Jahrhundert entrückt von den Handeinträgen beim Bogenschießen) wird mir die Zufälligkeit meines anfänglichen Erfolgs bewusster.

Das zweite Training beende ich, nach einigem Rauf und Runter, links und rechts (eine Streuung, als wollte ich auf der Zielscheibe die Milchstraße abbilden), mit einer glatten 10, poetischer formuliert mit einer perfekten 10,9. Besser geht es nicht, keine Maschine wäre präziser gewesen. »Meine Rede«, sagt Horst, »man sollte mit einer Zehn enden. Die trägt man in den Alltag.« Erfolge abzuspeichern gehört zum Kernrepertoire sportlicher Psychologie. Immer wieder haben mich die Trainer aufgefordert, nach einem gelungenen Versuch eine Pause einzulegen, das Gefühl des Gelingens einsickern zu lassen, so dass man es später im Wettkampf abrufen kann. Entscheidend ist bei guten Schützen die Visualisierung, eine mentale Vorbereitung, um die Wettkampfsituation nicht als Ausnahmezustand wahrzunehmen. Im Unbewussten wird eine »Bildergalerie« angelegt, in die man sich bei Störungen zurückziehen kann. Da sich diese Bilder nur aus der Vergangenheit speisen können, ist die Internalisierung von positiven Erfahrungen entscheidend. Wie die Strahlkraft eines gelungenen Satzes. Weil ich diesen verfasst habe, gibt es Hoffnung auf einen zweiten. Der Vergleich trifft nicht ins Schwarze.

Der Olympiasieger erzielte 588, ich 312 von 600 möglichen Punkten.

Kleinkalibergewehr: 50 Meter liegend

Die Schießanlage in einem Kasseler Industriegebiet ist so abgelegen, dass der Taxifahrer sie nur mühsam findet. Abseitig ist heutzutage das, was das Navi nicht auszumachen vermag. Diethelm erwartet mich im Vereinsraum und bietet mir erst einmal Würste an, die aufgeplatzt in einem Topf köcheln. Vielleicht liegt es an der früh einsetzenden Dunkelheit oder an der einsamen Lage oder an der wortkargen Trauer, die von meinem Gastgeber Diethelm ausgeht, aber der Ort wirkt auf mich wie ein verwunschenes Häuschen in einer schicksalsergebenen Zone. Das Gewehr liegt bereit, ein Einzellader, knapp unter den zulässigen acht Kilo, spürbar schwerer als ein Luftgewehr. Wir greifen uns zwei Kopfschützer – aus der Warte des Selbstschutzes die wichtigsten Utensilien bei diesem Sport – und treten in die Kälte hinaus. Um den überdachten, nach vorn offenen Schießstand zu beschreiben, ist das Wort rustikal erfunden worden. Schränke, Holztische, einige von ihnen mit Filz überzogen, denn bei der ersten Disziplin liege ich auf dem Bauch, halte das Gewehr mit beiden Händen, den vorderen Ellenbogen möglichst weit nach vorn gelegt, und versuche es mir bequem zu machen, in etwa so wie ein Scharfschütze auf dem Dach in jedem zweiten Thriller oder wie ein Biathlet in Ruhpolding.

Diethelm vertraut mir an, dass er den »Liegendanschlag« gar nicht schätze; ich hingegen finde Gefallen an der etwas unbequemen, aber verlässlichen Position, die optimale Stabilität gewährt. Als Anfänger kann ich den Körper in der Garderobe abgeben und mich ganz auf das Zielen konzentrieren. Die leichten Schmerzen, die sich aufgrund der ungewöhnlichen Liegehaltung allmählich einstellen, nehme ich gerne in Kauf. Schon nach wenigen Schüssen merke ich, dass eine wesentliche Herausforderung in der Beherrschung der Atmung liegt. Beim Einatmen kippt die Waffe leicht nach unten, beim Ausatmen geht sie in die Höhe, und wer treffen will, sollte am Ende dieses Kreislaufs am Ziel sein und schießen. Nach einiger Zeit gelingt mir ein halbwegs regelmäßiger Rhythmus von Atmung und Schuss, aber das Ziel ist so weit entfernt, dass ich nie das Gefühl habe, tatsächlich die 10 anzupeilen. Stattdessen verziert das Visier die

Mitte wie ein klassischer indischer Musiker mit viel Vibrato und einem gelegentlichen unbeabsichtigten Glissando. Für den Anfang nicht schlecht, sagt Diethelm. Es steht zu vermuten, dass er Ragas schätzt.

Der Olympiasieger: fehlerfrei. Ich: 90 von 200 möglichen Ringen.

Kleinkalibergewehr: Dreistellungskampf 50 Meter

Beim Dreistellungskampf peile ich das Ziel keineswegs präziser an, die Schießposition wird dafür erheblich schwieriger. Stehend zu schießen erfordert eine ganz andere Balance, eine entspannte Kraft, eine größere Selbstkontrolle, mit anderen Worten: mehr Übung. In Ermangelung einer modernen computerisierten Anlage müssen wir nach jedem Schuss auf einen Knopf drücken, surrend wird mir die Zielscheibe bis vor die Nase herangebracht. Es erweist sich als Fehler, mit dem Liegendanschlag begonnen zu haben, denn von nun an geht es – pädagogisch wenig wertvoll – bergab ins Ungefähre. Mal stehe ich zu lange im Anschlag, im Bemühen, das Ziel erst einmal präzise anzuvisieren (in etwa so, wie beim Versuch, eine Fliege zu fangen); dann wiederum »breche« ich den Schuss zu früh. Doch die technisch schwierigste Stellung – für Anfänger wie für Profis – ist die kniende, genauer gesagt der einseitige Kniendanschlag, denn nur das eine Knie wird auf eine mit Granulat gefüllte Rolle (Bezeichnung: Kniendrolle) gelegt. Der andere Fuß, Stützfuß genannt, stützt den Stützarm, der wiederum das Gewehr stützt. Das ist weitaus weniger stabil, als die Sprache behauptet. Die richtige Platzierung ist eine Frage der Übung und in etwa so kompliziert – glaubt man den ausführlichen Auslassungen im Internet – wie die Statik eines Hochhauses. Doch egal wie ich mich zurechtschiebe, die ungewohnte Stellung bleibt unbequem. Es dauert nicht lange, bis Schmerzen im Fußgelenk auftreten. Nach einigen Wochen habe man sich daran gewöhnt, bemerkt Diethelm lakonisch. Mit der zunehmenden Müdigkeit geht jegliche Stabilität verloren, es schwankt von rechts nach links und von links nach rechts, wie auf hoher See. Einmal habe ich sogar Schwierigkeiten, nicht umzufallen und gegen die Decke zu schießen. Diethelm weist mich auf einen Einschuss in der Leiste vor mir hin und ermahnt mich, stets achtsam mit der Waffe umzugehen. Zu Recht: Kaum stellt sich eine gewisse Vertrautheit mit der Waffe ein, vergesse ich schon, dass sie tödlich ist. Weiterhin treffe ich im knienden Anschlag wenig, oft nicht einmal die Scheibe. Normalerweise binde man sich einen Riemen um Gewehr und Hand, tröstet mich Diethelm. Aber dafür sei keine Zeit. Wir müssten ja noch eine Serie schießen, wie im Wettkampf, liegend, dann stehend, dann kniend.

Liegend: 43 von 100 möglichen Ringen
Stehend: 26 von 100 möglichen Ringen
Kniend: 11 von 100 möglichen Ringen

Der Olympiasieger schoss in der Qualifikation viel öfter und blieb fast fehlerfrei.

Freie Pistole 50 Meter

Beim Schießen hatte ich Schwierigkeiten, geeignete Trainingsmöglichkeiten zu finden. Einige Male schallte mir unerwartetes Misstrauen entgegen. Ein Oberschützenmeister aus dem süddeutschen Raum schrieb mir folgende Mail:

Sehr geehrter Herr Trojanow,

ich danke für Ihre Anfrage und die kurzen Hinweise zu Ihrer Absicht. Wie Sie vielleicht verstehen werden, sind wir Schützen nicht zuletzt wegen der seit Jahrzehnten andauernden Anfeindungen aus interessierten Kreisen sehr sensibel, wenn jemand – quasi aus dem Nichts – an uns herantritt und sich hier informieren will. Ausgehend von Ihrer Vita gehe ich allerdings davon aus, dass Ihr Projekt seriös ist; da wir nichts zu verbergen haben, steht einem Termin einmal grundsätzlich nichts im Wege.

Es stand dann doch irgendetwas im Weg, bei diesem Schützenverein wie bei einigen anderen. Insofern war ich Diethelm besonders dankbar, dass er sich die Zeit nahm, mir auch das Pistolenschießen auf 50 Meter zu zeigen. Die Disziplin heißt »Freie Pistole«, weil der Schütze bei der Wahl der Waffe (einem Einzellader) sehr frei ist. Es gibt nur eine Einschränkung: die Gesamtlänge darf 60 Zentimeter nicht übersteigen, ab da gilt die Pistole als Gewehr. Auffällig ist der sogenannte »Handschuhgriff«, der die Hand bis zur Handwurzel umschließt und für eine gefühlte Verschmelzung von Körper und Waffe sorgt, die Pistole als Fortsetzung des eigenen Arms. Das Abzugsgewicht ist ebenfalls jedem Einzelnen überlassen, ein guter Schütze nutzt ein Abzugsgewicht von etwa 30 Gramm. Ungeübte würden dabei keinen Abzugswiderstand spüren und den Schuss oft unbeabsichtigt brechen, wie es mir selbst bei normalem Abzugsgewicht immer wieder passierte, denn die Kunst liegt darin, den Abzug schon vorab leicht zu berühren, um ihn dann im entschiedenen Moment aus einer fließenden Bewegung heraus durchzudrücken. So verhindert man ein Verreißen des Schusses. Die Streuung war im Vergleich zum Schießen auf 10 Meter gnadenlos. Die kleinste Ungenauigkeit wird zur großen Abweichung potenziert. Die 50-Meter-Distanz ist noch unversöhnlicher als die von 10 Metern.

Wenn ich selbst mit der Pistole in der Hand dastand, spürte ich kein Unbehagen. Wenn ich aber einen anderen Schützen anschaute, breitbeinig im Stand mit ausgestrecktem Arm, erblickte ich vor meinem inneren Auge Bilder aus einer anderen Ausstellung: Lara Croft in »Tomb Raider« oder Clint Eastwood in »Dirty Harry«. Obwohl das Gewehr natürlich genauso gefährlich ist, hatte ich größere Probleme mit der visuellen Anmutung der Pistole.

Der Sieger der olympischen Qualifikation: 569 von 600.
Ich: 156 aus 600 (hochgerechnet).

Schnellfeuerpistole 25 Meter

Die Schnellfeuerpistole ist eine Verbindung zwischen den statischen Schießdisziplinen und den dynamischen Varianten des Trap und Skeet (siehe Wurfscheibenschießen). Jeder Schütze muss fünf nebeneinander platzierte Scheiben in einer Serie treffen. Die ohnehin schon kurzen Zeitserien werden im Laufe des Wettkampfs zunehmend kürzer. Die sechs Serien zu je fünf Schuss müssen zunächst in acht, dann in sechs und schließlich in vier Sekunden geschossen werden, was immens schwierig ist, weil der Schütze wegen des Rückstoßes nach jedem Schuss neu zielen muss. Verwendet werden halbautomatische Pistolen, Kaliber 5,6 mm, mit einem Höchstgewicht von tausendvierhundert Gramm. Weil vor einiger Zeit auf längere Munition umgestellt wurde, ist diese Disziplin vielen Schützen zu teuer, wird selten praktiziert, so dass es mir nicht gelungen ist, sie auszuüben.

■ Wurfscheibenschießen

Trap / Doppeltrap

Beim Schießen auf Scheiben bewegt sich das Ziel nicht, beim Trap fliegt es in alle Richtungen davon, mal steil nach links, mal flach nach rechts, mal sanft gebogen dem Horizont entgegen. Was bleibt einem anderes übrig, als den Flugkurven unaufgeregt zu folgen, das Visier fest im Blick, den Schaft an der Wange, um mit einem Schuss zum richtigen Zeitpunkt lautstark zu verkünden, dass man sich vom Schicksal nicht hat überrumpeln lassen. Oder halt doch.

Es dauert, bis man sich auch nur einbilden könnte, das Schicksal zu beherrschen. Zu Beginn haste ich mit dem Gewehr den orangefarbenen Scheiben hinterher, ruckartig, eiernd, jeder Schuss eine Hommage an den Zufall. Ich sehe aus wie ein gespiegeltes Fragezeichen, das Gewicht auf dem vorderen Bein, leicht nach vorn gelehnt, das Gewehr fest an die Schulter gedrückt. Zielen soll ich über das Korn oder über die Schiene oberhalb des Laufs, aber ich habe gar keine Zeit dazu, so schnell werden die Scheiben aus dem Graben fünfzehn Meter vor mir herauskatapultiert. Der starke Rückstoß der Flinte überrumpelt mich. »Ja, ja, die Waffe beißt«, bemerkt Uwe, hauptamtlicher Trainer am Landesstützpunkt im sächsischen Neiden. Und fügt hinzu: »Wir werfen dich hier ins kalte Wasser.« Am nächsten Morgen habe ich einen blauen Fleck am Bizeps. Schlimmer wäre einer im Gesicht gewesen.

Als Trapschütze ist man in Bewegung, wandert von Schießposition zu Schießposition (insgesamt fünf), ruft »Hopp« oder »Hoi« oder »Hat« oder irgendeinen anderen Laut, der mit »H« beginnt, in ein Mikrophon, worauf die Maschine eine Wurfscheibe (salopp: Tontaube) herausschießt. Die Schützen müssen schnell reagieren, die Scheibe muss möglichst innerhalb von dreißig bis fünfzig Metern getroffen werden. Ich verfehle in der ersten Stunde jede einzelne der zahllosen Tontauben. Uwe motiviert mich, indem er präzisiert, wo ich vorbeigeschossen habe. Erstaunlich, dass er den Schatten der Garbe auf diese Entfernung sieht. Er weist mich darauf hin, dass ich mindestens einen halben Meter vor der Scheibe ziehen muss, auf den voraussichtlichen Treffpunkt zweier fliegender Objekte, eine kleine Übung mathematisch fundierter Prophezeiung. Ich treffe weiterhin nichts.

Die jungen Schützen, tröstet mich Uwe, lasse er zuerst auf im Gras liegende Scheiben schießen, damit sie ein Erfolgserlebnis erfahren, dann auf Scheiben, die geradeaus wegfliegen. Erst nach einem halben Jahr werden sie den Wirrungen und Irrungen der Wurfscheiben ausgesetzt. Das Gewehr (eine Beretta 686E) wird »Flinte« genannt, und ich bin mehrfach nahe dran, diese ins Korn zu werfen. So muss es sich anfühlen, bei Dutzenden von Vorstellungsgesprächen abgelehnt zu werden. Als ich endlich treffe, das einzige Mal am ersten Tag, jubeln wir beide.

Vor hundert Jahren hätte ich mich über die Fehlversuche gefreut. Bei Olympia 1900 in Paris waren die Tauben noch aus Fleisch und Blut. Ein Australier namens Donald Mackintosh, der mit seiner Frau die gleichzeitig stattfindende Weltausstellung besuchte, nahm kurz entschlossen eine Flinte in die Hände und holte mit zweiundzwanzig Schüssen zweiundzwanzig Tauben vom Himmel. Er gewann, ohne zu wissen, dass er Olympiasieger geworden war. Erst gut siebzig Jahre später wurde er vom IOC gekürt. Er ist der einzige Athlet, der seinen Sieg zweiundzwanzig toten Tieren verdankt. Der Name der Disziplin stammt aus dieser Zeit: *trap* war der Käfig, aus dem die Tauben emporflogen, bedächtiger als ihr künstlicher Ersatz.

Es wird bei jedem Wetter geschossen, auch bei Regen, obwohl die Schießanlagen selten überdacht sind. Wind ist ein Faktor, ebenso die Lichtverhältnisse. Das bemerke ich am zweiten Tag, einem strahlend sonnigen Herbsttag, als ich die aus dem Schatten herausfliegenden Scheiben nur schwer erkennen kann. Für diesen Fall gibt es spezielle Brillen, je nach individueller Vorliebe und Wetterlage. Die Farbe der Scheiben ist hingegen normiert, ein warnendes Orange. Nur in der Wüste tragen sie manchmal Schwarz.

Am zweiten Tag gehen wir als Übung die verschiedenen Stationen ab. Nach jeder Schussabgabe wird die Waffe geöffnet, die Patrone platzt heraus, einmal mir fast ins Gesicht. Die Flinte wird »gebrochen« im Arm gehalten und erst unmittelbar vor dem Schuss geschlossen. An die Wange geführt, bis Kopf und Waffe eine Einheit bilden. Manchmal reiße ich den Kopf weg, um zu sehen, ob ich die Scheibe getroffen habe. Ein typischer Fehler. Viele meiner Schüsse sind knapp daneben, leicht drunter oder leicht davor. Nach einer Runde kann ich schon ziemlich genau bestimmen, wo ich vorbeigeschossen habe, was Uwe als gutes Zeichen wertet. Das Doppeltrap, eine sehr ähnliche Disziplin, macht er mir nur kurz vor: zwei Wurfscheiben (eine »Dublette«) fliegen in unterschiedlichem Winkel vom Schützen weg. »Wer eine Scheibe nicht trifft«, sagt Uwe mit bezwingender Logik, »der wird auch zwei nicht treffen.«

Woran es auch liegen mag, ob an der frischen Luft, an der Bewegung oder an der ungewöhnlichen Herausforderung, es hat mir mehr Vergnügen bereitet, mit der Flinte nichts zu treffen, als mit dem Luftgewehr erfolgreich zu sein. Wer einmal Trap oder Skeet probiert hat, bestätigt Uwe, der kehrt nicht mehr zu den statischen Disziplinen zurück, der ist für alle anderen Formen des Schießens verloren.

Der Olympiasieger: 24 von 25. Ich: 2 von 25.

Skeet

Skeet ist noch näher dran am richtigen Leben, wenn man die Jagd als eine Spielart (oder Abart) des Lebens betrachtet. Beim Skeet (»skiit« ausgesprochen, auf Sächsisch »schkiit«) gibt es zwei Scheiben, die in entgegengesetzte Richtungen fliegen, eine aus dem »Hochhaus« zur Linken, die andere aus dem »Niederhaus« zur Rechten. Es dauert eine Weile, bis ich die zweite Scheibe bei der geworfenen Dublette überhaupt sehe. Ich stelle mich offen hin, leicht zur Seite gedreht, um für Spannung im Körper zu sorgen. Die Schussbewegung soll in die Entspannung führen. Beim Skeet hält man den Schaft des Gewehres hüfthoch und reißt ihn, wenn die Wurfscheibe erscheint, zur Schulter. Dann liegt der Kopf auf dem Schaftrücken, peilt die Wurfscheibe an und drückt zum richtigen Zeitpunkt den Abzug. Ausnahmsweise sei an dieser Stelle aus dem Regelwerk zitiert, um einen Eindruck von dessen ganz eigener Poesie zu vermitteln: »Bis zur Schussabgabe steht der Schütze mit beiden Füßen innerhalb des

Schützenstandes (Station). Er hält seine Flinte mit beiden Händen so, dass der Schaft seinen Körper und das untere Kolbenende die an der Schießkleidung angebrachte Markierung direkt oder unterhalb berührt. Der Markierungsstreifen ist 25–30 cm lang und 3 cm breit. Er muss auf der äußeren Schießkleidung fest angebracht sein. Die Oberkante des Markierungsstreifens muss mit der unteren Spitze des Ellbogengelenks übereinstimmen.« Man könnte auch sagen, der Schütze hält die Flinte jagdüblich vor sich, bereit, sie beim leisesten Rascheln im Gebüsch anzulegen ...

Auf einmal waren Kraniche in der Luft. Wir – Menschen, Schützen, Jäger – hielten inne und starrten gebannt in den Himmel. Die Vögel flogen in Formation, in zwei Formationen, Pfeilspitzen, auf der einen Seite länger. Sie glitten weit über unseren Köpfen dahin, Botschafter eines Sehnsuchtsorts, und solange sie sichtbar waren, nahmen sie unsere Aufmerksamkeit völlig gefangen. Ich weiß nicht, was Uwe in der Stille dieser Augenblicke dachte; ein Zauber blieb zurück, bis er vom nächsten Schuss zerfetzt wurde.

Wie beim Trap gibt es mehrere Schießpositionen (Stationen genannt), sieben über einen imaginären Halbkreis zwischen den beiden »Häusern« gleichmäßig verteilt (laut Reglement 8,13 Meter voneinander entfernt), die achte, die leichteste, befindet sich in der Mitte zwischen den beiden. Im Gegensatz zum Trapschießen fliegt die Scheibe beim Skeet stets in einem bestimmten Winkel, in eine Richtung (man könnte sich daran gewöhnen). Manchen gilt diese Disziplin daher als »einfach«. Die Leistungsdichte ist enorm, der Olympiasieger Vincent Hancock hat 2015 beim Weltcup alle hundertfünfundzwanzig Tontauben (in der Qualifikation) sowie alle fünfundzwanzig im Finale getroffen. Schon exzellente Hobbyschützen treffen 110-mal. Um die Anforderungen zu erhöhen, ist ein Zufallstimer hinzugefügt worden, der den Moment des Abwurfs der Scheibe nach erfolgtem Kommando variiert. Manchmal flattert die Tontaube umgehend davon, manchmal dauert es gefühlt eine halbe Ewigkeit.

Skeet hat mir noch besser gefallen als Trap. Umso bedauerlicher, von Uwe zu erfahren, wie schlecht es um den Breitensport bestellt sei. Talentierte junge Nachwuchsschützen zu fördern sei in Deutschland sehr schwierig, da an der falschen Stelle gespart werde. Wenn man oben im Bundeskaderbereich angekommen sei, sehe es schon besser aus. Die Anschaffung sei teuer (die Waffen sind die kostspieligsten im Schießsport), die Munition ebenso, die Eltern müssten bei jungen Schützen das meiste übernehmen, der Verein könne nur wenig dazugeben. Das grenze leider jene sozial schwachen Talente aus, die der Sport eigentlich auffangen sollte. Eine Anlage (Trap und Skeet zusammen) koste mindestens hundertfünfzigtausend Euro, der Verein müsse eigenständig die Mittel für den Unterhalt erwirtschaften. Es ist einfacher, vom eigenen Sofa aus »Let's Hunt«, »Ballistic«, »Combat Arms«, »Special Force«, »Sniper Year One« oder »Ultimate Assassin« zu spielen.

Der Olympiasieger: 25 von 25. Ich: 2 von 25.

HAUEN UND STECHEN

Boxen und Fechten wollte ich zeitgleich erlernen, weil sie zwei grundsätzlich unterschiedliche Formen des Kämpfens repräsentieren. Die Entscheidung für die eine Sportart ist zugleich eine Entscheidung gegen die andere. Vergleichbar der Frage, ob man mit den Fingern isst oder mit Besteck. Einen boxenden Fechter kann man sich schlichtweg nicht vorstellen. Boxen ist ein Naturzustand (bei Männern), die Fäuste geradezu zum Vorschnellen geschaffen. Boxen ist unter den Kampfsportarten in etwa das, was Gehen im Reich der Bewegung ist – das Natürliche, das Selbstverständliche, das, was überall geschehen kann. Vor den Toren und hinter den Türen. An der Waterkant oder in einer Bar oder im Internat. Hätte ich damals im Landschulheim Marquartstein über eine starke Rechte verfügt, hätte mir Ingo nicht die Beine weggezogen; Christian, heute CDU-Europaabgeordneter, kommentierte damals trocken aus seinem Zimmer: »Lasst ihn liegen, geschieht ihm recht.«

Beim Fechten hingegen wird das Kultivierte ins Tödliche verfeinert. Rituale, Begriffe, Haltungen, alles deutet auf höfische Zeremonie und adlige Ehre. Fechten, von einigen wenigen betrieben, ist uns allen aus Film und Fernsehen geläufig, als Selbstbehauptungsspiel aus vergangenen Zeiten, als Säbelklirren an allen Ecken und Enden einer Altstadt, im Festsaal einer Burg oder in den Gemächern eines Kardinals. Männer sind schon vor

Urzeiten mit den Fäusten aufeinander losgegangen, Schwertkämpfer schwingen ihre Waffe seit der allerersten Zivilisation. Ich war gespannt zu erfahren, ob ich lieber mit bloßen Händen kämpfen oder mit Stahlklinge fechten würde.

■ Boxen in Brooklyn

> *»War's ein guter Kampf?«*
>
> James J. Braddock, als er nach dem K.o. in der
> ersten Runde gegen Joe Louis im Jahre 1937
> wieder zu Sinnen gekommen war.

Wer quer einsteigt, steht inmitten eifriger Luftschläger, der einzige Schwächling im Reich der Krieger, verwirrt und eingeschüchtert. Führhand Schlaghand Führhand, links rechts links, vor zurück vor, bis die Koordination aussetzt. Ich vermute, ich sehe aus wie die Göttin Durga, die mit acht Armen nach allen Seiten ausschlägt. Es ist wahrscheinlicher, dass ich mich selbst treffe als irgendeinen Gegner. Dann kommt der Moment, den manche Männer vom Wehrdienst kennen, andere aus GI-Filmen: Der muskulöse Einpeitscher verwandelt sich in einen *drill sergeant, one two three four, jump, push up, never say ..., jump, push up, ... no more*, bis wir alle aus dem letzten Willen pfeifen. Nein, Boxtraining in der großen Gruppe ist nichts für mich, auch wenn ich mich über den Workout nicht beschweren kann.

Über mehrere Ecken lerne ich Kurt kennen, einen 78-jährigen Halbschwergewichtler, der sich auch fünfzig Jahre nach dem Ende seiner Karriere an die Namen seiner Gegner, an deren Statur, an die Härte ihrer Bauchmuskeln sowie punktgenau an den Ausgang des Kampfes erinnern kann. Kurt boxte aktiv nur bis

Mitte zwanzig, aber er ist immer noch schnell auf den Beinen. In hundertachtundvierzig Kämpfen ist er nie k.o. gegangen, darauf ist er stolz, das wiederholt er jedes Mal, wenn er die überragende Bedeutung der Verteidigung postuliert (»Boxen ist Verteidigung.«). Das lässt mich an den deprimierenden Film »Million Dollar Baby« denken, in dem zwar die gleiche Regel aufgestellt wird – »Was ist das oberste Gebot? Deckung, immer Deckung!« –, die Handlung aber in Frage stellt, ob es gegen das Böse überhaupt eine Verteidigung gibt. Kurt beharrt pedantisch auf die richtige Schutzhaltung der Fäuste. Manch ein Profiboxer würde mit seinem schlampigen Stil bei ihm durchfallen. Aus einer gesicherten Abwehr heraus hat der Schlag zu erfolgen, den er mich an der Wand trainieren lässt, damit der Arm nicht nach außen ausweicht. (»Das hab ich früher stundenlang geübt, bis ich blau anlief.«) Wann immer ich in den nächsten Wochen eine freie Minute habe, schleiche ich die Wohnungswände entlang und schlage mit der Rechten möglichst gerade. Der richtige Schlag erfolgt nicht allein aus der Schulter, sondern mit einer explosiven Drehung der Hüfte. Das Problem ist nur, dass meine Wohnung wenig freie Wandfläche aufweist, so dass ich nach zwei oder drei Schlägen samt Vorwärtsschritt innehalten muss, um einer afrikanischen Maske oder den Werken Ernest Hemingways auszuweichen, bevor ich die Luft wieder mit präzisen Schlägen bearbeiten kann.

Die Führhand ist der Agent Provocateur, die Schlaghand der Vollstrecker. Links der Lenker, rechts der Richter (bei Linksauslegern). Einerseits stichelt man, klopft die Verteidigung des Gegners ab, um andererseits zum geeigneten Zeitpunkt einen Treffer zu landen. Das einzig Ungesunde am Boxen, behauptet Kurt, sei die leicht gebückte Körperhaltung, der Kopf eingezogen wie bei einer misstrauischen Schildkröte, die Schultern etwas hochgezogen. Nach jedem Angriff soll ich das Kinn gegen die Brust drücken, um mich vor dem Gegenangriff zu schützen, denn die Nerven unter dem Kinn liegen tatsächlich blank.

Als Anfänger benötigt man wenig Ausrüstung. Als ich in Kurts Begleitung einen Kampfsportladen betrete, kommentiert er angesichts der Warenfülle: »Ihr habt so viele Sachen, ihr müsst verkaufen.« Ich erwerbe Bandagen und Boxhandschuhe sowie – um auch außerhalb des Vereins trainieren zu können – ein Sprungseil. Mund- und Kopfschutz werden erst später hinzukommen, wenn ich einen Ringkampf absolviere, in drei Monaten, wie Kurt mir ermutigend in Aussicht stellt.

In jeder Sportart gibt es Rituale. Beim Boxen ist es das Anlegen der dreieinhalb Meter langen Bandagen, eine vermeintlich mühsame Vorbereitung auf das Training, die sich zu meinem Erstaunen als meditativ reizvolle Vorübung erweist: das Umwickeln, Ziehen, Umwickeln und Festbinden, bis die Fingergelenke ausreichend stabilisiert und geschützt sind.

Schon beim zweiten Mal trainieren wir im Ring. Kurt steckt eine Uhr mit neonroter Anzeige ein, damit ich mich früh an die Rundendauer gewöhne. Sie piepst schrill nach Ablauf von drei Minuten, dann erneut nach einer (der Pause), dann nach weiteren drei Minuten. Eigentlich eine gute Idee, doch wir halten keine der Übungen lange genug durch, denn Kurt unterbricht immer wieder, weil er meine Stellung und meine Schläge minutiös korrigiert, während er etwas von »kleinen Fehlern mit großen Folgen« murmelt. Ich habe bald das Gefühl, einem perfektionistischen Bildhauer Modell zu stehen.

Beinarbeit ist im Boxen, das weiß jeder spätestens seit Rubin »Hurricane« Carter oder dem Wirbelwind namens Muhammad

Ali, von entscheidender Bedeutung. Mit flinken Füßen kann man im Ring sehr weit (herum)kommen. Der Afroamerikaner Bob Allen arbeitete Ende des 19. Jahrhunderts in einem Zirkus in Boston als *African Ball Dodger*, was nichts anderes bedeutete, als dass er den Bällen ausweichen musste, mit denen die Kunden ihn bewarfen. Diese erniedrigende Arbeit erwies sich als effektives Training. Der behände Allen sattelte um auf Profiboxen, wo ihm eine lange Karriere als Defensivkünstler gelang, den kaum ein Gegner zu treffen vermochte. Da ich Völkerball zuletzt vor 35 Jahren gespielt und als Tänzer die größten Misserfolge meines Lebens gefeiert habe, empfiehlt mir Kurt, täglich Seil zu springen, um ein wenig wendiger zu werden. Aber das Seilspringen erweist sich als langweilig und anstrengend, eine für die Selbstüberwindung fatale Kombination.

Kurt nennt mich »Professor« und misstraut meinem intellektuellen Interesse am Boxen. Er scheint darauf zu warten, dass ich wieder in mein angestammtes Revier zurückkehre. Er will mir nicht recht glauben, dass Boxen und Literatur verwandt sind. Ich zeige ihm die amerikanische Neuausgabe der »Ilias«. Auf dem Titelbild ein Foto von Muhammad Ali, der mit den Fäusten drohend über einem k.o.-geschlagenen Gegner steht. Um Kurt zu überzeugen, dass keine andere Sportart dem Literarischen näher steht, übertreibe ich ein wenig. Boxer, behaupte ich, hätten entweder poetische Spitznamen (»Der Geist mit dem Hammer in der Hand« – Jimmy Wilde; »Der eiserne Mann aus der eisernen Gasse« – Redmond Coleman) oder ein loses Mundwerk, das gelegentlich eine erstaunliche Poesie entfalte. Ich erwähne den Ring als Bühne und den dramatischen Topos des Zweikampfs. Ich erinnere ihn daran, dass der Mann, der den modernen Boxregeln ihren Namen gab, der Marquess of Queensberry, der Literatur einen brutalen Tiefschlag versetzt hat, als er Oscar Wilde, dem Liebhaber seines Sohnes, zusetzte, bis dieser nach einer unüberlegten Beleidigungsklage zu zwei Jahren schwerer Zwangsarbeit verurteilt wurde. Meine Bemühungen fruchten wenig. Kurt duckt sich unter jedem meiner Argumente weg. Aber beim nächsten Training überrascht er mich mit einem anekdotischen Punch, mit der wohl schrägsten Regel im Sport: Bartwuchs ist den olympischen Boxern verboten, selbst ein Drei-Tage-Bart!

Obwohl sich Promis bei bedeutenden Kämpfen gerne am Ring ablichten lassen, spürt man beim Boxen die proletarische Tradition. In meinem Wiener Klub trainieren überdurchschnittlich viele Migranten. Akademiker sind unterrepräsentiert, im Gegensatz zu Tätowierten. Es herrscht ein rauer Ton vor, an den man sich gewöhnen könnte. Es wird mit harten Bandagen geredet (immer wieder erliegt die Sprache dem Charme einer Sportart), so wie vor nicht allzu langer Zeit noch mit nackten Fäusten geboxt wurde. Die härtesten Kämpfer waren Arbeiter, in England etwa oft Kumpel aus den walisischen Bergwerken, die sich mit Schaukämpfen einige Shilling dazuverdienten. Die Kämpfe waren brutal, selbst für die damalige Zeit. Bei einer der üblichen Kampfformen wurden die Kontrahenten bis zur Taille eingegraben, so dass sie einander mit den Fäusten bearbeiten konnten, bis einer der beiden ohnmächtig wurde. Es gab Todesfälle, und einige Sieger wurden wegen Totschlags ins Gefängnis geworfen.

Doch auch wenn ich technische Fortschritte mache, etwas geht mir beim Training ab. Es dauert Wochen, bis mir einfällt, was es sein könnte: die Zuschauer. Mir scheint, dass der Faustkampf erst durch die Zuschauer zu sich findet. Nicht weil der Kämpfer sie zur Unterstützung oder als Brennstoff für Heldenruhm brauchte, sondern als essentielles Element. Erst durch das erregte, aufgeputschte, gnadenlose Publikum wird Boxen zu jenem Spektakel, das unsere Phantasie anregt. In einer einsamen Lichtung kann ich mir eher ein Duell zwischen zwei Fechtern vorstellen als einen Boxkampf. In den Filmen wirken die Trainingsszenen stets wie Proben im Theater. Die Bühne erwartet die Sinnerfüllung ihrer Existenz. In dem grandiosen »The Set-Up« aus dem Jahre 1949 gleitet die Kamera in Nahaufnahme über die unterschiedlichen Gesichter: ein verhärmter Mann, der unaufhörlich »*Kill him!*« schreit, ein Spießbürgerpaar, das sich an der Tabuverletzung ergötzt, ein Blinder, der die Energie aufsaugt … lauter Zuschauer, die sich mit den Boxern ins Einvernehmen gesetzt haben: Ihr praktiziert jene archaische Brutalität, die wir aus unserem Leben verbannt haben, und wir berauschen uns daran.

Die Lehrstunden in Wien waren Vorbereitung für das Boxen im Gleason's Gym in Brooklyn. Hier gelten andere Regeln. Eine Uhr schlägt für alle. Wenn der schrille Gong ertönt, geht ein rotes Licht an. Alles hält inne. Dies ist die Minute des Mundwerks. Im Gleason's wird explosiv trainiert und rasant geredet. *The gift of the jab and the gift of the gab.* Meister aller Redeklassen ist David: Rapper, Schläger, wütender weißer Mann. »Ich habe die Sechziger damit verbracht, meine feminine Seite zu suchen. In den Achtzigern hatte ich Lust auf meine maskuline Seite.« David trägt einen Bauchladen gewitzter, selbstironischer Eitelkeiten vor sich her. Mit vierundvierzig Jahren ist er Profi geworden, angeblich der älteste aller Zeiten. Bei seinem ersten Fight ging er k.o. gegen einen drahtigen Puerto Ricaner in Denver. Seine Gage: vierhundert Dollar. Zu diesem Zeitpunkt verdiente er Millionen an der Wall Street. Sein Chauffeur fuhr ihn im Rolls-Royce zum Training. Das ist lange her. Inzwischen hat David zwei Jahre wegen Steuerhinterziehung gesessen (»Ich habe Steuern gezahlt. Nur halt nicht alle.«). Seine Frau hat ihn rausgeworfen und nach sechs Jahren wieder aufgenommen. Jetzt verdient er sein Geld auf ehrliche Weise. Indem er Leute wie mich trainiert.

»Was ist denn mit Verteidigung, David?«

»Verteidigung ist was für Weicheier. Du musst rein und auf den Kerl einschlagen, du musst ihn zerlegen, du musst ihn fertig machen.«

David ist ein *infighter*. Sein stärkster Schlag war ein Haken. Er hat versucht, seinen Gegnern die Rippen zu brechen. Er bewundert Mike Tyson. Die Eleganz von Muhammad Ali ist ihm zuwider. Er bringt mir neue Schläge bei. Den *cross*, den *overhand* an die Schläfe des Gegners. Die Schläfe ist noch sensibler als das Kinn. Wir üben Kombinationen. Jab, Linke, Haken. Jab, Uppercut, Haken. Ein Bouquet aus Schlägen. *Throw punches in bunches.* Acht Haken, zwanzig Mal links-rechts. Schnell ausgeführt. Drei Minuten lang. Bis mir schwindlig wird. Es fühlt sich an, als fielen meine Arme ab. David unterbricht nur, wenn ihm besondere technische Mängel auffallen. Es konzentriert sich darauf, dass meine Schläge härter werden. Aus der Hüfte heraus. Den Fuß eindrehen. Wenn wir nicht Schläge trainieren, üben wir tänzerische Bewegungen. Wegducken. Zurückweichen (nicht aufrecht, gebückt). Zur Seite springen. Flink sein, im Gleichgewicht bleiben.

Er kennt nur zwei Komplimente: »Du schlägst hart« und »Du bewegst dich gut.«

In den Pausen redet David. Er provoziert mich. Meist, weil es ihm einfach Spaß macht. Manchmal mit sportlicher Absicht, um meine Aggression anzustacheln. Als ihm meine Schlagfrequenz missfällt, lobt er Donald Trump überschwänglich. Es funktioniert. Ich prügele auf den Boxsack ein. Bis zur nächsten Pause.

»Aber der ist doch ein Idiot, David!«

»Natürlich ist er ein Idiot. Genau der Richtige für so einen idiotischen Job.«

Am Kopf getroffen zu werden, behauptet David, rege die Kreativität an. Wahrscheinlich nicht übermäßig. Immer, wenn er etwas vergessen hat, erwähnt er seinen *brain damage*. Liebevoll, als spräche er über ein Haustier, das ihm zugelaufen ist. »Meine Gehirnwellen sind auf der rechten Seite ganz langsam.« Schwer zu sagen, wie viel davon wahr ist. Er tut so, als könnte er sich meinen Namen nicht merken, vergisst aber nicht, dass ich ihm das Honorar für die letzte Stunde schulde.

Jedes Training endet mit einer Einheit am Punchingball. Es dauert Wochen, bis ich den hin und her federnden Ball zuverlässig treffen kann. Ein *Hispanic* neben mir schlägt den schnellsten Rhythmus seit Buddy Rich. Noch schwieriger ist es, den Doppelendball zu treffen. Luftschläge ermüden. Der ewige Anflug des kleinen Boxsacks. Misserfolge machen wütend.

Nach einer Stunde möchte ich die eigene Erschöpfung hofieren. Das ist im Gleason's nicht möglich. Ich habe das Gefühl, irgendjemand schaut mir beim Training immer zu. Manchmal werde ich von einem der anderen Coaches komplimentiert. Oft beobachtet David, was die anderen tun, und schießt seine apodiktischen Kommentare ab. An den Wänden hängen Bilder von Jake LaMotta, Joe Frazier und Roberto Durán, die alle hier trainiert haben. Muhammad Ali bereitete sich 1964 auf seinen Kampf gegen Sonny Liston vor, Ecke 30th Street und 8th Avenue, bevor Gleason's Gym nach Brooklyn umzog, weil die Mieten in Manhattan zu sehr angestiegen waren. Ich trainiere meist gegen ein Uhr mittags. Die *protime*. Schon nach wenigen Tagen begrüße ich amtierende und ehemalige Weltmeister mit dem üblichen Faustschlag. Schwäche zeigen ist hier undenkbar. Zu Hause kann ich mich an manchen Tagen kaum bewegen, doch im Gym überspiele ich meine Mängel mit wippendem Gang und deftigen Sprüchen.

David stellt mich seinem Coach vor, dem legendären Hector, der unter anderem Hilary Swank auf ihre Rolle in *Million Dollar Baby* vorbereitet hat. Sie bedankte sich in ihrer Oscarrede bei ihm. Das war keine Ausnahme. Seit vierzig Jahren kommen auch Weiße ins Gleason's, seit zwanzig Jahren auch Frauen. Inzwischen sind von den tausend Mitgliedern dreihundert Frauen. Sie trainieren hart, sie haben sich den Respekt der Machos mühsam erkämpft.

Wer hier trainiert, dealt, ob absichtlich oder nicht, mit subkulturellem Kapital. Die Posen, die Sprüche, die Gesten, die Anekdoten. Die Inszenierungen, mit einem zwinkernden und einem blutigen Auge. Während die Profis sich in harten Sparringkämpfen den Schneid abzukaufen versuchen, erwerben die Freizeitboxer durch den täglichen, kumpelhaften Umgang mit den »Killern« (wie David ernstzunehmende Boxer nennt) vermeintlich *street credibility*.

Davids Memoiren sind *The King of White-Collar Boxing* betitelt. Er war einer der ersten seiner Art. Er steht in der Tradition des *gentleman fighter*. In englischen Lehrbüchern des ausgehenden 18. Jahrhunderts wird die körperliche Unterlegenheit des Gentleman gegenüber dem Proletarier explizit als Motivation für das Boxen angeführt: »... sich verteidigen gegen die Beleidigungen durch den Pöbel.« Bis in die 1980er Jahre gab es in New York kaum Boxer aus dem gutbürgerlichen Milieu. Bis Bruce, der Eigentümer des Gleason's, die Zeichen der Zeit erkannte und um betuchte Kunden warb. Inzwischen finanzieren die White-

Collar-Boxer das einzige Gym, in dem Profis, Amateure und Freizeitboxer nebeneinander trainieren.

Ein außergewöhnlich integrativer Ort: Weiße und Schwarze, ältere Männer und jüngere Frauen, Arme und Reiche, Bobos und Ex-Sträflinge, Menschen, die viel Zeit haben, und solche, die gerne Zeit erwerben würden. Betrachtet man die durchtrainierten schwarzen Körper und das mehlige Fallobst neben ihnen, so scheint es, als diente die zur Schau gestellte Maskulinität der einen der verunsicherten Männlichkeit der anderen als Vorbild.

»Bist du ein Waschlappen?«, fragt mich David nach der ersten Runde. Wir sparren, zum ersten Mal. Er hat mich gewarnt, nicht auf seinen Kopf zu zielen. Das habe der Arzt verboten. Wir treffen unsere Oberkörper mit harten Haken. Es fühlt sich gut an. Ich bewege mich durch den Ring, ich bin der König der Welt. Ich kann austeilen, ich kann einstecken. »Nur wenn du einstecken kannst, hast du Herz.« Nach drei Runden, nach drei Mal drei Minuten, spüre ich mit jeder Faser meines Körpers den Reiz des Boxens.

Am Ausgang stehen Bruce und David zusammen. »Weißt du«, erklärt mir Bruce, »die meisten Jungs kamen damals rein, um durch Boxen Geld zu verdienen, nur David, der war reich und hat sein ganzes Geld verloren. Aber ob Millionär oder armer Schlucker, er war immer der gleiche Mensch.«

David strahlt ob des Kompliments. Manchmal wird ihm die Anstrengung, den harten Kerl zu mimen, zu viel.

Der Schlag an den Kopf, der war so hart
Die graue Plane verwandelte sich
In einen Schneesturm.

Er dichtet so wie er redet.

»Du bist gar kein Rechtsextremer«, unterbreche ich eines seiner verbalen Sperrfeuer.

»Wieso?«, fragt er etwas enttäuscht.

»Weil du keinen Hass in dir trägst.«

»Weißt du was, für 'nen verdammten europäischen Liberalen bist du gar nicht so übel. Aus dir hätte ein anständiger Fighter werden können.«

■ Fechten in Wien

Mitten im Gefecht schießt mir ein entwaffnender Gedanke durch den Kopf: Mein Trainer, ein untersetzter, knielädierter Mittvierziger, würde die drei Musketiere im Nu in die Bruchstücke ihrer undisziplinierten Bravour zerlegen. Schon nach wenigen genauen Stößen wäre das ungleiche Duell beendet. Fechten ist Präzisionsarbeit, Wirbeln und Zwirbeln à la Aramis, Porthos und Athos unangebracht. Man würde von einem Chirurgen auch nicht erwarten, dass er mit seinem Skalpell herumfuchtelt. Das filmische Säbelschwingen ist oft Unfug. Realistischer ist da schon die Entwaffnung eines ungestümen jungen Fechters durch einen Meister mit einem einzigen wohlgesetzten Schlag. Und doch ist die kinematographische Choreographie notwendig, um eine Meisterschaft sichtbar zu machen, die mit ungeübtem Auge nicht erkennbar wäre. Deswegen sind Haudegenfilme beliebt, Fernsehübertragungen von Fechtturnieren hingegen so selten zu sehen wie die Schwerter Gram, Notung oder Balmung.

Aller Anfang (nach dem Fechtergruß, der einem das Gefühl verleiht, ein *Ancien Régime* fortzuführen) ist die richtige Haltung, der Ellbogen innen, die Hand außen, die Knie gebeugt, der Körper in Balance, bereit, mit einem Ausfallschritt die Distanz zum Gegner zu überwinden. Jeder Stoß ist so exakt vorgeschrieben wie die Positionen im Ballett. Selbst die geringste Abweichung wird umgehend bestraft, leicht stößt die Spitze der gegnerischen

Klinge gegen meinen (geschützten) Oberkörper. »Und schon bist du tot«, sagt der Trainer. Immer wieder gebe ich mir eine Blöße (und werde an den Ursprung der Redewendung erinnert).

Beim allerersten Kreuzen der Klingen empfinde ich eine kindliche Euphorie, obwohl ich mich hinter der schweren Maske unwohl fühle. Die Welt durch ein Gitter zu betrachten ist gewöhnungsbedürftig. Zu meinem Erstaunen kostet es mich einige Überwindung zuzustoßen, obwohl ich weiß, dass ich den Gegner nicht verletzen kann. Das Zuschlagen beim Boxen fiel mir leichter. Der etwa achthundert Gramm schwere Degen erinnert mich an die Waffen, mit denen in ehrpusseligen Zeiten Duelle ausgefochten wurden. In der Mitte der Klinge befindet sich immer noch die »Blutrinne«. Die Anmutung eines Fechters oder einer Fechterin ist nicht zuletzt wegen der wuchtigen Waffe kriegerischer als erwartet. Zumal Andreas, mein Trainer, rhetorisch ein wenig mit der blutigen Vorgeschichte seiner Sportart spielt. Allerdings verachtet er das Schlagen der Burschenschaften, die studentische Mensur (unter Mensur versteht man eigentlich den Abstand der Fechter voneinander), die seiner Ansicht nach mit Fechten wenig gemein habe.

Der militärische Ursprung hat die Geschichte des Fechtens geprägt. Die kämpferische Ertüchtigung durch die Turnbewegung führte in Deutschland im 19. Jahrhundert auch zu einer Förderung des Fechtens, die unter den Nazis verstärkt wurde. Reinhard Heydrich, selbst ein meisterhafter Säbelfechter, nahm sich persönlich dieses Sports an. Andreas erzählt mir von einem Länderkampf zwischen Deutschland und Österreich, der für die siegreichen österreichischen Fechter tragisch endete: Sie alle wurden nach Kriegsausbruch zur Strafe für ihre Unverfrorenheit an die Ostfront versetzt.

Wir fechten nur Degen, die am weitesten verbreitete Disziplin. Florett sei laut Andreas so komplex, dass es nur noch von wenigen hochgezüchteten Spezialfechtern betrieben werde. Florettfechter schwärmen hingegen von der Eleganz ihrer Waffe im Vergleich zum grobschlächtigen Degen und von schnelleren und geschmeidigeren Bewegungen. Und der Säbel hat zwar einen schönen Klang, das Säbelfechten ist aber aufgrund der leichteren Waffe und der erlaubten Hiebe schneller und dadurch für einen Anfänger schwerer zu erlernen.

Der Abstand zum Gegner wird bestimmt, indem sich die Klingen an der Spitze kreuzen. Streckt der Gegner seinen Arm aus, kann man ihn an der Hand treffen, ansonsten zielt man meist auf den Oberkörper (wobei es einen perfiden Stoß zum Fuß gibt, der mich regelmäßig überrumpelt). Die Glocke ist wichtig, um die eigene Hand zu schützen und den gegnerischen Degen wegzudrücken. Fechten besteht aus einstudierten Bewegungsabläufen, die im Kampf reaktionsschnell kombiniert werden. Für überlegte Reaktionen reicht die Zeit nicht aus. Jeder Stoß trägt einen französischen Namen, weil 1570 ein gewisser Henri de Saint-Didier die meisten noch heute benutzten Fachausdrücke prägte. Ich lerne, bei der *Battuta* das vordere Drittel der gegnerischen Klinge mit einer flinken Bewegung der Finger wegzuschlagen und sofort an der abgelenkten Klinge vorbeizustoßen. Und bei der *Cavation* der gegnerischen Waffe kreisförmig auszuweichen. Die Herausforderung besteht darin, die Bewegung möglichst eng und schnell auszuführen, so dass der Gegner nicht mehr parieren kann.

Verteidigung ist wichtig, aber keine Strategie an sich. »Wer immer nur daran denkt, sich zu schützen, wird nie einen Kampf gewinnen«, postuliert Andreas. Stets sollte man seine Chancen auf eine *Riposte*, einen Gegenangriff unmittelbar aus einer *Parade* heraus, im Auge behalten. Bei der *Konterattacke* wird die angriffsbedingte Lücke in der gegnerischen Abwehr genutzt.

»Fechten ist Schach auf Beinen«, sagt Andreas, und belegt diesen Satz mit Kommentaren, die er so präzise setzt wie seine *Paraden* und *Riposten*. In keiner anderen Sportart wird das Training so oft zugunsten von Weisheiten über Angriff und Verteidigung, Erkenntnissen über Sein und Schein unterbrochen. »Beim Fechten«, sagt Andreas, »werden Geschichten erzählt.« Ich weiß nicht, ob er diesen Vergleich mir zuliebe zieht oder ob er zu seinem Repertoire gehört. »Wahre Geschichten und falsche Geschichten.« Wenn das stimmt, dann ist die *Finte* (ein weiterer Fechtismus in unserer Sprache) das wichtigste Erzählmittel. So täuscht etwa der ausgestreckte Arm einen Angriff vor, um eine Verteidigungshandlung des Gegners zu provozieren, der man plangemäß ausweicht, um dann konsequent in die Blöße vorzustoßen. Besonders unzuverlässige Erzähler bedienen sich der *Doppel-* oder gar *Mehrfachfinte*.

Ein Fechtkampf ist eine kognitive Übung. Man muss die Stärken und Schwächen des Gegners herausfinden, seine individuellen Eigenarten. Man stichelt ein wenig, damit er Flagge zeigt. Da beim Degenfechten der ganze Körper als Trefferfläche zählt, ist die Taktik besonders wichtig. Der Charakter eines Menschen äußert sich im Gefecht, man muss nur den Gegner genau beobachten. Andreas analysiert mich als angriffslustig und risikofreudig: »Dieser Gegner ist ein mutiger Gegner, er hat keine Angst, er ist sogar tollkühn, das mag ich, das ist gut, es gibt einen Unterschied zwischen tollkühn und mutig. Es ist schwerer, gegen einen vorsichtigen Gegner zu fechten.« Ich laufe jedes Mal ins offene Schwert hinein. Aber was soll ich machen – man kann nur schwer gegen seine eigene Natur anfechten.

■ Ringen in Teheran

> *13. Übung: Wenn dich einer mit den Armen überfallen und umwerfen will, dann halte das Gleichgewicht, und drücke ihn von dir weg mit den Armen. So er dich dann also von sich stößt, so greife ihn mit der rechten Hand an seinen Hals beim rechten Ohr herunter, (…) und hüte dich, dass er dir kein Bein stellt und dass du seinen Kopf nicht loslässt.*
>
> Albrecht Dürer,
> *Die Ringkunst des deutschen Mittelalters*

Die uralte Kunst des Ringens ist ein Ausdruck der Erkenntnis, dass man einen anderen Menschen nicht nur aus Leidenschaft umschlingen kann. Ringen ist die intimste Form des Kräftemessens, und meine größten Bedenken im Vorfeld galten der Frage, wie ich die schwitzige Nähe eines Fremden ertragen würde.

Unter den vielen merkwürdigen Entscheidungen des Internationalen Olympischen Komitees war keine unverständlicher als der geplante Ausschluss von Ringen aus dem olympischen Programm ab 2020. Ringen hat weltweit zivilisatorische Spuren hinterlassen, verewigt am Grab des Bakt III. in Beni Hassan (sage und schreibe zweihundertzwanzig verschiedene Kampfstellungen), in asiatischen Epen, afrikanischen Mythen sowie auf hellenischen Vasen. Platon, Pythagoras und Timokreon waren Ringer. Platon gewann sogar zweimal bei den Isthmischen Spielen. Auch Euripides wurde als Ringkämpfer umkränzt. Nach den Vorstellungen der alten Griechen wurde der Lauf unserer Geschichte entschieden, als Zeus Kronos beim titanischen Kampf um die Weltherrschaft schulterte. Die antiken Spiele wurden unter anderem ins Leben gerufen, um an den folgenschweren Ausgang dieses ersten Ringkampfs zu erinnern. Doch diese altehrwürdige Sportart wurde Opfer der doppelten Buchführung von Tradition und Profit (auch Haben und Soll genannt). Erst heftige internationale Proteste, angeführt von der ungewöhnlichen Allianz zwischen iranischen und US-amerikanischen Ringern, bewogen das IOC zu einem Gnadenaufschub.

Leider ist Ringen in unseren Breiten kein Breitensport. Schon die Trikots zu besorgen erweist sich als eine Herausforderung. In Wien hält ein einziger Laden sie vorrätig, für Erwachsene nur in einer Größe. »Wir verkaufen zu neunzig Prozent Kindertrikots«, wird mir am Telefon mitgeteilt. Erwachsene kommen wohl selten auf die Idee zu ringen. Glücklicherweise passt mir die Mediumgröße. Die Packung enthält ein blaues und ein rotes Trikot. »Brauche ich noch etwas?«, frage ich im Laden. Die Verkäuferin grinst vielsagend. »Ohrenschutz! Es kommen Leute zu uns mit halb abgerissenen Ohren.« Der Schutz sieht klobig und hässlich aus. Die Verkäuferin spürt mein Zögern. »Wenn Sie eine Ohrenverletzung haben, müssen Sie unbedingt das Wasser rauslassen.« Ich verstehe nicht genau, was Sie meint, kaufe aber sofort einen Ohrenschutz (den ich mir kein einziges Mal überstülpen werde). Zudem noch Schuhe, in die ich mich hineinzwängen muss, obwohl ich Größe 45 statt der gewohnten 44 nehme. »Die Schuhe müssen eng sitzen«, werde ich belehrt. Ringer quälten sich in die Schuhe hinein, man dürfe in ihnen kein bisschen rutschen. Ringerschuhe haben weh zu tun. Mit strammem Trikot und engen Schuhen fliege ich nach Teheran.

Ringen (*Kushti* genannt) ist im Iran ähnlich beliebt wie Fußball in Deutschland. Meinen ersten Tag in Teheran verbringe ich in einem nach der Freiheit benannten Sportkomplex am Rande der Stadt, erbaut zu Zeiten des Schahs, um die Ausscheidungskämpfe für die Aufnahme in den Nationalkader zu erleben. Einige Wochen zuvor hat man in der größten Halle unter Anteilnahme von achttausend Zuschauern einen Weltrekord aufgestellt, mit mehr als zweitausend Ringern auf fünfzehn Matten, wie mir ein Funktionär stolz erzählt; noch bevor mir die Übersetzung nachgereicht wird, vernehme ich leicht verwundert das Wort »Guinness«. Mein Trainer Amir, ehemaliger Weltklasseringer und Coach der Jugendauswahl, führt mich nach einer herzlichen Begrüßung in den VIP-Bereich, wo ich von zentraler, erhöhter Warte aus das Geschehen auf den Matten verfolgen kann. Als der Hallensprecher verkündet, ein Ehrengast aus Deutschland sei anwesend, und meinen Namen nennt, richtet sich die Neugierde der Zuschauer auf mich. Als diese Ansage wenige Minuten später wiederholt wird, fürchte ich, zu einer Rede oder einem Gespräch aufgefordert zu werden, der Blinde im Land der Einsichtigen. Die Männerblicke gelten auch Sameen, einer reizenden Journalistin und Übersetzerin, die neben mir sitzt, obwohl der Zutritt für Frauen eigentlich nicht gestattet ist, eine alte, nicht nur persische Tradition (bei den antiken olympischen Spielen waren die Ringer nackt, und verheirateten Frauen war das Zuschauen unter Androhung der Todesstrafe verboten). Sameen ist so aufgeregt wie nur jemand sein kann, der zum ersten Mal im Leben etwas bis dato Verbotenes erlebt. Obwohl sie behauptet, nichts über Ringen zu wissen, kann sie ihr Glück kaum fassen, dass wir hinter Rasoul Khadem sitzen, 1996 Olympiasieger im Freistilringen, im Iran ein Volksheld. Khadem humpele seit seiner Kindheit, erklärt mir Sameen, er habe sich darauf einstellen müssen, das rechte Knie nicht zu sehr zu belasten, und gelernt, diese Schwäche zu kompensieren. Trotz seines Handicaps habe er gesiegt. Alle Männer, die sich uns vorstellen, haben flachgeschlagene Ohrmuscheln, als ob sie mit einem Hammer bearbeitet worden seien, bei jedem ein wenig anders geklopft. Ehemalige Aktive sind somit schnell identifiziert. »Was ist mit Ohrenschutz?«, frage ich Amir, der sich gelegentlich kurz zu uns gesellt, bevor er sich wieder unter die Trainer mischt. »Lohnt sich nicht«, sagt er, »irgendwann werden die Ohren sowieso in Mitleidenschaft gezogen, je früher man die Ohrenknochen bricht, desto besser. So hat man es hinter sich. Außerdem ist es kein gesundheitliches Problem.«

Einer der ehemaligen Ringer weiß meinen Nachnamen zu verorten und erzählt mir von einem Wettkampf in Sewliewo, wo er die Silbermedaille errungen habe. Wer denn gewonnen habe, frage ich. »Ein Bulgare«, sagt er. »Das beweist«, merke ich an, »dass die Bulgaren stärker sind als die Iraner.« Der Witz kommt nicht gut an.

Da ich blind bin für all die technischen Finessen (das offizielle Handbuch des Deutschen Ringerbunds verzeichnet immerhin neunundachtzig Stand- und siebenundvierzig Bodentechniken), konzentriere ich mich auf die dramatischen Gesten: auf die Enttäuschung der Verlierer, die zusammengekauert dasitzen, die Hände über den Kopf, oder ausgestreckt auf dem Boden, wortwörtlich niedergeschlagen. Uns wird ein ungenießbarer Nescafé serviert, eine besondere Ehrerbietung, weil die Gastgeber annehmen, mir damit eine Freude zu bereiten, obwohl ich den üblichen Tee bevorzugt hätte. Die Kämpfe dauern stundenlang fort. Die jungen Männer verlegen ihren Körperschwerpunkt möglichst weit nach unten, umkreisen den Gegner, greifen blitzschnell an. Ein großgewachsener Jüngling aus der Ringerhochburg Māzandarān im Norden des Landes ragt in jeder Hinsicht heraus, nicht zuletzt wegen seiner hypnotisierenden Souveränität. Er scheint die Mitte der Matte zu beherrschen, selbst wenn er abgedrängt wird, er wartet mit beängstigender Ruhe auf den richtigen Moment. Wenn er den Gegner fällt, geschieht dies so flüssig, so schnell, dass es wie in Zeitlupe wirkt. Die versammelten Nachwuchsringer zeigen, wie dynamisch und aufregend Ringen sein kann. Nichts vom minutenlangen Abtasten und Belauern, das ich von manch einer Fernsehübertragung kenne. Wie auch in anderen Kampfsportarten neutralisieren sich gerade die Besten zur Langeweile.

Das »Gymnasium«, in dem ich trainieren werde, ist ein ausgebauter, überdachter Innenhof, etwas kalt, aber geräumig. Neben dem Eingang hängen Bilder des schiitischen Imams Ali sowie des legendären Ringers Gholamreza Takhti, der wegen seines solidarischen Verhaltens hochgeachtet war. Er habe, so mein Trainer, bei einem wichtigen Turnier absichtlich das Finale verloren, weil er wusste, dass sein Gegner das Preisgeld dringender benötigte als er. Es ist das idealisierte Bild eines gütig lächelnden Mannes, wiewohl er klein und hässlich gewesen sei, so Sameen, die eine Sondererlaubnis erhalten hat, mich als Übersetzerin in dieses schweißtreibende Rund männlicher Vergewisserung zu begleiten. In den nächsten Tagen kommt es immer wieder zu ungewollt komischen Szenen, wenn ich auf dem Boden liege, verwirrend umschlungen von meinem Trainingspartner, und sie neben uns kniet, um meinen dröhnenden Ohren auf Englisch eine dringend benötigte Erklärung zu verabreichen. Wenn die trainierenden Männer von ihrer Anwesenheit irritiert sein sollten, lassen sie sich nichts anmerken. Der zwischenmenschliche Umgang im Iran ist geprägt von einer exquisiten Höflichkeit.

In den folgenden zehn Tagen muss ich mir nicht nur komplizierte neue Techniken merken, sondern auch komplizierte neue Begriffe (auf Persisch). Vielleicht ist es nicht optimal, eine Sprache mit Hilfe einer anderen unbekannten Sprache zu erlernen, aber beim Ringen kann man einiges mit Händen und Füßen erklären. Die zwei Grundstile, die bei uns Freistil und Griechisch-Römisch genannt werden, heißen *Azad* und *Farangi* (ein auch in Südasien geläufiges Wort für Europäer, das von den »Franken« abstammt). Ringen nach Art der Westler also. Der Unterschied zwischen den beiden Stilen betrifft die Frage, ob Angriffe mit und gegen die Beine getätigt werden dürfen. Wir entscheiden uns für das ganzkörperliche Freistilringen.

Nach einer schnellen Einführung in die Grundstellung nehme ich Kontakt mit dem Gegenüber auf. Kaum haben wir uns wortwörtlich erfasst, spüre ich seine Kraft. Unvorstellbar, dass ich ihn aus dem Gleichgewicht bringen kann. Jeder Wurf besteht aus Handgriffen, Körperdrehungen, Beinbewegungen und ist leichter vorzumachen als zu beschreiben. Beim *Barandaz* umgreife ich den Gegner mit beiden Armen, hebe ihn hoch und werfe ihn zu Boden. Bei *Fan Kamar* umschlingen sich die Arme, die Köpfe sind gesenkt, ich packe den Gegner an der Hüfte, wechsle die Balance auf das äußere Bein und werfe ihn zur Seite. Beim *Kulandaz* werfe ich den Gegner über die Schulter, indem ich ihn am Unterarm packe, meinen Kopf wie einen Rammbock gesenkt, und seinen Arm nach unten drücke, so dass sein Kopf sich auch senkt, um dann meine Knie um sein Bein zu schließen. Beim *Zir Yek Kham* muss ich mein vorderes Knie neben dem Knöchel des Gegners aufsetzen und mit der Schulter sein hinteres Bein zurückschieben.

Während einer Trinkpause erzählt mir Amir, dass er früher während des Trainings, egal wie lange dieses dauerte, kein Wasser zu sich nehmen durfte, weil die Trainer davon ausgingen, es sei schlecht für den Magen. Einige der ehemaligen Athleten hätten gesundheitliche Schäden davongetragen. Heute gelte das Gegenteil, man wisse, wie gefährlich es sei zu dehydrieren. Amir nickt ausgiebig, als wolle er die Relativität aller Weisheit einsickern lassen.

Bald schon habe ich die Übersicht verloren. Wenn ich am Abend erschöpft in meinem Hotelzimmer auf dem Bett liege (Ringen ist immens anstrengend, weil man mit allen Muskeln und voller Anspannung gegen das Körpergewicht des Gegners andrückt, bei meinem immerhin neunzig Kilo), verschwimmen die Techniken ineinander, die Hüfte des Gegners, die hinabgedrückte Hand, der Kopf an der Schulter, die Schulter an der Schulter, der Kopf am Kopf, die Hand auf der Schulter, der Körper gegen den Körper. Mit geschlossenen Augen ziehe ich mit der rechten Hand den Arm, mit der linken den Hals des Gegners nach vorn, an mir vorbei. Ich höre die einzigen englischen Worte, die Amir beherrscht – »one, two, three, four, five« sowie sein liebstes Wort unter den Brocken Russisch, die er aufgeschnappt hat: »Kolova« (Kopf) –, ich gehe in die Knie, fasse das Bein des Gegners, klemme es ein, stehe auf, während ich mit der Rechten sein anderes Knie umhaue. Ringen ist die Illustrierung von Hebelwirkungen. Ein gar nicht einmal so harter Druck gegen das Knie zum richtigen Zeitpunkt lässt den persischen Koloss mir gegenüber auf die Matte fliegen. Erneut bin ich von der harten Wahrheit der Physik beeindruckt.

Ringen sei wie Schach, meint Amir. Ich habe nicht mitgezählt, wie viele Sportarten diesen Vergleich für sich beanspruchen. Alles hänge vom vorangegangenen Zug des Gegners ab. Alles sei verknüpft, die Bewegungen griffen ineinander wie Zahnräder. Manchmal lasse man sich absichtlich auf den Gegner fallen, um ihn zu neutralisieren, bevor man einen Gegenangriff ansetze.

Amir fordert mich auf, unter die Achseln des Gegners zu greifen, was dieser natürlich zu unterbinden versucht. Eine ungewöhnliche Übung, bei der man sich mit wechselnden Armen schnell unter den angelegten Armen des Gegners hindurchdrückt. Nach einigen Minuten bin ich völlig ausgepowert. »Super Krafttraining«, sagt Amir zufrieden.

Ich nenne ihn zwar Gegner, aber der junge Mann, mit dem ich üben darf, ist eher mein Partner. Seine Fürsorge ist rührend. Wenn er auf mich fällt, erkundigt er sich mit einer sanften Stimme, die seinem Körperbau zu widersprechen scheint, nach meinem Wohlbefinden. Trotz der vermeintlichen Konfrontation erfolgt eine fast zärtliche Verbrüderung. Bei keiner anderen Sportart kommt man sich so nahe. Es fühlt sich an, als hätten wir »Schweißsharing« vereinbart. Beim Ringen darf man sich vor der geballten Aufdringlichkeit des Fleischlichen nicht ekeln. Ärzten, Krankenpflegern und Ringern ist nichts Körperliches fremd. Das merkt man nicht nur den Athleten an, sondern auch der Literatur von John Irving: Vor Jahren erlebte ich ihn bei einem Festival im walisischen Hay-on-Wye, ein Sechzigjähriger mit dem Körper eines Fünfzigjährigen in einem engen, türkisfarbenen Lycratrikot eines Zwanzigjährigen. Er las einen Romanausschnitt vor, in dem eine nackte Fallschirmspringerin in eine Schweinegrube fällt. Der weibliche Körper im Schlamm wird mit gynäkologischem Pointillismus beschrieben. Ich fragte mich, ob ein Fechter jemals eine solche Szene entwerfen, geschweige denn mit derart minutiöser Lust formulieren könnte.

Der erste Schritt besteht darin, den Gegner zu werfen (»Wirf ihn wie eine Peitsche«), der zweite und schwierigere darin, ihn trotz seiner Verteidigung mit den Schultern zu Boden zu drücken. »Leg dein gesamtes Gewicht auf den Gegner, wie ein Zelt«, sagt Amir. »Wie ein zusammenstürzendes Haus«, sage ich. Wir lachen. Wir üben nur wenig Bodenkampf, weil dieser laut Amir nicht nur einer anderen Strategie bedarf (etwa der berühmten Brücke, einer Nothilfe, deren sich ein guter Ringer niemals freiwillig bedient), sondern auch gefährlich ist, vor allem für Nacken und Rücken. Übliche Verletzungen im Ringen betreffen nicht nur den Rücken, sondern auch die Knie, die Nase und das Jochbein. Zur Übung einiger der Würfe benutzt man eine ausgestopfte Puppe, auf Persisch *Adamak* genannt, die leichter zu heben und im Gegensatz zum Menschen unzerbrechlich ist. Um für die iranische Nationalmannschaft berücksichtigt zu werden, müssen einem innerhalb einer Minute nacheinander fünfzig Würfe über den Rücken gelingen, eine akrobatische Herausforderung, bei der es fast zum Rückwärtssalto kommt. Turnerische Fähigkeiten sind wichtig. Manche der Athleten wärmen sich mit Handstand, Flickflacks, Salti und anderen Elementen einer soliden Bodenkür auf.

Als ich in einem schwachen Moment entschuldigend mein Alter ins Spiel bringe, erzählt mir Amir eine Geschichte, die mich frappierend an den Film »Foxcatcher« erinnert. Ein Millionär habe für dreihunderttausend Euro seinen eigenen Klub erbaut, in seiner eigenen Shopping Mall, um dort mit einem Privatcoach intensiv zu trainieren. Nach einem Jahr Training habe der Millionär bei der Senioren-Weltmeisterschaft in Griechenland den dritten Platz belegt.

Ich habe mich in den Tagen in Teheran so wohl gefühlt wie selten in meinem Leben. Es lag vor allem an dem Respekt der Ringer untereinander und mir gegenüber, der sich vermutlich aus der Achtung vor einer leidenschaftlich fortgeführten Tradition schöpft. Die Ringer folgen einem Kodex, der älter ist als die herrschende Ideologie. Es fehlt nur noch, dass die Verbrüderung sich zu einer Verschwisterung erweitert. Ich hatte den Eindruck, dass es nur noch eine Frage der Zeit ist, bis dieses Land, das trotz Theokratie säkularer ist als die meisten anderen im islamischen Raum und eine zivilisatorische Tiefe aufweist wie kaum ein anderes, auch diesen unerträglichen Mangel überwinden wird.

■ Judo in Tokio

> *Man greife an als Meer, wenn der Gegner*
> *den Berg erwartet, und erwartet er das*
> *Meer, sei man ihm der Berg.*
>
> Musashi Miyamoto (1584–1645)

Alles beginnt mit dem Fall. Dem eigenen. Nur wer zu fallen versteht, kann andere zu Fall bringen.

Der Körper rollt sich ab, der Kopf leicht angehoben, damit er nicht auf den Boden knallt, die Beine auseinander, ein Arm schlägt entschieden auf die Matte, so laut, dass selbst das Unbewusste es vernimmt.

Wer einen anderen zu Fall bringt, muss diesen auffangen. Eine Hand lässt den Gegner nie los, hält ihn am Ärmel oder Kragen fest.

Ich lerne *Ukemi*:

Falle aus kniender Position.

Falle aus dem Stand.

Falle aus dem Stillstand.

Falle aus der Bewegung.

Falle nach vorn, nach hinten, zu beiden Seiten.

Falle aus der Vorwärtsbewegung, aus der Rückwärtsbewegung.

Falle erneut. Falle wieder. Falle besser.

Falle allein. Falle zu zweit.
Falle nach Ankündigung.
Falle als Überraschung.

Der Satz »Alles beginnt mit dem Fall« stimmt nicht ganz. Zuvor lerne ich, mich richtig hinzusetzen: das linke Bein einknicken, dann das rechte, schließlich den Hintern auf die Fersen senken und die Hände auf die Oberschenkel legen. Diese Sitzhaltung wird auch bei der Teezeremonie und auf der Bühne im Nō-Theater eingenommen. Bevor man sich hinsetzt, verbeugt man sich beim Eintritt in das Dojo, vor dem Betreten der Tatami-Matte; im Sitzen verbeugt man sich vor dem Porträt von Jigoro Kano (1860–1938), dem Begründer des Judo, vor der Lehrerin (meine *sensei* heißt mit Vornamen Mayuko) sowie dem Kampfpartner. Diese »Rei« genannte Ehrerbietung beinhaltet mehr als nur einen höflichen Dank, sie äußert die Absicht, physisch und geistig ein stärkerer Mensch werden zu wollen, der aus eigenem Willen einen Beitrag zur Verbesserung der Gesellschaft leistet.

Wer Judo in Japan erlernt, befasst sich von Anfang an mit den ethischen Grundsätzen dieser Erneuerungsbewegung. Das moralische Prinzip lautet: *Ji-ta-kyo-ei* – sich gegenseitig helfen, damit es beiden gutgeht. Als mir ein harter Bursche beim Training in einem Wiener Arbeiterbezirk Wochen später den Arm allzu sehr verdreht, bin ich mir nicht ganz sicher, wie sehr dieses Prinzip unter Judoka weltweit verstanden wird. Das Dojo (»wo der Weg geübt wird«), ein buddhistischer Begriff, ist ein Ort der Selbstfindung. In manch einem Dojo steht an der Stirnseite auch ein schintoistischer Hausaltar. Die Vermischung dieser beiden Religionen ist ein in Japan weitverbreiteter Synkretismus. Wir beginnen das Training mit *Zazen* (»Meditation im Sitzen«), von der großstädtischen Hektik Tokios auf zwanzig Sekunden eingedampft.

Beim Judo geht es einem im wahrsten Sinne des Wortes an den Kragen. Man versucht den anderen mit beiden Händen am weißen Anzug (*Judogi* genannt, aber von allen als *Gi* abgekürzt) zu packen. Wie man greift, ist wichtig, um den anderen kontrollieren zu können: der Stoff des gegnerischen Anzugs wird umgedreht und möglichst zugeschnürt, mit dem Ziel, die Bewegungsfreiheit einzuschränken. Da das Zupacken schon einen wesentlichen Vorteil bedingt, versuchen die guten Judoka die Hände des Gegners gar nicht an sich heranzulassen. Das ist der Grund, wieso Kämpfe auf höchstem Niveau oft wenig ansehnlich sind. Die waltende Vorsicht verhindert spektakuläre Würfe. Die Judoka schlagen jeden Versuch weg, den *Gi* zu ergreifen.

Der erste Wurf, den mir meine Lehrerin beibringt, wird zu meinem Liebling: *O-soto-gari*, schon der Klang vielversprechend. Ich trete mit dem rechten Bein neben den Gegner, ziehe ihn seitlich zu mir, um ihn aus dem Gleichgewicht zu bringen, und führe mit dem linken Bein eine hohe Pendelbewegung aus, die sein Standbein hinwegfegt. Ich weiß nicht, ob es Zufall war oder meine Lehrerin eine Vorahnung gehabt hat, dass mir diese Technik am besten liegen würde, aber ich führe die »große Außensichel« von nun an mit Gusto und Erfolg aus. Die »große Innensichel« dagegen, oder *O-uchi-gari*, bei der ich von innen angreife, indem ich das Bein des anderen nach außen »wegsichele« und diesen zur Seite werfe, will mir weit weniger gelingen.

Das Judotraining kennt zwei Vorübungen, bei denen die Würfe ohne Fremdeinwirkung einstudiert werden. Beim *Tandoku-renshu* übt man allein. Ähnlich wie beim Tai Chi Chuan konzentriert man sich auf die Harmonie der Bewegungsabläufe, die eines Fußfegers etwa. *Uchi-komi* wird mit einem Partner praktiziert, ohne diesen zu werfen. Die Präzision der Ausführung steht im Vordergrund. Das weitere Training besteht aus Übungen, bei denen der Partner sich werfen lässt, und Übungen, bei denen er dies zu verhindern sucht. Zwei Extreme des Verhältnisses zwischen Macht und Widerstand. Beim *Nage-komi* ist der Partner ein willfähriger Untertan, der alles ohne Widerstand oder tätige Mithilfe geschehen lässt. Beim *Randori*, dem Übungskampf, gilt das Gegenteil. Derjenige, der den passiveren Part übernimmt *(uke)*, wehrt sich nach Belieben, während der Aktivere *(tori)* verschiedene Techniken anzubringen versucht. Aber der Eindruck täuscht etwas, denn auch beim *Randori* geht es nicht um Sieg oder Niederlage. Die beiden Judoka bilden eine choreographische Einheit mit widerstrebenden Energien. So werden über Jahre hinweg die 67 Wurftechniken, die 7 Halte-, 12 Würge- und 10 Hebeltechniken eingeübt, die Jigoro Kanos strenges Lehrsystem vorsieht. Die Würfe dominieren, weil Schläge und Tritte untersagt sind.

Zu meinem Glück hält sich die österreichische Nationalmannschaft gerade in Tokio auf, und eine der Athletinnen, Hilde Drexler, erweist sich als Exotin: eine schreibende Spitzensportlerin. Sie hat sowohl an den Olympischen Spielen als auch am Open-Mike-Wettbewerb teilgenommen, ein seltener Duathlon. Wir verabreden uns zu einem Training im Kodokan (»Halle zum Studium des Wegs«), dem 1882 von Jigoro Kano gegründeten Zentrum des Sports, seit 1958 im Tokioter Stadtteil Bunkyo untergebracht. Von hier aus wird über die Reinheitsgebote des Judo gewacht. Die Trainingshalle im achten Stock ist riesig, unter der Decke erstreckt sich eine Tribüne. Über die mehrere Basketballfelder große Matte verteilen sich Hunderte von Männern, darunter einige ältere von erstaunlicher Rüstigkeit, einige Ausländer, aber nur eine Frau: Hilde, und ein einziger blutiger Anfänger: ich. Alle üben erst einmal lautstark *ukemi*. Ich zeige Hilde das wenige, was ich schon gelernt habe. Sie führt mir die Judorolle vor. Ich setze mit dem Kopf auf – der Überschlag eines Maulwurfs. Sie bringt mir die Elemente des Bodenkampfs bei. Flach mit dem ganzen Eigengewicht auf den Gegner drücken, diesem keine Möglichkeit geben, sich zu entwinden, mit den Beinen flink dessen Aufbäumen neutralisieren. Ich versuche die Ratschläge umzusetzen. Auf einmal wird mir bewusst, dass ich auf einer Frau liege, und prompt beginne ich mir einzubilden, dass einige der Judoka uns Blicke zuwerfen. Aber Japaner sind zu höflich, um uns missbilligend anzustarren. Es ist rührend zu sehen, wie selbst die Schwarzgürtelträgerin Hilde in diesen heiligen Hallen leicht verunsichert ist und sich immer wieder vergewissert, ob wir am Rande der Halle nicht etwas Falsches machen. Als ich einmal mit nach vorn ausgestreckten Füßen auf dem Boden sitze, wie ein Kind im Sandkasten, weist mich ein älterer Herr an, mich richtig hinzusetzen. Im Kodokan werden die Regeln streng eingehalten.

Der Kopf, erzählt Hilde in einer Pause, dürfe nicht zu sehr mitspielen, das sei eine Schwäche bei ihr. Wenn sie in den *Flow* hineinkomme, arbeite sie mit dem Unbewussten, verlasse sich auf die internalisierten Abläufe. Dann gebe es Momente, in denen sie nicht wisse, ob sie geworfen habe oder geworfen wurde. Ich weiß noch nicht, ob ich gefallen bin oder Gefallen gefunden habe.

Zur nächsten Stunde hat meine Lehrerin einen Zeichenblock mitgebracht. Mit einem dicken schwarzen Filzstift, besser geeignet für die japanische Kanji-Schrift, die Kalligraphisches heraufbeschwört, als für Englisch, schreibt sie die wichtigsten Begriffe zweisprachig auf. Wenn ich zu Hause die Seiten betrachte, scheinen manche der Zeichen die Würfe nachzubilden.

Ich trainiere mit drei verschiedenen Männern: Yusuke, Dai und Katsuma. Beim Nahkampf erfährt man in der kurzen Zeit einiges über den Charakter des Partners. Der erfahrenere Dai muss niemandem mehr etwas beweisen. Er fordert mich auf, mich zu entspannen. *Randori* sei kein Gerangel, kein Kampf, korrigiert er mich, als ich mich zu sehr verbeiße, es gebe keinen Gewinner und keinen Verlierer. Als ich mich am Finger verletze, wird Yusukes Kragen blutig. Er sagt nichts, bis es mir auffällt. Ich entschuldige mich wortreich, aber er versichert mir, das sei kein Problem, abgesehen davon, dass die Wunde sofort mit einem Pflaster behandelt werden müsse. Er vermittelt den Eindruck, er habe alle Zeit der Welt, obwohl er danach ins Café eilt, wo er als Student stundenweise arbeitet.

Hilde zeigt sich zwei Tage später erfreut über meinen verbundenen Ringfinger: Dies sei das erste Zeichen, dass ich zu einem Judoka werde. Das erfüllt mich mit einem Stolz, der sich ein wenig hochstaplerisch anfühlt.

An der Universität beginnen die Studenten ihr Aufwärmprogramm mit einigen Judorollen. Ich werfe mich wagemutig auf den Boden, um nicht gleich zu Beginn meine Schwächen zu offenbaren. Nach der dritten Rolle wird mir schwindlig, und ich knalle gegen eine Jalousie. Was folgt, lähmt mich vollends. Aus der Judorolle geht es in den Spagat. Aus dem Spagat in den Handstand. Im Handstand wird über die Länge der Halle gewandert. Ich nehme mir staunend eine Auszeit.

Beim *Randori* paart man mich mit einem Studenten, der mir

an Größe ebenbürtig und an Kraft überlegen ist. Er lässt es zu, dass ich ihn mit beiden Händen zu fassen bekomme. Doch so sehr ich mich bemühe, ihn mit den vier mir geläufigen Techniken zu werfen, er bohrt seine Beine in die Matte und lässt sich nicht aus dem Gleichgewicht bringen. Wie ein japanisches Sprichwort sagt: Tiefe Bäume sind schwer zu entwurzeln (zumindest sollte es dieses Sprichwort geben).

Der spät eintreffende Trainer begrüßt mich so akzentfrei auf Deutsch, dass ich ihn in der Annahme, er beherrsche die Sprache, gleich mit einem Wortschwall überfordere. Er holt sein mit der deutschen Fahne bezogenes Portemonnaie aus der Hosentasche, doch jenseits einfacher Floskeln herrscht leider Sprachlosigkeit. Er ist ein pummeliger Mann in meinem Alter, der eher wie ein Vertreter für Küchengeräte aussieht und freundlich-gemütlich am Mattenrand steht. Doch wenn er den Studenten eine Technik zeigt, verwandelt er sich in einen Blitz, dessen Bewegung mit dem bloßen Auge kaum nachzuvollziehen ist.

Gegen Ende des Trainings bitten mich die Studenten, ihnen etwas über mein Projekt und meine Sicht auf Judo zu erzählen. So eine Einladung erhalte ich zum ersten und einzigen Mal bei der Recherche zu diesem Buch. Wir fersenhocken uns gegenüber, ich berichte, sie hören zu. Schweigend, unwillig, sich mit einer Frage aus der Deckung zu trauen, so wie auch die Studenten und Studentinnen bei meinen anderen Vorträgen in Japan. Aber sie scheinen sehr aufmerksam zuzuhören.

Zurück in Wien lädt Hilde mich ein, im merkwürdig benannten Café & Co Samurai Klub zu trainieren, bei der Trainerlegende Hubert. Hupo, wie er von seinen Athletinnen genannt wird, ist ein sechzigjähriger Oberösterreicher, der genauso viel Erfahrung wie Temperament besitzt und offenbar seine Sportler gelegentlich an den Ohrwascheln zieht (im übertragenen Sinn natürlich), zumindest bringt er mir das Wort bei, noch bevor wir in die beeindruckend klare Deklination japanischer Techniken einsteigen. Hubert versteht es, komplexe Zusammenhänge auf einen verständlichen Punkt zu bringen, die Grammatik des Judo zu vermitteln. Er zeigt mir, wie eine Vielzahl von Würfen auf einem Stammwurf basiert, er buchstabiert die Variationen aus. So wie er es vermittelt, ist Judo eine Sprache der logisch-kausalen Zusammenhänge, inklusive einiger unregelmäßiger Tricks, die er mir mit besonderem Gusto vorführt: wie man sein Bein stehen lässt, in Erwartung des Fußfegers, der ins Leere geht, weil man den eigenen Fuß in einer rasanten kleinen Bewegung zurück- und dann in einem Bogen vorschnellen lässt, und so den anderen von den Beinen holt. Einmal legt er sich auf den Boden und zeigt mir, wie er einen auf ihm liegenden Körper (in diesem Fall meinen) mit schnellen, geradezu antizipatorischen Bewegungen seiner Beine, doch mit geringem Kraftaufwand, einsperren kann. Egal, was ich versuche, ich entkomme diesem oberösterreichischen Beingefängnis nicht. Nach dem zweistündigen Training bin ich erschöpft. Wie Ringen ist auch Judo weitaus anstrengender, als ein Außenstehender vermuten würde. Meine obere linke Schulter und der rechte kleine Zeh tun weh; dazwischen ganz viel neu gewonnene Lust. Ich bin auf dem besten Weg zu meinem ersten Gürtel.

■ Taekwondo in Zürich

Taek-won-do bedeutet »Fuß« – »Faust« – »Weg«. Weil ich meine Füße nicht gen Himmel richten kann, fokussiere ich mich auf den Weg. Auf die Prinzipien des Taekwondo: Höflichkeit, Integrität, Durchhaltevermögen, Selbstdisziplin, Unbezwingbarkeit. Sie hängen als kalligraphische Leitbilder auf Koreanisch und Deutsch an der Wand eines Züricher Dojangs. Am Eingang werden die Schuhe ausgezogen, die Füße gewaschen. Bevor man den Trainingsraum betritt, verbeugt man sich, wie beim Judo. »Die Verbeugung«, sagt mein Trainer Pascal, so alt wie ich und von bewundernswert aufrechter Körperhaltung, »ist nicht eine Geste der Unterwerfung, sondern des Respekts, gegenüber der Tradition, der Form, und auch Ausdruck der Bereitschaft, sich diesem Weg ganz und gar zu verschreiben.«

Das heutige Taekwondo wurde erst 1955 von einem koreanischen General kodifiziert, es basiert aber auf zweitausend Jahre alten Kampftechniken, vor allem was die Tritte betrifft. Die Hand- und Armstöße verdanken sich teilweise dem Einfluss des japanischen Karate, Folge der Okkupation Koreas durch Japan zwischen 1905 und 1945. Die Begründer des Taekwondo, die sich in der Unabhängigkeitsbewegung engagierten, übernahmen kulturelle Techniken der verhassten Besatzer.

Der Begriff Kampfsportart sei irreführend, erklärt mir Pascal zu Beginn, es handele sich eher um eine Formenlehre menschlicher Einstellungen und Bewegungen. Gewalt gegenüber einem anderen sei dabei nur die letzte Instanz, die es eigentlich zu vermeiden gälte. Insofern liegt eine besondere, unauflösbare Ironie darin, dass just Kyorugi, der kämpferische Vollkontakt, olympisch ist. Bei Olympia wird also nur eine, zudem nicht einmal zentrale Facette des Sports sichtbar. Das ist zwar nachvollziehbar – die Qualität von innerer und äußerer Haltung ist schwer messbar –, aber auch bedauerlich, weil der kulturelle Reichtum dieser Sportart nicht aufscheint.

Wir starten mit der »Grundschule«, einer Einführung in die Techniken ohne Gegner, dafür mit Spiegel (noch gnadenloser). Fauststöße aus der Schulter heraus, der Unterarm dreht sich kurz vor dem imaginären Treffpunkt, wie beim Karate. Die geringsten Schwierigkeiten bereitet mir dabei der *Gihap* (kurz: *Gi*), der Schrei, der jeden Stoß oder Tritt akustisch begleitet. Er muss eruptiv aus den Tiefen des Bauchs herausplatzen; fiepsige, piepsige Laute sind unangebracht. Pascal ist mit meinem Urschrei sehr zufrieden. Wenigstens das habe ich den meisten Anfängern voraus. Bei den Tritten gibt es eine erstaunliche Vielfalt – von vorn, nach hinten, seitlich, mit dem Fußballen oder Spann, von innen nach außen sowie von außen nach innen – theoretisch faszinierend, praktisch für mich jedoch unerreichbar, weil ich zu meinem Leidwesen mein Bein nicht einmal zu einem rechten Winkel hochbringe, während Pascal beinahe ein Standspagat gelingt. Bald schmerzt die Hüfte. Meine Unbeweglichkeit sei normal, sagt Pascal, wegen des langen Sitzens erstarrt unsere Hüfte in Laufe der Jahre. Es gebe spezifische Dehnübungen, die ich täglich machen solle. Das Ziel wären jene fließenden, gleitenden Bewegungen von enormer Geschwindigkeit zu einer mir unbekannten Choreographie, bei denen ich eine Gruppe von fortgeschrittenen Schülern später am Tag beobachten kann. Es wirkt so, als schwebten sie über dem Mattenboden, die Drehungen wie Pirouetten. »Sport ist wie Schach« war die häufigste Analogie in den Gesprächen mit meinen Trainern, aber schon an zweiter Stelle folgt der Vergleich mit dem Ballett.

Um sich gegen Stöße und Tritte zu wehren, gibt es eine breite Palette an Blocktechniken. Der Körper wird unterteilt in Kopf und Hals, Oberkörper und Unterleib, wobei Schläge auf diese Partie nicht erlaubt sind. Stöße an die Brust und den Bauch zählen weniger als Kopftreffer, weil Letztere schwieriger zu landen sind. Geblockt wird mit dem Knie, dem Unterarm oder der Handkante. Zuerst verteidigt man sich, besonders den Kopf, den es zu schützen gilt, dann erst setzt man einen Gegenangriff. Eigentlich ist Aggression nicht erlaubt. Als ich in einem Prüfungsdokument auf eine Definition von Notwehr stoße, kommen Erinnerungen an das Jurastudium auf. Allerdings wird man, eine weitere Ironie, im Wettkampf verwarnt, wenn man »kampfflüchtig« wird oder sich zu passiv verhält.

Beim »Formenlauf«, einer weiteren Übung, werden Techniken und Schritte aneinandergereiht und einstudiert, wiederum mit imaginiertem Gegner. Beim Gruppentraining, dessen Zeuge ich an einem meiner Tage im Dojang werde, ruft eine junge Trainerin die koreanischen Namen der geforderten Stöße und Tritte, die Schüler führen diese aus. Im direkten Vergleich erkennt sogar ein Anfänger wie ich die Unterschiedlichkeit in der Präzision sowie den ästhetischen Reiz der Ausführung. Der Formenlauf zielt auf die Internalisierung von Abfolgen, von Aktionen und Reaktionen. »Wer erst einmal nachdenken muss«, sagt Pascal, »der hat schon verloren.« Es gehe darum, mit antrainiertem Instinkt die Schwächen des Gegners wahrzunehmen, aus dem Bauch heraus, ein Frühwarnsystem seiner Angriffspläne zu entwickeln, automatisch die richtige Antwort zu finden.

Der »Bruchtest« ist ein integraler, zentraler Teil des traditionellen Taekwondo. Ich habe geglaubt, das Zerschlagen von Holz oder Ziegelsteinen sei eine Kung-Fu-Zirkusnummer, aber Pascal belehrt mich eines Besseren. Es brauche enorme Konzentration und Entscheidungskraft, um den Schlag mit maximaler Geschwindigkeit auszuführen, insofern stehe die eigene Befähigung auf dem Prüfstand. »Wenn du auch nur den leisesten Zweifel hast«, sagt er, »wird deine Hand oder dein Fuß kurz vor dem Impact langsamer werden. Dann wirst du dir erst recht weh tun.« Die ursprüngliche Idee war es wohl, die Wucht der Stöße und Tritte zu zeigen. Eleganz und Dynamik der Bewegung vermitteln wenig von der gebündelten Kraft dahinter. Nach einem gut getimten Tritt des Gegners sei man trotz des Kopfschutzes benommen. Der Bruchtest ist somit nicht nur eine Prüfung (für die Erlangung selbst des weißen Gürtels erforderlich), sondern auch eine Demonstration. Eine erfolgreiche – in den 1950er Jahren verfügte der koreanische Präsident nach einem Dachziegel-Bruchtest die Einführung von Taekwondo-Training in die militärische Ausbildung. Pascal erzählt mir von seinem Lehrer, der bei einer Schwarzgurtfortbildung einen Kieselstein zerschlagen wollte. Immer wieder versuchte er es, sammelte sich, konzentrierte sich, legte alles in den Stoß, bis die Hand ganz blau und geschwollen war. Aber er gab nicht auf. Erst beim gefühlten vierzigsten Versuch klappte es. »Und die Hand?«, frage ich. Die sei zwar lädiert gewesen, aber er habe keine bleibenden Schäden davongetragen. Zum Ehrgefühl im Taekwondo gehört auch eine Vorstellung von Härte, vor allem gegenüber sich selbst. Pascal moniert, dass viele Kämpfer nach einem erfolgreichen Tritt des Gegners die Hand heben, um eine Pause zu fordern, in der sie sich behandeln lassen können. Das sei eines Kämpfers nicht würdig.

Bei Pascal spürt man, dass ein Leben mit Taekwondo eine lange Reise mit täglichen Prüfungen ist, auf der Bequemlichkeit sowie Selbstzufriedenheit fehl am Platz sind. Von den vielen jungen Leuten, die mit Taekwondo anfangen, blieben laut Pascal über die Jahre nur wenige bei diesem Sport. Die Schulung des Geistes, des Durchhaltevermögens und der Selbstdisziplin wie auch die vielen erlebten Enttäuschungen und Niederlagen sind schwere Prüfungen. Die wenigsten könnten auf Dauer damit umgehen. Viele gäben auf, bevor sie den Weg richtig eingeschlagen haben.

IM SATTEL

Das Fahrrad und das Pferd sind des Sportlers beste Freunde. Gewissermaßen ist das Fahrrad die Anpassung des Pferdes an die Moderne. Anstatt es als Drahtesel zu verunglimpfen, sollte man es als Karbonhengst feiern. Natur und Kultur treffen sich in der Mitte. Es gibt einige Gemeinsamkeiten, nicht nur den Sattel. Ein Sportpferd kostet in etwa so viel wie ein gutes Rennrad. Beide sollte man regelmäßig putzen. Und obwohl man sitzt, muss man sich ziemlich anstrengen. Nur kann man dem einen gut zureden.

■ Radfahren

> *Die Suche nach der Trance, um die Monotonie zu überwinden.*
>
> Anonym

Das Jahr des Rads beginnt auf einem Ergometer im Fitnesscenter der Queen Mary University. Ich bin umgeben von Zwanzigjährigen, die sich über Barthes und Arsenal London unterhalten, während ihnen der Schweiß von der Stirn tropft. Ich radele eine gute Stunde so hart ich kann. Beim Absteigen knicken meine Beine ein, ich klammere mich am Lenker fest. Wie demütigend. Wie vor Jahren beim Spinning. Was als Schnuppertraining affichiert war, erwies sich als neumodische Erfindung von Sadisten für Masochisten (eingetragenes Trademark von Mad Dogg Athletics), als Härteprüfung, nach der ich weder gehen noch denken konnte. Und doch sitze ich am nächsten Tag wieder auf dem harten Sattel, um mich abzustrampeln, ohne voranzukommen.

Radfahren wäre eine prima Sportart, gäbe es den Sattel nicht. Ich hege keine Ressentiments gegen den Sattel, im Gegenteil, er ist ein schönes Objekt, eines, das kultisch verehrt werden könnte, würde der Mensch mit dem Hintern denken. Wie kaum ein anderes Sportgerät eignet sich der Sattel dazu, maßgeschneidert (besser gesagt: maßgehobelt) zu werden, siehe etwa das Angebot der englischen Firma B1866. Beim ersten Training schmerzt der Hintern nach einer halben Stunde, trotz Fahrradhosen. Beim zweiten Training ziehe ich zusätzlich eine gepolsterte Unterhose an, die Schmerzen setzen gnädigerweise erst nach einer Dreiviertelstunde ein. Zu diesem Zeitpunkt kann ich mir nicht vorstellen, dass ich in wenigen Wochen stundenlang im Sattel ausharren werde.

Schon in der zweiten Woche beginne ich, gierig nach schnellen Fortschritten, mit HIIT: Intervalle von je einer Minute bei fast hundertprozentiger Intensität (ca. dreihundertfünfzig Watt), eine Minute Erholungspause, acht bis zwölf Wiederholungen. Drei solche Trainingseinheiten die Woche seien angeblich wirkungsvoller als fünf konventionelle. Bestens geeignet für Menschen, die wenig Zeit haben (ich muss noch ins British Museum). Durch die gesteigerte Anstrengung werden mehr Mitochondrien produziert, jene mikroskopischen Kraftspender, die den Muskeln erlauben, Sauerstoff in Energie zu verwandeln, besonders zahlreich vorhanden in den Zellen des Herzens.

Von Anfang an arbeite ich weniger an meiner Kondition als an einer Strategie zur Bekämpfung der Langeweile. Da ein zeitgenössisches Wattbike in etwa so viele Messdaten anzeigt wie ein Jumbojet, starre ich auf die vielen Ziffern vor meiner Nase wie auf die Eingeweide meines inneren Schweinehunds, lenke mich von der ewigen Wiederholung des ewig Gleichen ab mit regelmäßigen Blicken auf die momentane Geschwindigkeit, auf die absolvierte Strecke, auf die Wattzahl, auf den Puls, auf die Durchschnittsgeschwindigkeit, auf die verbrauchten Kalorien, auf die vergangene Zeit, auf die verbleibende Zeit. Jede runde Zahl motiviert mich. Ich rechne mir aus, wie lange es noch dauert, bis ich zwanzig, fünfundzwanzig, dreißig Kilometer hinter mich gebracht haben werde, ich vergleiche das Tagestempo mit dem Archiv der bisherigen Leistungen. Ich wechsle die Griffhaltungen im Minutentakt, mal vorn, mal seitwärts, der Oberkörper mal gebeugt, mal aufrecht. Aber die Langeweile lässt sich nicht bannen. Die simulierte Situation entfremdet einen von der Bewegung. Der Pulsmesser behauptet zwar, das eigene Herz schlage schnell und schneller, aber da ich nicht vom Fleck komme, keinen Fahrtwind spüre und nichts anderes im Blick habe als den ausdrucksstarken Hintern eines indischen Studenten am Stepper, fällt es mir schwer, den Angaben zu glauben. Zwingender erscheinen mir die Einwände der Muskeln, die Proteste des Steißes.

Rettung in höchster Langeweile bietet die Musik. Der Trost aller Ausdauersportler. Das iPod auf Zufall gestellt. Gegen Ende einer Trainingseinheit erklingt das Sextett aus dem 1. Akt von »Così fan tutte«, *Alla bella Despinetta*. Auf einmal rolle ich auf meinem Fahrrad, einem betörend schicken Rad, in ein Velodrom hinein, auf den Rängen lauter Kostümierte, wie beim venezianischen Karneval. Ihre winkenden Hände gehen in Blüten auf, die ganze Tribüne erblüht. Sie jubeln nicht mir zu, sie sind per se euphorisch. Ich richte mich auf, absolviere die letzte Runde, die beglückendste, frei von Verpflichtung und Verantwortung, die Ehrenrunde.

Auf der Bahn

Der Weg zum olympischen Velodrom in Stratford, London, führt durch ein gewaltiges Einkaufszentrum namens Westfield, in dem man sich auf der Suche nach einem Ausgang in Richtung Sportstätte leicht verirren könnte. Der Konsum, der den Besuchern akustisch und visuell einmassiert wird, ist wesentlich, Sport und Transport nebensächlich. Fast drei Jahre nach den Olympischen Spielen ist das Areal teilweise immer noch eine Baustelle, laut einem gelben Werbebanner entsteht hier ein internationales Viertel, *London's Healthiest Business District Coming Soon*. Kaum tritt man aus dem Shopping Center, wird man von einem Gerüst mit weithin sichtbarer Leuchtschrift empfangen: A PLACE BEYOND BELIEF. Anscheinend ein doppelsinniges Kunstwerk. Während man in den Einkaufshallen vor lauter ambitionierten Shoppern kaum durch die Gänge gelangt, sind die Straßen fast menschenleer. Nachts wirkt das Gelände angesichts der wenigen belebten Fenster noch trostloser.

Doch dann, hinter einem Bauzaun, eine Offenbarung. Einer der schönsten Bauten der Welt. Ein geschwungener Lockruf. Eine futuristische Vision aus Holz, dem natürlichsten aller Materialien, genauer gesagt aus den Stämmen des Riesenlebensbaums, *Thuja plicata*, rotbraun, mit geraden Fasern. Hier ist die Essenz des Bahnradsports – Eleganz, Rasanz – nach außen gekehrt, zu einer bezwingenden Form. An der Rezeption unterschreibe ich als Erstes, dass ich einen möglichen Genickbruch auf den eigenen Helm nehmen werde.

Das Prinzip ist denkbar einfach: Fahren Sie möglichst nahe an den Rennfahrer vor Ihnen auf, obwohl Sie keine Bremsen haben, obwohl weder der Rennfahrer vor Ihnen noch der Rennfahrer hinter Ihnen auf dieser schnellen und steilen Bahn Bremsen hat, Sie also nur ausweichen können, nach oben oder nach unten, dabei eiligst über Ihre Schultern schauen müssen, ob nicht derjenige, der knapp hinter Ihnen fährt, gerade auch überholen bzw. ausweichen will, was zudem dadurch erschwert wird, dass neben Ihnen manchmal auch jemand fährt, nicht selten sogar auf beiden Seiten. Bahnradfahren wäre ganz einfach, wenn alle auf der Bahn eine konstante Geschwindigkeit halten würden. Bahnradfahren wäre ein Kinderspiel, wenn Kommunikation immer funktionieren würde. Es braucht ein waches Auge und eine starke Stimme. Als Anfänger befindet man sich mit den Fahrern vor, hinter und neben einem in einem ständigen Gespräch. Und dies auf der schnellsten Bahn der Welt, wie die Trainer gern und unermüdlich wiederholen.

Das Schwierigste sei das Aufsitzen, sagt der Trainer zu Beginn mit britischem Humor. Tatsächlich, das Besteigen des Bahnrads ist eine wacklige Angelegenheit. Das Losfahren auch. Das wendige Bahnrad fühlt sich an wie eine Persiflage des stabileren Straßenrads. Zu Beginn zweifle ich daran, dass ich überhaupt Fahrradfahren kann. Es dauert eine Weile, bis ich mich daran gewöhnt habe, ohne Bremsen und Schaltung zu radeln. Der starre

Gang bedingt, dass permanent in die Pedale getreten werden muss. Bei einer der Übungen fliegt ein junger, ungestümer Radler über den Lenker seines Bahnrads hinweg. Halb verschmitzt, halb besorgt erinnert uns der Trainer daran, im Ziel nicht mit dem Treten aufzuhören, wie wir es von der Straße gewohnt seien, sondern die Pedale laufen zu lassen – *soft pedaling*, wie er es nennt –, also ohne Druck. Als ob die Füße Schatten der Pedale sind.

In einer Gruppe von etwa zwanzig Neugierigen, die meisten von ihnen offensichtlich gestählte Straßenradler, übe ich, Linie und Tempo zu halten. Wir werden aufgefordert, die Hände auf den Unterlenker zu setzen, kaum dass wir den Sicherheitsbereich verlassen, auf die flache, hellblaue Fläche namens *Côte d'Azur*, bevor wir auf die schwarze Linie (die Messlinie, eine auf ihr absolvierte Runde auf dieser Bahn ist genau zweihundertfünfzig Meter lang) und schließlich auf die rote Linie hinauffahren. Erst nach einer halben Stunde wagen wir uns zur blauen Linie hinauf, mitten auf der Neigung, die um einiges steiler ist, als es im Fernsehen den Anschein hat. Es dauert eine nervöse Weile, bis ich den betörenden Klang surrender Räder und knirschenden Holzes wahrnehmen kann.

Kurz vor dem Ende der ersten Trainingseinheit wagen wir uns an den oberen Rand der Bahn heran. »Stark durchtreten«, sagt der Trainer, »und entspannt bleiben. Wenn nötig, könnt ihr euch leicht gegen den Hang neigen.«

Hinauf.

Das geht nicht gut, schreit das Herz.

Wenn's doch bei den anderen funktioniert, widerspricht das Hirn.

Nach unten zu schauen wäre unvernünftig, wie der Blick in

den Abgrund von einer Hängebrücke aus. Ungläubiges Staunen, dass ich nicht abstürze. Erleichterung, wieder hinabfahren zu können. Es ist, wie vielleicht schon erwähnt, viel steiler als erwartet. Je nach Kurvenbeschaffenheit kann die Neigung zwischen dreißig und sechzig Grad betragen. Bei höheren Geschwindigkeiten müssen die Fahrer die Fliehkräfte, die nach außen wirken, ausgleichen und sich nach innen neigen.

Zum Abschluss üben wir Führungswechsel. Der vorderste Fahrer muss in einer direkten Linie hochfahren, die Dauer der Kurve oben bleiben, damit die anderen Fahrer an ihm vorbeifahren können, bevor er sich hinten anschließt. Wie fast alle versage auch ich bei meinem ersten Versuch, weil ich nur die Hälfte der Neigung erklimme. Die ganze Gerade lang fahre ich neben den anderen her wie ein verbanntes Sektenmitglied, bevor ich in der nächsten Kurve meinen Platz am Ende der Gruppe einnehmen kann.

Bahnradfahren in einer Kohorte oder Horde (je nach Auffassung) von Anfängern ist eine faszinierende Übung in Selbstorganisation bei erhöhter Geschwindigkeit. Die Anweisungen des Trainers sind spärlich, der theoretische Rahmen nur vage skizziert, wir sind gezwungen, uns auf fremdem Terrain zurechtzufinden, uns untereinander zu verständigen, unsere offensichtlichen Schwächen zu berücksichtigen, unseren Lernprozess zu vergemeinschaftlichen. Das meiste entwickelt sich aus der Gruppendynamik heraus. Was nützt es dem Einzelnen, als Einziger auf der Bahn gerade oder gleichmäßig radeln zu können? Im olympischen Velodrom fahren wir alle im Windschatten einer spezifischen Schwarmintelligenz.

Die Kunst des Bahnradfahrens erlernt man in London in mehreren *stages*, die nacheinander zu bestehen sind. Die Komplexität der Aufgaben nimmt rapide zu, besonders von *stage 2* zu *stage 3*. Zudem gibt es nur wenige (teure) Möglichkeiten, in der Zwischenzeit zu üben. Während der zweiten Stufe üben wir Slalom, fahren in einer Linie, zwei bis drei Fahrradlängen voneinander entfernt, während der jeweils Letzte sich durch die Lücken hindurchschlängeln muss. Es ist, als würde ein Orang-Utan Ziehharmonika spielen, so willkürlich zieht es uns auseinander, drückt es uns zusammen. Mit zu viel Tempo schieße ich durch die erste Lücke, die zweite Lücke liegt hinter mir, ich lasse mich zurückfallen, ich finde keinen Rhythmus. Ohne sichtbaren Grund hat sich der Abstand zwischen den hinteren Fahrern verringert. »*Gap please*«, rufe ich verzweifelt aus. Zweimal schramme ich nur um Zentimeter an einem Hinterrad vorbei. Bizarre Fluktuationen wie im Straßenverkehr. In meinem Kopf trommelt das Mantra des Trainers – »*observation, communication*« –, rein, raus, denke ich, »*going up*«, schreie ich, »*going down*«. Geschafft. Der Trainer schüttelt den Kopf, schimpft uns aus. Der Genius Loci scheint hohe Erwartungen zu wecken.

Nach einer Stunde, als wir eine fünfminütige Pause einlegen dürfen, stolzieren alle entspannt zu den Schalensitzen. Ich lasse mir nicht anmerken, wie ausgelaugt ich bin. Nach der zweiten Stunde drängen sich alle in den Fahrstuhl, anstatt die wenigen Stufen zu den Umkleidekabinen hinaufzusteigen. Ein durchtrainierter Hüne bringt es auf den geständigen Punkt: »Nach der ersten Stunde dachte ich, das halt ich nicht durch.« Worauf ein Recke erwidert: »Was dich rettet, sind die Schnaufer zwischendurch, wenn du am Hinterrad des anderen klebst.«

Bei den Sprints haben wir die Zugkraft des Windschattens erfahren. Man muss sich nur hinten festkrallen, der Rest geht fast von allein. Man fährt auf Pump, kräfteschonend. Wenn aber der Vordermann hinaufsteigt, um sich hinten wieder einzureihen, wird einem die Rechnung mit einem Schlag präsentiert. Auf einmal hält ein Steuereintreiber das Hinterrad fest und verlangt Nachzahlung. Wer nichts aufgespart hat, geht ein. Es ist mühsam, die Lokomotive zu spielen. Wenn man nach hinten durchgereicht wird, wenn man den Kontakt zu dem Vordermann verliert, ist es schwer, wieder aufzuschließen. Und schafft man es doch, merkt man umgehend, dass man zu viel Kraft investiert hat. Bald kurvt man oberhalb der blauen Linie (einer Art neutralen Zone im Training), nur mehr durchschnaufender Beobachter.

Sprint ist eine Ekstase, die von der eigenen Erschöpfung überholt wird. Die Trainerin bläst in die Trillerpfeife, wir beschleunigen volle Pulle auf über fünfzig Stundenkilometer. Die schwarze Linie beginnt zu verschwimmen, der Geschwindigkeitsrausch setzt ein, dauert eine halbe Minute, bis der Körper Alarm schlägt und das Vergnügen ein jähes Ende findet.

An *stage 3* scheitere ich mit Karacho. Zu fünft sollen wir nebeneinander fahren, die Entfernung zwischen den Ellbogen gerade einmal zehn Zentimeter. Die Position wechseln. Als ich unkontrolliert ausschere, reiße ich meinen Nebenmann fast vom Rad. Auf einmal wird mir bewusst, dass die anderen einen größeren Abstand zu mir halten als untereinander. Ich bin der Leprakranke unter ihnen. Das mühsam angeeignete Gefühl der Sicherheit verfliegt. An dem einzigen Sturz des Tages bin ich aber unbeteiligt. Trotz blutig aufgeschürfter Beine fährt der Jugendliche weiter. Nachher sitzen wir im Halbkreis zusammen und hören die erste von gewiss vielen Versionen über seinen spektakulären Sturz. Der junge Mann schmückt sich mit seinem kleinen Unglück. Ein Sturz – es kommt beim Bahnradfahren zu vielen

Stürzen – muss nicht immer ein Nachteil sein; er bietet dem Sportler die Gelegenheit, über sich selbst hinauszuwachsen. Der gestürzte Fahrer darf zur nächsten Stufe aufsteigen. Mir hingegen rät die Trainerin, erst einmal zu üben, viel zu üben, bevor ich mich erneut zur *stage 3* anmelde.

Jede Bahn hat ihren eigenen Charakter. Die in Wien unterscheidet sich erheblich von jener in London. Im Ferry-Dusika-Stadion ist das Holz abgenutzt, an einigen Stellen ramponiert. Hier wurden nicht lange dünne Streifen der kostbaren sibirischen Fichte verwendet, sondern heimische Birne. Die Kurven sind länger, die Geraden kürzer. Die schwarzen, roten, blauen Linien sind lackiert, daher rutschig. Das Vorderrad eiert, wenn man direkt auf der Linie fährt. Dafür ist das Stadion belebter als das sterile Velodrom zu London, wie das Wohnzimmer einer unternehmungslustigen Großfamilie (im Innenraum tummeln sich Turner und Leichtathleten, in Gängen und Kabinen sind seit dem Sommer 2015 Flüchtlinge untergebracht).

Ich werde betreut von Roland, dem österreichischen Nationaltrainer, früher der Erwachsenen, heute der Junioren, einem jener wundersamen Coaches, die schlechte Luft ein- und Enthusiasmus ausatmen, weswegen die Zahl der lizensierten Jugendlichen unter seiner Ägide von einem Einzigen auf fast drei Dutzend angewachsen ist.

Meist fahren wir zu zweit, hintereinander, nebeneinander. Meine Zuversicht kehrt zurück, zumal Roland gerne dem Lob zuspricht. Beim Aufwärmen frage ich ihn, wieso stets links herum gefahren werde (moslemische Pilger umrunden die Kaaba gegen den Uhrzeigersinn, bei Hindus und Buddhisten bleibt das Heiligtum zu ihrer Rechten). Roland spricht von seiner Erfahrung, dass sich Kinder bei Linkskurven leichter täten. Das hänge vielleicht mit der Lage des Herzens leicht links im Körper zusammen. Auch auf der Straße, bei Kriterien oder Rundstreckenrennen, gehe es gegen den Uhrzeigersinn. Er selbst sei mit seinen Sportlern gelegentlich rechts herum gefahren, eine schwierige Übung, selbst für einen wie ihn, der in seinem Leben schon über hunderttausend Runden auf der Bahn absolviert habe.

Die Rennen

Früher gab es auf der Bahn mehr olympische Wettkämpfe, inzwischen werden als Einzeldisziplinen nur noch der Sprint, Keirin und die Vielseitigkeitsprüfung Omnium ausgetragen. Beim Omnium, das sich über zwei Tage hinzieht und aus sechs Prüfungen besteht, sind meine Möglichkeiten begrenzt, weil einige der Disziplinen ihren Reiz in der Konkurrenz zu anderen Fahrern entfalten. Und niemand auf der Bahn fahre auf meinem Niveau, meint Roland verschmitzt.

Der Sprint

Der Sprint ist ein Duell. Mann gegen Mann, Frau gegen Frau. Zunächst umlauern sich die beiden, warten auf einen vermeintlichen Moment der Unachtsamkeit, bis einer der beiden zustößt, in der Hoffnung, den Vorsprung ins Ziel zu retten. Der andere lässt absichtlich ein »Sprinterloch« von mehreren Metern aufreißen, um sich mit einem Kraftaufwand anzusaugen und durch die beschleunigende Wirkung des Windschattens am Gegner vorbeizuziehen. Weil ich ihn nicht herausfordere, kann ich das Belauern mit Roland zwar simulieren, nicht aber wirklich erfahren; vor allem nicht die taktischen Spielchen, die sich bei jedem Rennen unterschiedlich gestalten. Roland schlägt vor, dass ich wie bei der Qualifikation sprinte, allein gegen die Uhr, eine »fliegende Runde«. Er macht es mir vor. Auf der erste Runde nehmen wir Fahrt auf, steigen hinauf, auf der zweiten erreichen wir den oberen Rand der Bahn, beschleunigen in der Kurve, gehen in der Geraden aus dem Sattel, beschleunigen noch mehr, schießen nach unten und treten so hart wir können, eine Runde lang. Ich muss mich überwinden, ganz nach oben zu fahren, ich muss mich überwinden, oben aus dem Sattel zu steigen, ich muss mich überwinden, steil nach unten zu schießen. Die Überwindung gelingt nur zum Teil. Trotzdem spüre ich einen Hauch von Ekstase: Im Rausch der Geschwindigkeit lehne ich mich aus der offenen Tür eines Zuges in Bombay, springe mit dem Fallschirm über den Fox-Gletscher in Neuseeland. Kopf nach vorn beugen. Pumpen. Hektisches Atmen. Das Rad wackelt, die schwarze Linie vor mir flimmert. Die Unterarme verkrampfen sich. Für die Oberschenkel verstreichen die Sekunden in Zeitlupe. Im Ziel habe ich das Gefühl, nicht alles gegeben zu haben, obwohl nicht mehr drin war.

An manchen Tagen teilen wir uns die Halle mit der tschechischen Nationalmannschaft. Die Fahrer sind eher gedrungen, ihre Oberschenkel wie die Kolben eines Lastwagens und fast genauso schnell, erreichen sie doch Geschwindigkeiten um die siebzig Stundenkilometer. Solche Oberschenkel möchte man nicht besitzen; wie werden die bloß durchblutet? Ich beobachte einen der Tschechen bei einem Stehversuch. Das Rad steht quer zur Neigung, der Fahrer wirkt wie ein Raubtier, alle Muskeln angespannt.

Gelegentlich wirft er das Lenkrad zur Seite, um die Balance zu halten. Als ich es versuche, kann ich mich keine zehn Sekunden halten. Es ist unglaublich anstrengend. »Die Kräfte, die du beim Stehversuch verbrauchst«, erklärt Roland, »fehlen dir am Ende beim Sprint. Du musst dir gut überlegen, was dir die bessere Ausgangsposition (die hintere, wegen Windschatten und Übersicht) wert ist.« Der Tscheche hält die Position minutenlang. Es geht noch länger, viel länger. Legendär ist ein Stehversuch zweier Italiener aus dem Jahre 1968, beim Halbfinale der italienischen Meisterschaft: Sowohl Sergio Bianchetto als auch Giovanni Pettenella weigerten sich vorauszufahren. Das Rennen endete, als Bianchetto ausgelaugt und dehydriert vom Rad fiel. Nach über einer Stunde! Gerne hätte ich diesen Stehversuch live im Radio übertragen.

Der Olympiasieger: 10,31 Sekunden. Ich: 16,53 Sekunden.
(Gemessen werden die letzten 200 Meter.)

Omnium

Am ersten Tag:
1. Sprint 250 Meter mit fliegendem Start
Wie oben beschrieben.

Der Olympiasieger: 13,24 Sekunden. Ich: 20,94 Sekunden.
(Gemessen werden die letzten 250 Meter.)

2. 30 km Punktefahren
Diese Disziplin konnte ich nicht nachstellen, da es mir an Gegnern fehlte. Das Reglement ist verwirrend, die Übersicht schwer

zu behalten, alle zehn Runden wird zu einem Sprint geladen, der bewertet wird, und wer das Feld überrundet, erhält weitere Punkte.

3. Ausscheidungsfahren

»Ich werde den Pulk verkörpern«, schlägt Roland vor. »Ich werde so schnell fahren, dass du fast am Limit bist. Alle zwei Runden musst du mich übersprinten. Wenn du es nicht schaffst, scheidest du aus.« Zu zweit drehen wir unsere Runden. Roland kündigt die anstehenden Sprints lauthals an. Auf den ersten Runden löse ich mich spielerisch auf der Gegengerade aus seinem Windschatten, führe schon in der Kurve, überquere die Ziellinie mit klarem Vorsprung. »Teil dir die Kräfte ein«, ruft mir Roland zu. Jeder Sprint ist ein großer Schluck aus meiner inneren Energieflasche. Bald schon überhole ich Roland erst in der Kurve, fahre trotz der Sturzgefahr möglichst nahe an ihn heran, um jeden Zentimeter Strecke zu sparen. Er überholt mich sofort wieder und forciert das Tempo. Ich muss beißen, um mich an sein Hinterrad anzuhängen. Sein Rad verschwimmt mit der schwarzen Linie zu einem impressionistischen Gemälde. Die Oberschenkel fühlen sich an wie Joghurt. Ich beschleunige kurz vor der Linie, gerade rechtzeitig. »Nur noch ein Sprint«, motiviert mich Roland. Sein Hinterrad ist mir Freund und Feind zugleich. Ich kann ihn nicht überholen, ausgeschlossen. Letzte Kurve. Der Schmerz des finalen Sprints, ich schreie auf, als ich den Lenker instinktiv nach vorn schiebe. Das Rad gerät ins Trudeln, ich benötige eine halbe Runde, um mich und das Rad wieder unter Kontrolle zu bringen. »Vom Kopf her bist du stark«, kommentiert Roland wohlwollend. »Jetzt brauchen wir nur noch starke Beine. Und du müsstest achtzehn sein, dann wär noch was drin.« Ich fasse das als Kompliment auf. Wir fahren eine Weile langsam aus, die Regenerierung erfolgt besser bei leicht erhöhtem Puls und bedächtiger Bewegung. Das Ausscheidungsrennen ist laut Roland die gefährlichste Disziplin, weil bei den Sprints auf so engem Raum ein heftiges Gedränge herrsche. Glück spiele eine nicht unerhebliche Rolle, je nachdem, wie viel Platz vor einem vorhanden sei. Wenn die anderen Fahrer einen einschlössen, könne man nichts machen, scheide halt aus.

Der Olympiasieger: 11:01 Minuten. Ich: 14:32 Minuten (34 Runden).

Am zweiten Tag:
4. Einerverfolgung 4000 m
Laut Roland ist die Einerverfolgung das anstrengendste Rennen. Wir besprechen minutiös meine Rundenzeiten. Er kann mir wenig helfen, außer dass er meine Möglichkeiten im vorgegebenen Fahrplan richtig einschätzt. Stehender Start. Er hält von hinten das Rad fest, ich wackele. Angesichts der hohen Übersetzung von 48/14 komme ich schwer in Tritt. Die erste Runde ist etwas langsamer als geplant, die zweite Runde ist meine schnellste. Roland ruft mir die Rundenzeiten zu. Auf den ersten drei Kilometern kann ich die Information verarbeiten und mein Tempo forcieren. Dann höre ich nur noch auf die innere Stimme, jene, die sich nicht ergibt. Die Rundenzeiten sind erstaunlich konstant (stets um die 26 Sekunden herum), bei durchschnittlich 81,5 Kurbelumdrehungen pro Minute. Roland nickt zufrieden. Offensichtlich ist Beständigkeit bei dieser Disziplin eine Tugend.

Der Olympiasieger: 4:20,67 Minuten. Ich: 6:57,81 Minuten.

5. Scratch 15 km

Alle Fahrer befinden sich gleichzeitig auf der Bahn. Wer zuerst ins Ziel kommt, gewinnt. Bei diesem Rennen werden die höchsten Übersetzungen gefahren. Früh schon erfolgen Angriffe, weil ein jeder versucht, eine Runde Vorsprung auf den Pulk herauszufahren; selten wird das Rennen im Massenspurt entschieden. Ich fahre ohne Konkurrenz, dafür im Windschatten von Roland, der eine Zielzeit von unter fünfundzwanzig Minuten ausgerufen hat. Auf einmal, nach zehn, vielleicht aber auch nach fünfzehn Runden, bin ich im *Flow*. Das Hinterrad von Roland ist mein Lebensrad, der Strom meines Strebens kanalisiert zwischen einer roten und einer blauen Linie. Ich bin nur noch Rotation und Atmung. Ausgelaugt am Ziel bedauere ich das Ende.

Der Olympiasieger: 16:38 Minuten. Ich: 24:23 Minuten (ein Schnitt von 36,9 km/h).

6. Zeitfahren 1000 m

Wiederum Start aus dem Stand. Eine schnelle Beschleunigung ist von enormer Bedeutung; der Unterschied zum fliegenden Start macht vier bis fünf Sekunden aus. Die erste Runde ist also vergleichsweise langsam, danach sollte man immer schneller werden. So zumindest der Plan. Ich starte erwartungsgemäß langsam, breche zudem auf der letzten Runde völlig ein.

Der Olympiasieger 1:02,31 Minuten. Ich 1:34,37 Minuten.

Postskriptum: Nach den Spielen von London wurde die Abfolge der Wettbewerbe geändert: 1. Tag: Scratch, Einzelverfolgung, Ausscheidungsrennen; 2. Tag: Zeitfahren (1000 Meter), Fliegende Runde und am Ende das Punkterennen.

Keirin

Für Keirin benötigt man sechs Radfahrer und ein Elektro-Mofa. Das Mofa beschleunigt auf bis zu fünfzig, bevor es die Bahn nach innen verlässt. Wer sich wundert, wieso diese eher abwegige Disziplin ins olympische Programm aufgenommen wurde, der findet die Antwort in Japan (und auf der Webseite der BBC). Eine aggressive Variante des Keirin ist in Japan ein enorm populärer Wettsport, es gibt Dutzende von Velodromen. Die Sprinter tragen Körperschutz, wie Ritter auf zwei Rädern, im Duell darf der Ellbogen ausgefahren werden, Schläge sind erlaubt, Stürze erwünscht. Die japanische Keirin-Stiftung hat wohl dem internationalen Radverband (UCI) in den 1990ern drei Millionen Dollar gezahlt (das entspricht einem Fünftel des Jahresbudgets der UCI). Keirin wurde im Handaufhalten olympisch. Das Rennen geht über acht Runden. Ich habe schon Schwierigkeiten, das Tempo hinter dem Mofa zu halten, der Sprint über zweieinhalb Runden zieht sich, ohne Konkurrenz ist meine letzte Runde langsamer als die vorletzte. Nein, wenn ich nicht im Keiokaku Velodrom zu Tokio antreten kann, werde ich künftig auf Keirin verzichten.

Auf der Straße

> *Jedes Mal, wenn ich einen Erwachsenen auf einem Fahrrad sehe, ist mir um die Zukunft der Menschheit nicht mehr bange.*
>
> H. G. Wells

Erstaunlich, wie schnell aus Wien Wald wird. Du musst viel Zeit im Sattel verbringen, rieten mir erfahrene Radler. Ortsnamen, die Abgeschiedenheit versprechen: Weidlingbach, Steinriegl, Scheiblingstein. Du musst Kilometer abspulen, versicherten sie mir. Dörfer, die nach Dung riechen, dazwischen Wald, so düster und dicht, man spürt, wieso Märchen in den Wald führen, um zur Lichtung der menschlichen Psyche zu gelangen. Du kannst stundenlang radeln, den ganzen Tag lang, redeten sie mir ins faule Gewissen. Es nieselt, seit geraumer Zeit; man gewöhnt sich daran. Das Erfolgsrezept ist einfach, sagten sie mir: Wer mehr trainiert, schneidet besser ab. Ein Laster überholt mich laut dröhnend und spritzt mich von oben bis unten nass. Homo motoricus: der natürliche Feind des Fahrradfahrers. Von Anfang an. Mit der Erfindung des Fahrrads ging die Dämonisierung des Fahrradfahrers einher. Schon vor über hundert Jahren, als das Fahrrad einen ersten Boom als Transportmittel und Sportgerät erfuhr, beschwerte sich eine englische Tageszeitung über die angeblich wilden Zweiradfahrer: »Manche Gruppen nehmen die ganze Straßenbreite in Anspruch, rasen unter wildem Hupen und Klingeln, einer Horde Apachen oder Sioux gleich, mit halsbrecherischer Geschwindigkeit heran, und Gnade dem Unglücklichen, der ihnen in die Quere kommt.« Es schmeichelt mir, mit einem Apachen oder Sioux verglichen zu werden. Die Autos hingegen erinnern mich an Panzer in einem Angriffskrieg.

Kaum rollt das Rad, verwirklicht sich die Freiheit, die es mir im Wohnungsflur versprochen hat. Nach der ersten Vollbremsung entlädt sich meine Wut über die Zumutungen der Motorisierten. Hinter getönter Scheibe formt sich ein Mund zum hässlichen Fluch. Universelle Fingerzeige der Verachtung werden ausgetauscht. Die Fronten sind gezogen. Alles Weitere ist Unversöhnlichkeit. Schon am Tag nach dem Kauf meines Rennrads in Santa Monica hat ein Lkw meiner Toleranz die Vorfahrt genommen. Aus Schürfwunden blutend radelte ich mit ohnmächtiger Rage heim. Ob in Kalifornien oder Niederösterreich, ich würde auf dem Rad niemals zu meinem Recht gelangen. Das hat die Zeitschrift *Punch* schon zu viktorianischer Zeit erkannt: »In allen Gerichtsverfahren wird davon ausgegangen, dass der Radfahrer gemeinhin ein rücksichtsloser Idiot ist und ein Falschfahrer obendrein, es sei denn, er kann schlüssig das Gegenteil beweisen.« Mir bleibt nichts anderes übrig, als verschwitzt und durchnässt das Daseinsrecht jener anzuzweifeln, die sich selbst in einen Blechkäfig einsperren. Meine Verfasstheit übertrumpft ihre Verfassung. Wer wird in Abrede stellen, dass das Rad eine großartigere Erfindung ist als das Auto?

Der nächste Anstieg reißt mich aus meinem Hochfrequenzpathos heraus. Jede Steigung ist Belastungsprobe und Selbstüberwindung zugleich. Jeder Höhenmeter stellt die eigene Selbstüberschätzung in Frage. Die Exerzitien des Berges sind eine Übung in Demut. Aber auch eine Frage der Übung: Welche ist die richtige Übersetzung? Wann gehe ich aus dem Sattel heraus? Wie teile ich mir die Strecke ein? Der Anstieg ist anstrengend, die Abfahrt erschreckend. Nicht nur der Geschwindigkeit –

der Tacho zeigt auf einmal sechzig Stundenkilometer an –, sondern auch der Kälte wegen, die meinen Oberkörper mit eisiger Teufelshand umschließt.

In der Ebene suche ich den Windschatten eines grauhaarigen, sehnigen Mannes, der im Gegenwind über dreißig Stundenkilometer fährt. Er wirft mir einen missmutigen Blick über die Schulter zu, den ich galant ignoriere. Auf einer kleinen Steigung wird der letzte Rest von Solidarität aufgekündigt, er gibt Gas, ich wechsle zu spät den Gang, plötzlich ist ein Abstand von zehn Metern aufgerissen, er hängt mich ab. Typen wie ich würden Hinterradlutscher genannt, erzählen mir die erfahrenen Radler mit kundigem Kopfnicken. Zwar gebe es keine klare Etikette, aber ich hätte fragen sollen, ob es dem anderen genehm sei. Manchmal entstünden spontane Wettkampfsituationen mit unbekannten Radlern, ein jeder drücke auf die Tube, um den anderen zu testen.

Alles, was der Radfahrer trägt, und alles, was ihn trägt, ist in den Fokus der High-Tech-Entwicklung geraten. Der Sattel, der Helm, die Brille, die Wasserflasche, der Trikotstoff (es gilt, Aerodynamik und Ventilation, Komfort, Atmungsaktivität und Gewicht zu berücksichtigen). Was die Ausrüstung betrifft, ist es fast unmöglich, sich eine gewisse Ahnungslosigkeit zu bewahren. Die Beschreibung der angebotenen Sättel in den Katalogen schwingt sich auf zur Technopoesie. Vom Rad ganz zu schweigen. Meines ist ein SCOTT Spediteurs 10, die Gabel aus Karbon, der Rahmen aus zweifach konifizierten Aluminiumrohren, das Schaltwerk ein Shimano Ultegra RD-6800 GS, das Gewicht beträgt ziemlich genau neun Kilo. Es wurde mir verkauft, besser gesagt angedreht, von einem begabten Verkäufer, der mich so lange davon zu überzeugen versuchte, dass ich mir ein derart schönes Rad aufgrund meines Geizes nicht würde leisten wollen, dass ich es ihm mit dem teuersten Kauf meines Lebens heimzahlte.

Alles geht gut, an der Donau entlang, durchs Waldviertel, am Wienerberg und umadum, bis es mich eines Tages erwischt: Auf der Hernalser Hauptstraße ist auf einmal kein Asphalt mehr neben den Straßenbahngleisen. Ich muss sie überqueren, ich rutsche aus, kann das Rad kurz auffangen, komme erneut auf die Gleise, stürze, in Richtung Gegenfahrbahn, das entgegenkommende Auto, Scheinwerferlichter grell im Blick, kann rechtzeitig abbremsen, das Auto hinter mir kommt hörbar dramatisch zum Stand. Ich richte mich rasch auf und schleppe mein Rad auf den Bürgersteig. Die Fahrerin kurbelt das Fenster hinunter und erkundigt sich nach meinem Wohlbefinden. Eine ungewohnte Sentimentalität droht mich zu übermannen. Mit dem Leben davongekommen, bin ich zur Versöhnung bereit, sogar mit den Autofahrern.

Beim Radfahren wird immer wieder deutlich, wie willkürlich die meisten Menschen Risiko einschätzen, wie zufällig sicherheitsbewusst sie sich verhalten. Es gibt kaum eine Fahrt, bei der ich nicht durch Vollbremsung oder Ausweichen knapp eine Kollision vermeide: eine Fahrradfahrerin, die rechts angehalten hat, überquert plötzlich ohne zu schauen den Weg; eine Inlineskaterin verliert das Gleichgewicht, ein Kleinkind fährt Slalom (es heißt Elias), ein älterer Herr schaut sich zu spät um, weicht mir aus, fährt die Böschung hinunter ...

Meine übliche Trainingsstrecke führt nach Tulln, gut achtzig Kilometer hin und retour. Nicht nur, weil es an der Donau liegt, bequem zu erreichen auf einem durchgehenden Radweg, sondern auch weil es der Geburtsort von Egon Schiele ist, meinem

Heroen in der Kunst. Ich lasse das Rad auf dem Egon-Schiele-Weg ausrollen, Teil des Egon-Schiele-Rundgangs, halte für eine Gedenkminute vor dem Egon-Schiele-Denkmal, verbeuge mich innerlich beim Egon-Schiele-Museum, bevor ich den Kampf mit dem Gegenwind antrete, heimwärts.

Das Leben ist mühsam und der Nachruhm die fragwürdigste aller Entschädigungen.

Das Rennen

> *Die strengste Prüfung, die die Natur dem Radrennfahrer auferlegt, ist der Berg. Der Berg, das bedeutet die Schwerkraft. Denn das Gefälle und das Gewicht der Dinge zu übersteigen bedeutet, darüber zu entscheiden, ob der Mensch sich des ganzen physischen Universums bemächtigen kann.*
>
> Roland Barthes, *Was ist Sport*

Gewaltiger Donner weckt mich; Vogelgezwitscher hält mich wach. Ich hatte geträumt von einem Fahrradrennen, irgendwo in Afrika. Es hatte einen Unfall gegeben, bei der Wettkampfbesprechung bittet uns eine junge Frau, Wasser von einem Fluss zu den Passagieren eines verunglückten Zugs zu bringen. Es überholen mich zwei Schulfreunde aus Kenia, Christoph und Bennett. Ich klopfte ihnen auf die Schulter. Sie grinsen, ein unentwegtes Grinsen, ihre Fahrräder sind aus Papier.

Um halb sechs in der Früh schaufelt der Mann am Nebentisch ein Kilo Pasta in sich hinein. Er betrachte dieses Rennen als Training für den Ötztaler Radmarathon. Letztes Jahr sei er die

Salzkammergut-Trophy mitgefahren, zwölf Stunden unterwegs. Sechzig Kilometer steil bergab, die Rinne fünfzehn Zentimeter breit, die Böschung zehn Meter tief, ein Toter, der Hubschrauber sei dauernd über ihn hinweggeflogen … Es sitzt einer an einem gekerbten Holztisch, irgendwo in der Fremde, die Prüfung, von der er erzählt, nötigt ihm selbst ein Frösteln ab … und am Ende sagt der Mann, was er unweigerlich sagen muss: »Das war das größte Abenteuer meines Lebens«, dramatische Denkpause, »nie hab ich so was Gefährliches getan.« Und mir geht die Frage durch den Kopf, ob er sich auch den Hintern mit Schweizer Melkfett eingeschmiert hat.

Der 5-Seen-Radmarathon führt entlang des Wolfgangsees nach Bad Ischl, über Ebensee entlang des Traunsees bis Altmünster, hinauf zur Großalm, bevor es nach einer halben Umrundung des Attersees durch Nußdorf hinab zum Ziel am Mondsee geht. Andere Menschen verbringen ihren Urlaub hier, ich muss mich zwingen, die Landschaft wahrzunehmen, geschweige denn zu genießen.

Es regnet, fette Tropfen, die mir ins Gesicht schmatzen. Die erste Steigung endet im Hagel, der sich bald zu Nieselregen abschwächt. Die Sonne ist ein scheuer Gast, der Wind eine seltene Plage, und gegen Ende des Rennens, pünktlich zum härtesten Anstieg, fällt kalter, piksender Regen, himmlische Akupunktur. Wechselhaftes Wetter ist bei Radmarathons in den Alpen nicht unüblich, die Temperaturunterschiede zwischen Pass und Ebene oft extrem. Beim Ötztaler-Radmarathon, erzählt mir Klaus, der als mein persönliches Radio entspannt neben mir herfährt, seien es am Start straffe vier Grad gewesen, am ersten Pass knapp unter Null, unten im Tal hingegen sonnten sich Einheimische sonntäglich vergnügt im Freibad. Radfahrer schützen sich unzulänglich mit Ärmlingen und Beinlingen, die hochgeschoben werden können. Eine Zeitung unter dem Trikot sei der älteste aller Tricks. Früher standen die Betreuer auf den Passhöhen und verteilten einige Seiten der *L'Équipe* oder *La Gazzetta dello Sport* (bei der Friedensfahrt eher *Neues Deutschland* und *Iswestija*). Aber selbst mit modernster Thermobekleidung und trotz Melkfetts am ganzen Körper, frieren würde man immer.

Mein Rad surrt wie eine zufriedene Katze. Am Freitag vor dem Rennen hatte ich es an Klaus in München übergeben. Mit geübtem Blick hatte er sogleich gemerkt, dass das Vorderrad falsch herum eingesetzt war. Weil der Tacho nicht funktionierte, sei er aus dem Büro ins nächste Fachgeschäft *(Extreme Bike)* geeilt und habe das Rad dort abgegeben. Um vier Minuten nach Mitternacht habe er eine SMS von dem Radtechniker erhalten. Er sei jetzt erst fertig geworden. Schnell sei der Tacho ausgetauscht, der Impulsgeber mit einer neuen Batterie ausgestattet worden. Doch dann hatte der gute Mann einen Blick auf die Kette geworfen. Die sei völlig im Eimer gewesen, sagt Klaus, und ich spüre die Empörung des Technikers durch ihn hindurch. Ob ich denn nicht wisse, dass eine Kette nach etwa zweitausend Kilometern gewechselt werden müsse? Schlimmer noch, der Steuersatz am Lenker sei locker gewesen, das Tretlager nicht in Ordnung, die Bremsen schlecht eingestellt, der Hebel musste bis zum Lenker gedrückt werden, um eine Bremswirkung zu erzielen. Man müsse sein Rad einmal im Jahr zur Wartung bringen. Ich hatte die Frist um ein Vielfaches überschritten. Bei einem Auto hätten alle Lämpchen rot geleuchtet.

Die Landschaft: schön, der Verkehr: spärlich. Die Strecke kann bei solchen Rennen selten gesperrt werden. Umleitungen sind aufwendig und teuer. Die Veranstalter versuchen so weit wie möglich kleine Straßen zu nutzen. Wir werden zur Halbzeit überholt von den »Profis«, die eine längere Distanz fahren. Klaus heftet sich an das Hinterrad des Pelotons und fährt mir davon. Eine Viertelstunde später hole ich ihn wieder ein. »Ich wollt mal sehen, ob ich noch mitfahren kann«, sagt er grinsend. Das großartige Gefühl, das Rennen in einem Peloton zu bestreiten, als Teil einer funktionierenden Gruppe, einer kurzfristig verschworenen Gemeinschaft, wird mir versagt bleiben. Klaus erzählt von einer Erfahrung bei der Wittelsbachrundfahrt: zweihundertdreißig Kilometer, zweitausendeinhundert Höhenmeter und er inmitten eines Vereinsteams. Anfänglich habe er sich anstrengen müssen, nicht aus der Gruppe rauszufliegen. Nach hundert Kilometern habe er gemerkt, wie die anderen allmählich eine Spur langsamer wurden. Er sei auf den Zentimeter genau im Windschatten gefahren, der Puls oft bei hundertachtzig, im Schnitt vierunddreißig Stundenkilometer, Adrenalin pur. Er habe durchgehalten, er sei übriggeblieben, einer von schließlich fünf Fahrern, die sich perfekt abgewechselt hatten. Seine Erinnerung klingt so euphorisch, dass mich wegen unseres Bummeltempos ein schlechtes Gewissen beschleicht.

Im Gedächtnis werden mir vor allem die Anstiege bleiben. Der letzte am intensivsten. Beim Anstieg hilft kein Windschatten, jeder ist für sich allein. Die anderen Fahrer stören mich eher, ich brauche Freiraum, um mich auf meinen Rhythmus konzentrieren zu können. Klettern ist Rhythmus, nichts als Rhythmus, wenn man aus dem Tritt gerät, wird es schwer. Die Steigung ist derart steil, einige schieben ihr Rad. Plötzlich überwältigt mich Hass auf den Berg. Du wirst mich nicht zum Absteigen zwingen, fluche ich »mit steifem Unterkiefer« (wie Kriemhild meine gelegentliche Verbissenheit nennt). Eine Machtprobe, bei der ich nicht nachgeben werde. Ich staune über die eigene Unerbittlichkeit, während ich hinaufzickzacke. Auf der Abfahrt vermischt sich Euphorie mit dem einsetzenden Hungerast. Das Glück der Zieleinfahrt schmeckt trocken.

Das Straßenrennen bei den Olympischen Spielen in London führte über 250 Kilometer. Die Zeit des Siegers: 5:45:57 (Durchschnitt: ca. 43 km/h). Ich bin am 28. Juni 2015 vergleichsweise bescheidene 134 Kilometer geradelt, über 1180 Höhenmeter, in 5:28 (Durchschnitt: ca. 25 km/h).

Auf dem Mountainbike

Manche Sportarten führen ihren Ursprung auf die hellenische Antike zurück, andere wurden erst kürzlich erfunden, als Hippies von der Straße abkamen, weil sie sich nicht die Haare schneiden ließen. Da ihnen ein Start bei den Straßenrennen verwehrt wurde, brachen sie in die kalifornischen Berge auf, mit zusammengeflickten Rädern, Pioniere der Neuzeit. Guru der ersten Stunde war ein Mann namens John Finley Scott, der in jungen Jahren, inspiriert von Ansel Adams' Fotografien, die Natur für sich entdeckt hatte. Mit dreiundzwanzig hatte ein Unfall seiner Bergsteigerei ein jähes Ende gesetzt. Auf der Suche nach Alternativen erfand er das Mountainbike. Schon 1953 hatte er einen ersten Prototypen konstruiert. 1960 entwickelte er den Woodsie, ein leichtgewichtiges *off-road bike* mit Kettenschaltung und Cantileverbremse. Mit seinem Londoner Doppeldeckerbus sammelte er die langhaarigen Glücksucher ein und fuhr mit ihnen in die Berge. Wenig Organisation, viel Freiheit. *Fun* war ebenso wichtig wie ökologische

Sensibilität. Mitte der 1970er Jahre boten einige Klubs in San Francisco Fahrten durch die nahe Wildnis der Marin Headlands an, mit dem erklärten Ziel, das Umweltbewusstsein zu stärken.

Allerdings war das frühe Material nur bedingt für lange Fahrten durch die Wildnis geeignet. Ein anderer Pionier, Joe Breeze, der das erste Mountainbike mit eigens konstruiertem Gestell herstellte (seitdem *Breezer* genannt), erinnert sich an mühsame Zeiten: »Für Steigungen hatten die Cupertino Boys nicht die richtige Gangschaltung. Ich schon, ich hatte die passenden Übersetzungen und große Tretkurbeln. Am Anfang, als ich mit der Canyon Gang unterwegs war, verbrachten wir zwanzig Prozent der Zeit im Sattel und die restliche Zeit schoben wir, aber das war uns ganz egal! Ob zu Fuß oder per Anhalter, wir hatten genügend Zeit. Ich war früher viel gelaufen und fand das Geschiebe dämlich, weil wir es mit niedrigerer Übersetzung garantiert geschafft hätten. Also entwickelte ich mein eigenes Konzept. 1974 hatte ich schließlich ein Rad mit starken Bremsen, das jede Steigung und jede Talfahrt meisterte.«

Am 21. Oktober 1976 wurde das erste Rennen organisiert, eine reine Abfahrt, zwei Meilen lang. Die athletische Konkurrenz war weniger wichtig als die technologische Innovation. Joe Breeze vereinte beides in sich: er gewann zehn dieser frühen Rennen und gründete parallel dazu *MountainBikes*. Zu dieser Zeit gab es auch Rennen, an denen sowohl Querfeldeinfahrer als auch BMXler und Straßenfahrer am Start waren, ein jeder von seinem Sieg überzeugt! Die Strecke bestand aus vier Meilen auf der Straße, acht Meilen durch die Wildnis, in denen es bei unterschiedlicher Steigung rauf und runter ging, und schließlich drei Meilen Straße. Gary Fisher war der erste Gewinner: »Ich war in Topform. Zwei Wochen vorher war ich mit Greg LeMond die

Strecke San Francisco–Los Angeles gefahren, und obendrein hatte ich das beste Rad für dieses Rennen. Gleich am Anfang zog ich mit meinen fetten Reifen an ihnen vorbei. Es war grotesk, manche waren auf Rädern ohne Gangschaltung unterwegs und schoben.« Das Mountainbike erwies sich als bestes Allroundrad.

Erst ab 1982 gab es das erste Mountainbike in Massenanfertigung, den *Stumpjumper*; 1990 erfolgte die erste offizielle Weltmeisterschaft in Durango, Colorado; 1996 wurde die Disziplin olympisch. MTB gehört zu den am schnellsten wachsenden Sportarten. 1980 wurden in den USA gerade einmal dreihundert Räder verkauft; innerhalb von zehn Jahren war die Zahl auf sieben Millionen angestiegen! Die ersten handgefertigten Räder wurden für tausenddreihundert Dollar verkauft, die frühen *Breezers* für achthundert Dollar; heute kosten gute Räder bis zu zehntausend Euro, wobei es leichter sei, vertraute mir ein Verkäufer an, ein Rad für zehntausend Euro zu verkaufen als eines für dreitausend Euro. Die stylischen High-Tech-Geräte sind zu einem Statussymbol geworden. Es fällt schwer, angesichts des schicken Überangebots in den Fachgeschäften nicht nostalgisch an die Hippiezeit in Kalifornien zu denken.

Wir stehen auf einem Turm in Niederösterreich und überschauen die Landschaft. Föhrenwald, Mischwald, dazwischen kahle Flächen, wo einst Kies abgebaut wurde, gefüllt mit Recycling-Material, wiederaufgeforstet. »Ursprünglich«, sagt Christoph, der österreichische Nationaltrainer, »wird's nie wieder werden, die Narben werden bleiben.« Detailliert beschreibt er mir den Flickenteppich, der sich unter uns ausbreitet, die Hügel und Täler, die Natur und die Besiedlung, die Krupp Schule in Berndorf, die nahe Fabrik, die Kuppeln. Er scheint mit jedem Quadratmeter, mit den heimischen Pfaden, besser vertraut zu sein als mit den Lebenslinien seiner Hand. Er führt mich einen halben Tag lang unter Wipfeln hindurch und über Wurzeln. Am Ende verlasse ich den Wald nur ungern.

Die Bremsen des Mountainbikes – die eine Seite für das Vorderrad, die andere für das Hinterrad – sind »giftig«, das merke ich noch auf der Landstraße. Ein kräftiger Druck wie beim Rennrad üblich, und es würde einen »derbröseln«. Also lerne ich, wohldosiert zu bremsen. Etwa, um einer Ringelnatter auszuweichen, die sich über den Pfad schlängelt.

Als Zweites gewöhne ich mich daran, mich der Neigung des Geländes anzupassen, mich bergauf nach vorn zu lehnen, über den Lenker, beim Abwärtsfahren aufzurichten, den Oberkörper nach hinten zu lehnen, mit den Armen die Schläge abzufedern. Denn es geht, das merke ich alsbald, auf den Rücken, die Problemzone der Mountainbiker.

Mit dem Mountainbike wurde der Sturz erfunden. Ein Rad, das unzugängliches Gelände bewältigen kann, ist zugleich ein Rad, das sich der Kontrolle des Radlers gelegentlich entzieht. MTB ist Radeln am Rande des Machbaren. Entweder wir schaffen es, sagen die Spitzensportler, oder wir landen im Krankenhaus. Christoph erwähnt einen Todesfall bei einem Weltcuprennen. Die Anforderungen werden zu Überforderungen. Sie übersteigen inzwischen die Fähigkeiten der Athleten, die Möglichkeiten des Rads. Das olympische Cross-Country-Rennen sei über die Jahre technisch zunehmend anspruchsvoller geworden. »Die besten Mountainbiker«, sagt Christoph, »beherrschen ihr Rad, das ist sofort sichtbar, alle anderen reagieren nur auf die Beschleunigung, sie werden vom Rad beherrscht«.

Die Abfahrt zeigt mir meine Grenzen auf. Nach hinten lehnen, wiederholt Christoph, und gleich schießt das Rad über ein steiles Stück nach unten, eine erste Warnung. Eine Weile geht es gut, und ich denke mir nicht viel, bis zu einer engen Kurve und einer Vollbremsung, weil mir die Stufen und Wurzeln monströs erscheinen. Ich setze noch einmal an und bremse erneut vor der ersten Stufe ab. Eine unvermutete Angst steigt in mir auf. Eine innere Blockade. Nach meinem zweiten Fehlversuch empfiehlt mir Christoph abzusteigen und die Strecke per Fuß abzugehen. Die Stufen sind läppisch, höchstens zwanzig Zentimeter hoch, einige Steine recht unfreundlich platziert und einige Wurzeln so muskulös, dass es nicht viel Phantasie braucht, um sich vorzustellen, wie sie sich um das Rad schlingen und mich ins Verderben reißen. Zumal der Pfad recht eng ist (breit genug für zwei Biker, sagt Christoph) und das ganze Teilstück immens gefährlich (auf einer Skala von eins bis fünf höchstens eine Drei, sagt Christoph stoisch). Bei der Besichtigung habe ich mir einen Fahrweg ausgesucht und bin voller Zuversicht, die Stelle beim dritten Versuch zu meistern. Doch Zuversicht kann man nicht simulieren, ich fahre zaghaft los, meine Geschwindigkeit ist zu niedrig, das Rad rutscht auf der ersten Stufe aus, und ich schieße direkt auf jenen Stein zu, den es zu meiden gilt, lande in der Böschung. »Lassen wir dieses Stück sein«, rät Christoph. »Wenn es nicht geht, darf man es nicht erzwingen.« Selbst die Profis müssen sich schwierige Passagen erarbeiten, deswegen reisen sie eine Woche früher zu wichtigen Rennen an, um sich mit den großen Steinen und den extremen Steigungen vertraut zu machen, um die Bewältigung zu internalisieren: Nur wenn du es im Kopf überwunden hast, gelingt es dir auch in der Praxis. Ich empfinde erheblich mehr Respekt vor dem Mountainbiking als vor dem eigenen Mut. Es gelingt der eigenen Feigheit immer wieder, einen zu überraschen.

»Je steiler, desto geiler«, feixt Christoph. Die guten Biker rasen in einem Affenzahn hinab, rauschhaft, stets einen unerwarteten Schlag von der Katastrophe entfernt. Er müsse die Kids, denen es an Erfahrung und Phantasie mangele, bremsen, denn die stürzten sich gedankenlos hinunter.

Beim späten Mittagessen in einer Pizzeria erzählt Christoph von einem immer wiederkehrenden Konflikt. Die Jägerlobby habe erwirkt, dass gewisse Waldgebiete für Mountainbiker gesperrt würden. Angeblich stören sie das Wild. Seit 1983 hat der mächtige Sierra Club letztlich erfolgreiche Versuche unternommen, Mountainbiking in den USA auf den Pfaden in Naturschutzgebieten zu verbieten. Umweltschutz ist stets Einmischung in die Natur. Nur gehen die Meinungen auseinander, wie man sich einmischen darf.

Das Rennen

> *Männer mit Bierbäuchen,*
> *von ihren Waden der Sportlichkeit preisgegeben,*
> *lassen mich am Berg stehen.*
>
> Haiku aus der Steiermark

Im Auto nach Pöllau. Es ist zwar erst der 13. Juni, aber Ö1 feiert schon Bloomsday, sendet über vierundzwanzig Stunden hinweg eine vollständige Aufnahme des »Ulysses«. Joyce verzaubert, selbst auf der A2. Als ich auf dem Marktplatz geparkt habe, fällt es mir schwer, Blooms Gedanken abzuwürgen. Ich warte im Auto bis zur vollen Stunde. Die Nachrichten lassen sich leichter ausschalten. Beim Aufwärmen fällt mir ein großes Plakat auf: »Es ist höchste Zeit, dass die Pöllauer akzeptieren, dass sie 1945 von den Amerikanern befreit wurden.« Der Künstler Josef Schützenhöfer kämpft seit Jahren um eine Kunst-Installation zur Erinnerung an die alliierten Befreier im Zweiten Weltkrieg, gegen heftigen Widerstand lokaler Kleingeister. In diesem abgelegenen Teil der Alpenrepublik werden weiterhin alte Schlachten geschlagen.

Ich hatte mit dem wagemutigen Gedanken gespielt, das siebzig Kilometer lange »Klassikrennen« zu bestreiten, aber erfahrene Biker rieten mir entschieden davon ab. Ich wollte mich für die mittellange Strecke anmelden, doch Christoph meinte diplomatisch, die Kurzstrecke von dreiundzwanzig Kilometern sei Herausforderung genug, ich solle bedenken, dass sich zu solchen Rennen selten Menschen anmeldeten, die in ihrem Leben erst dreimal auf einem Mountainbike gesessen hätten. Die erste Stunde besteht aus einem einzigen Anstieg, zunächst auf Asphalt, anstrengend genug, und doch nicht mehr als ein Vorgeschmack auf die folgende Herausforderung. Asphalt geht in Geröll über, das Rad rutscht aus, prallt gegen Steine, ich gerate immer wieder aus dem Tritt. Bei so einer Steigung Slalom zu fahren übersteigt fast meine Kräfte. Es wird derart steil, dass ich bei meinem Schneckentempo vom Rad falle. Ein erheblich jüngerer Mann vor mir erleidet dasselbe Schicksal, ein kleiner Trost, zumal auf diesem Teilstück einige Biker ihr Rad schieben. Am Start hat der gutgelaunte Ansager verkündet, uns erwarte ein schweres Rennen, nicht nur der Hitze, auch der Trockenheit wegen, der Untergrund sei daher rutschiger. Auf jedem Untergrund fährt es sich anders, auf Schotter und Kies anders als auf Reisig, im Wald (weich, samten, das Rad versinkt fast) anders als auf hartem Gras. Die Unterschiede verschärfen die Anstrengung.

Der Anstieg will kein Ende nehmen (knapp achthundert Höhenmeter, wie sich später herausstellt). Allmählich beschleicht mich der Verdacht, dass ich in der falschen Gruppe gestartet bin. Fuchtelnde Streckenposten bestätigen meine Vermutung. Meine Strecke verläuft anderswo, kein Pfad führt dorthin. Mir bleibt nichts anderes übrig, als zumindest eine Runde mit jenen mitzufahren, die mich bald überrunden werden.

Bergauf, zudem wenn es nicht sehr steil ist, kann man sich an der Natur erfreuen, kann Wiesen, Wälder und Wipfelschatten genießen, gelegentlich sogar einen Ausblick über den Naturpark Pöllau (einmal gebe ich dem Bedürfnis nach, anzuhalten und den Ausblick zu genießen); bergab hingegen verschmäht man die Natur gänzlich, fokussiert sich auf einen kleinen, rasant wechselnden Ausschnitt, auf Wurzeln, Stufen, Gruben, Steine. Den engen Pfad kann man nur bei voller Konzentration befahren, ohne sich die Knochen zu brechen. Zumal bei Lichtverhältnissen aus Helle und Schatten. Ich übersehe ein Loch, in das ich hineinkrache, zusammengestaucht werde, es fühlt sich an wie ein Sturz, mein Kopf fliegt in eine andere Richtung als mein Körper, das Rad vervollständigt den Eindruck einer dreidimensionalen Dissonanz, doch irgendwie halte ich mich auf dem Rad, stabilisiere mich, bremse von nun an noch vorsichtiger. Auf einmal wilde Schreie (weder Apachen noch Sioux, eher Goten oder Vandalen): die Spitzengruppe hat den Nachzügler im Visier, ich springe aus der Rinne des Pfads hinaus und bleibe zwischen zwei Baumstämmen stehen, gerade rechtzeitig, um die Profis vorbeifliegen zu sehen. Ihr Wohlergehen, so scheint es, liegt allein in den zittrigen Händen des Zufalls.

Meine eigenen Hände schmerzen, ebenso mein Rücken, ich verkrampfe wohl bergab. Erleichtert lasse ich das Rad ausrollen, als ich endlich das Tal wieder erreiche. Als mich ein Streckenposten zum wiederholten Mal in kaum verständlichem Dialekt zurechtweist, gebe ich auf und nehme den direkten Weg über die Landstraße ins Ziel.

Nachher wird Schnitzel gereicht.

Der Olympiasieger: 33,6 km in 1:29:07 (ein Durchschnitt etwas über 22 km/h).
Ich: 25,14 km in 1:47:06 (ein Durchschnitt etwas über 14 km/h).

Auf dem BMX

Gelegentlich versucht das IOC, dieser Klub alter Männer, sich dem jugendlichen Zeitgeist anzubiedern. Die Folge: BMX. Nicht der akrobatische Freestyle, sondern eine Rennversion. Ein jeder kann sich zu einem Kurs auf der olympischen Rundstrecke in London anmelden, deren Sprünge entschärft worden sind, damit normale Menschen sie befahren können. Es ist allerdings nicht zu empfehlen.

Zunächst die aufwendige Vermummung. Alles, was am Menschen brechen kann, wird gepolstert. Schienbeinschützer, Ellbogenschützer, lange Hosen, Helm. Danach sehen wir aus wie Demonstranten, die sich gegen einen brutalen Polizeieinsatz schützen wollen. Das Sportgerät ist klein, sehr klein, der Bonsai unter den Zweirädern. Ich komme mir vor wie der Zirkusbär auf dem Rad aus einem alten Kinderbuch.

Man muss angesichts der niedrigen Übersetzung sehr schnell strampeln, um Fahrt aufzunehmen. Es gibt keine Gänge. Die

Kurven werden genommen, indem man das jeweilige Knie hinausstreckt. Das Entscheidende ist, die Sprünge richtig auszuführen, durch Gewichtsverlagerung nach vorn Fahrt aufzunehmen. *»Timing is of the essence«* – verliert man im falschen Moment Tempo, ist die erneute Beschleunigung mühsam. Die anfängliche Angst verfliegt schnell. Vielleicht, weil ich nicht schnell genug bin, um eingeschüchtert zu werden. Ich bin eindeutig zu alt für diese Aktivität, schießt es mir durch den Kopf, als ich die Kids um mich herum betrachte. Auf einmal habe ich das Gefühl, in einem Computerspiel gelandet zu sein.

Diese Disziplin ist ein fauler Kompromiss, der Aufwand enorm (es muss extra eine Piste gebaut werden), die Vermummung unangenehm, zumal an warmen Tagen. Der Rundkurs ist derart kurz, die Kurven formen in einer mir unbekannten Schrift das Zeichen für »überflüssig«.

■ Reiten

> *Die Dressur [...] setzt sich zum Ziel, das Pferd
> zur höchsten Leistungsfähigkeit auszubilden
> und es gehorsam zu machen. Dieses Ziel wird
> nur erreicht, wenn das Pferd unter Erhaltung
> und Förderung seiner natürlichen Anlagen
> in eine Form und Haltung gebracht wird, in
> der es seine Kräfte voll entfalten kann. Die
> Ausbildung des Pferdes ist ohne Schmerzen
> nicht zu erreichen, [...] sie gewinnt deshalb
> eine moralische Dimension, weil sie einem
> artifiziellen und insofern auch verzichtbaren
> Anliegen des Menschen entspricht.*
>
> Gerd Heuschmann, Finger in der Wunde

An die Details kann ich mich kaum erinnern. Aber ich weiß noch, dass Peter und ich den ganzen Tag herumgeschlichen waren auf der Suche nach einem Hintertürchen, das uns Zugang zu einem olympischen Wettkampf gewähren würde. Wir lebten in Neuhausen, der Nymphenburger Schlosspark war in der Nähe, dort fand irgendetwas mit Pferden statt, so viel wussten wir, und so passten wir einen Moment ab, in dem der Kartenabreißer abgelenkt war, und schlüpften durch die Absperrung ins Stadion hinein. Wir waren stolz auf unseren Mut und neugierig auf das Spektakel, das uns erwartete. Ein Pferd trottete ins Karree, lief kreis und quer. Mal blieb es stehen, mal drehte es sich um, mal hob es ein Bein, mal den Kopf. Fluchtartig verließen wir die Stätte und nahmen Zuflucht im Comicladen, in dem wir für einige Pfennige zerfledderte Heftchen von »Bonanza«, »Cheyenne Kid« und »Leutnant Blueberry« erwarben (wir besaßen fünf Mark, die Peters Vater mir zugesteckt hatte, damit ich auf seinen Sohn aufpasste). Wenn das kein Pech ist: Du schmuggelst dich in ein olympisches Finale und landest bei der Dressur.

Die Hauptfigur dieses Kapitels heißt Neo, die Nebenfigur Juli. Neo ist ein Menschenfreund, bei Juli bin ich mir nicht immer sicher. In Neo habe ich mich ein wenig verliebt, mit Juli war ich schon befreundet, weswegen sie mich eine Woche lang in einem brandenburgischen Dorf beherbergte und mir die Grundzüge des Reitens beibrachte. Sehr viel mehr war nicht möglich, denn laut Juli müsste ich mehrere Jahre investieren, um selbst die einfachste Dressurübung ausführen zu können. Weder Neo noch ich verfügten über so viel Zeit.

Bevor ich in den Sattel steige, klären wir die Machtfrage durch »Bodenarbeit«. Ich gehe mit dem Pferd an der Longe auf der Koppel umher. Wenn ich etwas nach vorn trete, trottet Neo nach links, wenn ich mich leicht zurückfallen lasse, nach rechts. Und wenn ich mich plötzlich umdrehe, bleibt er stehen. »Wir haben das gemacht«, erklärt mir Juli, »damit Neo und du untereinander festlegt, wer der Chef ist. Ihr habt das geklärt, du hast es nur nicht gemerkt. Er hat es verstanden und akzeptiert. Das ist eine Hilfe beim Reiten. Er weiß, da sitzt jemand oben, der spricht meine Sprache. Er muss keine Entscheidungen treffen, er wartet, was du beschließt. Pferde, die selbst entscheiden, sind eine Gefahr für sich und für die Menschen. Ihre Entscheidungen sind irrational und panisch, sie springen irgendwohin oder bleiben stehen.«

Nun darf ich zur ersten Reitstunde aufsitzen. Es herrschen

widrige Umstände, es regnet leicht, das Tageslicht schwindet. Neo zuerst im Schritt. Ich soll mich an die Höhe gewöhnen. Locker bleiben. Mit der Bewegung des Pferdes mitgehen. Juli fragt, ob ich Angst habe. Es fühlt sich aufregend an. Ich soll mit der einen Hand loslassen, dann mit beiden. Mit der Hand die Fußspitze berühren. Zum Abschluss leichter Trab, mit Julis Hand am Zaum. Eine Mücke lässt sich auf meinem Arm nieder. Ohne nachzudenken klatsche ich mit der Rechten auf meinen linken Arm, um sie zu vertreiben. Neo scheut, ich kralle mich am Sattel fest, zum ersten Mal ein wenig eingeschüchtert. Pferde sind sensible Tiere, jede ungewohnte Bewegung, jedes überraschende Geräusch versetzt sie in Unruhe. Sportpferde sind besonders nervös, Ausdruck ihres natürlichen Charakters als Fluchttiere. Viele Menschen, die Reiten lernen, werden mit dieser Wesensart nicht konfrontiert. »Ein Pferd, das sein Leben lang im Schulbetrieb komatös geritten wurde«, sagt Juli, »checkt nichts mehr. Im Schulbetrieb ist das die Regel, das hat den Vorteil, dass sie zuverlässig sind, du kannst sogar mit der Gerte draufhauen, sie galoppieren nicht an, sie haben ihre Reflexe verloren. Sie sind psychisch krank.« Das bemerkenswerte Einvernehmen, das Neo und ich in den nächsten Tagen entwickeln werden, hätte ich mit einem Schulpferd nicht erleben können. Neo und ich fremdeln kaum. Schon nach dem ersten Tag freue ich mich vor jedem Ritt auf das Wiedersehen. Ich habe das Gefühl, das ihm meine Ankunft nicht unangenehm ist. Eigentlich hat nicht Juli allein mir das Reiten beigebracht, notiere ich später, sondern auch Neo. Er hat sich geduldig und verständnisvoll gezeigt.

Am nächsten Morgen halten wir eine klassische Longenstunde ab. Juli steht in der Mitte und hält Neo an der Longe. Sie gibt Befehle, ich sitze nur, ich übe im Schritt, Trab und Galopp die richtige Haltung, den rechten Mitgang. Drehe mich im Sattel um (Apachentraum). Breite die Arme aus und lasse sie kreisen (Zirkusnummer), langsam, eingedenk Neos nervöser Sensibilität. Schließe die Augen, weil das Sehen hinderlich ist, wenn man sich auf das Wesentliche konzentriert, eine Übung, die ich aus anderen Sportarten schon kenne. Das Becken erweist sich als sehr wichtig, es muss die Bewegungen des Pferdes möglichst rhythmisch mitmachen. Juli fordert mich auf, im Schritt meine Knie vom Sattel nach außen zu drücken. Das fällt mir nicht nur schwer, es tut weh. Ob wegen einer Hüftblockade oder einer Sehnenverkürzung, auf jeden Fall bin ich zu unbeweglich. »Wir könnten«, schlägt Juli vor, »bestimmte gymnastische Übungen ausführen. Das machen aber die wenigsten Reiter. Sie wärmen sich selten auf, obwohl die Beweglichkeit des Beckens so wichtig ist.« Wer auf einem Turnier beginnen würde, Dehnübungen zu machen, der würde wohl Gelächter oder schiefe Blicke ernten. Kein Ausgleichssport, kein Konditionstraining – es wird geritten und nur geritten.

Grund dafür mag sein, dass aus Sicht der Reiter das Pferd der Athlet ist. Das Pferd wird körperlich hart trainiert, das Pferd wird regelmäßig zum Physiotherapeuten gebracht, das Pferd unterliegt einem Diätplan. Das reicht. Die Dopingliste, für Pferde länger als für Reiter, bestätigt diese Annahme. Manche Pferde werden vollgepumpt. Selbst auf kleineren Turnieren erfolgen Dopingkontrollen.

Es gibt alternative Reitlehren, etwa jene von Eckart Meyners, der eine reitspezifische Motorik für den Menschen entwickelt hat und mittels feinfühliger Analysen selbst kleinste Verspannungen entdeckt, die das Pferd spürt, was sich nachteilig auf die Ausführung der Übung auswirkt.

Weiter geht es mit Leichttraben. Ich soll das Gesäß etwas aus dem Sattel heben, einen Trabtritt im Steigbügel abfangen, bevor ich mich wieder hinsetze. Wenn es gelingt, fühlt es sich so selbstverständlich an wie ein Viervierteltakt. Neo sei entspannt, ruft mir Juli zu, weil ich mich im Gleichgewicht halte. Sollen wir etwas Galopp wagen?, fragt sie mich. Wie kann ich das Angebot ablehnen, nach Tombstone zu reiten? Die Turbulenzen überraschen mich, es fühlt sich auf dem Pferd dramatischer an, als es von der Seite wirkt. Der Hintern soll auf dem Sattel kleben. Dafür müssen die Beine locker zu beiden Seiten hängen, zwischen Knie und Sattel soll ein Spalt zu sehen sein. Das Becken soll sich im Gleichtakt zum Auf und Ab nach vorn und nach hinten verschieben.

Den nächsten Lernschritt verdanke ich einem Scherz. Ich lasse mit beiden Händen los und imitiere den im vollen Galopp aus zwei Revolvern schießenden Lone Ranger. In diesem Moment, mein Blick auf ein fernes Ziel gerichtet, öffne ich unbewusst die Schultern, mein Körper verschmilzt mit jenem von Neo zu einer gemeinsamen Bewegung. Erfolg durch Ablenkung von der verkrampften Konzentration!

Wir üben Finessen des Trabs. Ich muss mich im Sattel aufrichten, wenn auf der Innenseite meine Schulter nach hinten geht, um im Rhythmus zu bleiben. Das Gegenteil fühlt sich im Vergleich tatsächlich weniger runder, weniger rhythmisch an. Als Anfänger übertreibt man das Aufrichten im Leichttrab; mit wachsender Zuversicht lässt man sich vom Rhythmus aus dem Sattel heben, braucht hierfür kaum Kraft, erlaubt dem Schwung, einen hochzuwerfen, während das kontrollierte Hinsetzen Muskelanstrengung erfordert, weil man dem Pferd nicht in den Rücken fallen soll. Bei einer weiteren Übung muss ich zwei Takte gegen den Rhythmus aussitzen, dann im Rhythmus auf- und abfedern, eine wirkungsvolle Übung für den richtigen Sitz, die auch erfahrene Reiter anwenden, wenn sie selbst oder ihre Pferde nicht locker sind.

Zu Julis Überraschung habe ich am nächsten Morgen keinen Muskelkater, ein gutes Zeichen. »Wer sich festklammert, kriegt Muskelkater, den muss man am nächsten Tag mit der Sackkarre durch die Gegend fahren, weil die Muskulatur, mit der man die Knie zusammendrückt, ansonsten kaum benutzt wird.«

Am dritten Tag erlebe ich im Dressurviereck einen der großen Aha-Momente meines Sportlerlebens. Meine Aufgabe hört sich zunächst wie Zauberei an: Ich soll Neo nach links bzw. rechts lenken, indem ich einfach in die gewünschte Richtung blicke. Zunächst funktioniert die Telepathie nicht. Bis ich meinen Wunsch intensiver auszudrücken versuche. Siehe da, Neo schreitet brav nach rechts (nach links klappt es weniger gut). Ich kann es kaum glauben. »Das nennt man Lenken über Gewichtsverlagerung«, erklärt mir Juli. »Oder auch handunabhängige Lenkung. Das ist das hohe Ziel des Reitens, das aus den Augen geraten ist. Durch die Blickrichtung verändert sich deine Körperhaltung, so dass das Pferd versteht, wohin du willst. Das ist bei der Dressur entscheidend.«

Beglückt und befriedigt begreife ich, dass die Zügel nur eine begleitende Funktion erfüllen. Der Großteil der Führungsarbeit erfolgt über die Körperhaltung, über die sanften Bewegungen des Beckens. Das wird laut Juli den wenigsten Reitern beigebracht. Der Mensch sei ein handorientiertes Wesen. »Die meisten lernen Reiten, indem man ihnen sagt, wenn du rechts ziehst, geht das Pferd nach rechts. Das ist falsch, denn so kommt es nie zu einer richtigen Kommunikation, weil das Pferd einem Schmerz nachgibt. Es ist besser, wenn das Pferd versucht, unter deinen Schwerpunkt zu kommen. Es hat ja ein Interesse an der Stabilität.«

Wer sich also auf die Zügel verlässt, der bleibt sportlich hinter den Möglichkeiten zurück. Man könnte es noch entschiedener formulieren: Die Zügel zu benutzen bedeutet, als Reiter zu versagen. Sie sollten Verwendung finden, wenn nichts anderes funktioniert. Eine Korrekturhilfe, nicht mehr.

Der Reiter hat verschiedene Möglichkeiten, dem Pferd seine Wünsche zu vermitteln, die sogenannten Hilfen: Gewichtsverlagerung, Schenkeldruck und Zügel, zudem die Stimme, die man auf Turnieren nicht einsetzen darf, sowie Gerte und Sporen. Die Zügel sind eigentlich nur nötig für die Beeinflussung der Kopf-Hals-Position, denn die Stellung des Genicks lässt sich über Schenkel oder Sitz kaum vermitteln. Es gibt Zäume mit und ohne Gebiss, bei den Wettkämpfen in der Dressur sind aber nur jene mit Gebiss erlaubt. In den höheren Klassen wird sogar ein Kandarengebiss mit vier Zügeln verwendet, das Maul voller Metall, militärischen Ursprungs und derart kompliziert, dass es viele Hobbysportler überfordert. Die Kandare ist so, wie man es sich dem übertragenen Wortsinn nach vorstellt: eine Stange mit verstärkender Schmerzwirkung, da sie einen enormen Druck auf die Laden ausübt. Das Pferd kann dadurch leichter in eine Zwangshaltung gebracht werden.

Am nächsten Tag vertiefen Neo und ich unsere Beziehung. Ich unterstütze die Richtungsänderung durch leichtes Treiben mit der Innenseite des Unterschenkels. Faszinierend, wie schnell Neo mich versteht. Bald klappt auch die Linksdrehung. Das Lenken funktioniert fast ohne Fehl und Tadel. Neo reagiert immer sensibler. Ich nehme uns als Team wahr. Bei der Dressur müssen sich zwei Sportler entwickeln: der Reiter und das Pferd. Optimal wäre, so der gängige Grundsatz, wenn entweder Reiter oder Pferd schon geübt wären. In der Realität müssen oft zwei zueinander finden, die einen Mangel an Erfahrung teilen, denn ein Anfänger besteigt selten ein ausgebildetes Pferd, genauso wenig wie eine Turnierreiterin sich mit einem jungen, ungeschulten Tier abgibt. Also durchschreiten beide gemeinsam eine Entwicklung, die Reise schweißt sie zusammen.

Selbstverständlich gibt es Rückschläge. Nach drei Monaten erfolgreichen Trainings kann auf einmal alles vergessen sein. Man muss dann einige Schritte zurücktreten können, was manchen Reitern schwerfällt. Bescheidene Erwartungen. Kleine Schritte. Geduldsproben. Nach einem erneuten Gelingen nicht mit Lob und noch weniger an der Belohnung sparen. Bei Neo wirkt nicht die Karotte, sondern das Gummibärchen (Juli sollte von Haribo gesponsert werden). Irgendwann kommt in dieser ungewöhnlichen Beziehung der Augenblick, in dem das Pferd gegen den Reiter kämpft, und wer sich dann auf Gewalt und Autorität allein verlässt, der verliert meistens. »Man muss schlauer sein«, sagt Juli, »nicht stärker.«

Auch die Sporen sollten seltener eingesetzt werden, als man es in Filmen sieht. Eigentlich sollten sie dezente Fußzeige sein, sanfte Pikser, um bestimmte Anweisungen zu präzisieren. Manche Reiter benutzen sie exzessiv, geben dem Pferd zudem widersprüchliche Befehle, indem sie etwa vorn am Zügel ziehen und hinten hart mit den Sporen treten. Die Folge: Verängstigte, schwitzende, gestresste Pferde, der Schweif steif, der Rücken starr.

Es fällt mir auf, dass Neo gerne die Nase nach vorn unten schiebt. Das entlastet die Wirbelsäule. Was er von sich aus macht, ist eine Dehnungsübung, bekannt unter der Bezeichnung »vorwärts, abwärts«, und die Voraussetzung für echten Dressurschwung. Der Geschmack hat sich über die Jahrzehnte geändert. Früher bewunderte man die »Spannungsreiterei«, die Pferde wurden zu hoher Körperspannung und exaltierten Bewegungen aufgepusht. Diese Überspanntheit ist zugunsten einer lockeren Bewegung aufgegeben worden. Wie bei einem Rennboot senkt sich bei einem gut ausgebildeten Dressurpferd in der Versammlung die Körperachse nach hinten. Das Gewicht liegt auf der Hinterhand, die Vorderbeine sind unbelastet. Das sei, meint Juli, die gesündeste Art, den Reiter zu tragen. Anatomisch korrekt, ästhetisch ansprechend. Sämtliche Dressurlektionen kämen in der Natur vor, größtenteils bei Imponiergehabe. Sogar das merkwürdig anmutende Rückwärtsgehen –, eine Unterwerfungsgeste vor einer Stute (im Pferdereich herrscht ein Matriarchat).

Wer Dressurreiten nicht ernst nimmt, der sollte in das postgelbe bzw. inzwischen nachtblaue Aufgabenheft der Deutschen Reiterlichen Vereinigung e. V. blicken, in dem die Anforderungen und Kriterien des Turniersports niedergeschrieben sind. Eine Loseblattsammlung, wie sie jeder Jurastudent vom »Schönfelder«, der legendären Gesetzessammlung, kennt. Die Aufgaben sind gemäß ihrer Schwere geordnet. Schlägt man eine zufällig auf, etwa L4 (»L« steht für leicht), wird dort jede Bewegung detailliert festgelegt, in diesem Fall neunzehn verschiedene Aufgaben, eine hochkomplexe Choreographie, die nicht leicht auswendig zu lernen ist, weswegen die Punkterichter oft über Lautsprecher die Aufgaben nacheinander ausrufen.

Juli ist eine Fundgrube überraschenden Wissens. Pferde seien, so erfahre ich am Abend, von Natur aus nicht fürs Reiten geschaffen. Sie verfügten nicht über ausreichend Muskulatur auf dem Rücken, um einen Menschen zu tragen. Die Muskeln müssten erst antrainiert werden, wie bei einem eifrigen Athleten, und sie entwickelten sich im Laufe der Zeit so sehr, dass der Sattel immer wieder der sich verändernden Anatomie angepasst werden müsse. Es dauere fünf Jahre, bis sie die notwendige Muskulatur aufgebaut haben. Durch die Zucht werde übrigens heutzutage ein Teil der Ausbildung vorweggenommen.

Was ist mit der Kavallerie, mit dem jahrhundertealten kentaurischen Pakt zwischen Reiter und Pferd? Die Pferde, meint Juli, seien früher schwerer gewesen, massiv gebaute Schlachtrösser, die den Krieger samt Rüstung tragen konnten. Heute würden schlanke, elegante Tiere gezüchtet, die weniger belastbar seien. Außerdem hätten die Kavalleristen ihre Pferde tiergerechter, behutsamer und gründlicher ausgebildet. Es habe weder die Hast noch den übersteigerten Ehrgeiz des heutigen Leistungssports gegeben. In der Armee habe man sich für die Grundausbildung der Pferde vier bis fünf Jahre Zeit gelassen. Heute werde dieser Prozess in einem Jahr vollzogen, die teuren Züchtungen würden in die Haltung gepresst, damit sie möglichst schnell verkauft werden könnten. Die Sportpferde würden zu früh auf Turniere geschickt, um durch ein erfolgreiches Abschneiden den Preis hochzutreiben. Sie seien noch nicht ausreichend bemuskelt, außer am Hals. Wie ein Bodybuilder, der falsch trainiert und an den falschen Stellen übermäßig ausgebildete Muskeln hat.

Beim Striegeln fällt mir ein Brandzeichen auf Neos linkem Oberschenkel auf: zwei stilisierte Pferdeköpfe. Diese Auszeichnung ist fast schon ein Anachronismus, da den Pferden heutzutage ein Mikrochip mit einer fünfzehnstelligen Kennnummer implantiert wird, die neben anderen Daten wie etwa dem Geburtsdatum im Equidenpass vermerkt wird. Auch uns Menschen ist schon eine ID-Nummer zugeteilt worden, die Frage ist nur, wann wir sie unter der Haut tragen werden.

Die Anschaffung eines Pferds kostet, wenn man ein sogenanntes Korrektur- oder Schlachtpferd kauft, zwischen eintausend und zweitausend Euro. Für ein trainiertes Pferd im besten Alter mit Turniererfahrung muss man hingegen an die fünfzehntausend Euro zahlen. Damit ist nur die Grundinvestition getätigt. Kleinere Nebenausgaben kommen hinzu:

der Sattel: 3000 €;
die Box: 400 € im Monat;
der Beritt: 400 € im Monat (ein Trainer, der dafür sorgt,
  dass das Pferd geritten wird, wenn man auf Reisen ist);
der Schmied: alle sechs Wochen mindestens 100 €;
der Zahnarzt: 200 € im Jahr;
das Futter: 100 € im Monat;
die Physiotherapie / Osteopathie / Chiropraktik: pro Anwendung
  100–200 € (mehrmals im Jahr);
der Anhänger: 5000 € (eigentlich sind sie nur für Geländewagen
  zugelassen, es ist gemeingefährlich, wenn ein VW Polo zwei
  Pferde zieht – andersrum wäre es besser);
der Tierarzt: etwa 1000 € im Jahr für Impfungen und kleinere
  Behandlungen gegen Beulen und Husten. Bei Koliken oder
  schwereren Verletzungen muss das Pferd zur teuren
  Behandlung in eine Klinik.

All diese Kosten kommen auf den Eigentümer eines einzigen Pferds zu, doch schon für die Teilnahme an regionalen Turnieren besitzen die meisten zwei Pferde, die engagierteren Reiter bis zu vier, in verschiedenen Altersklassen, damit sie den Sport jederzeit ausüben können. Man könnte diesen Aufwand als einen der Nachteile des Reitens auffassen.

Spät am Nachmittag sitze ich auf der Koppel und blicke hinüber zum Nachbarn. Dort steht ein einsames Ross. Sein Stolz ist offensichtlich. Winnie, ein altes Schulpferd, fast vierzig Jahre alt, genießt seit zwanzig Jahren Gnadenaufenthalt. Es ist so sehr vom Menschen enttäuscht, dass es niemanden an sich heranlässt. Die Haltung spricht es weithin sichtbar aus: Von euch habe ich die Nase gestrichen voll.

Das Turnier

Im Laufe der Recherche habe ich mich einige Male bei Wettkämpfen angemeldet, obwohl ich wusste, dass die Herausforderung mich überfordern und ich eine lächerliche Figur abgeben würde. Das ist bei der Dressur nicht möglich. Deswegen begleite ich Juli als Beobachter zu einem Turnier.

Die Vorbereitungen nehmen mehr Zeit in Anspruch als das Reiten selbst. Das Pferd muss gestriegelt und gebürstet, die Mähne zusammengebunden und eingeflochten werden, eine Verschönerung mit dem praktischen Effekt, dass die Halsmuskulatur zu beiden Seiten für die Punktrichter gut zu sehen ist. Keine Tätigkeit für Ungeduldige, besonders mühsam für jene, die ihre Pferde wie Juli im Offenstall artgerechter halten, denn die Tiere suhlen sich im Schlamm, werden nass, die Mähne verstrubbelt. Die meisten Pferde werden im Stall gehalten, kommen selten raus, das erleichtert einem vieles, auch die Pflege. Das Reglement hat sich noch nicht ganz von alten militärischen Schikanen emanzipiert. Früher ging der Korporal von Pferd zu Pferd und strich mit dem Finger über den Rücken, und wenn ein Hauch von Schmutz sichtbar war, musste das Pferd erneut geputzt werden. Die umfangreichen Turniervorgaben, die nichts dem Zufall überlassen, sind eine Fortwirkung solcher Strenge. Das Sportreiten entwickelte sich nicht zufällig nach dem Ersten Weltkrieg, es führt gewissermaßen die Arbeit der Kavallerie fort, mit friedlicheren Mitteln.

Das Turnier findet auf der Reitanlage Jagdhaus Paaren statt, irgendwo im Landkreis Havelland, inmitten eines Birkenwaldes. Als wir einfahren, kommt uns ein Notarztwagen entgegen. Juli meint trocken: »Hmm, schon der erste Reitunfall?« Der eigentlich weitläufige Parkplatz ist zu klein für all die Jeeps mit Anhängern oder die Lastwagen. Neben uns hat ein Springreiter geparkt (das sieht Juli mit einem Blick auf Pferd und Reiter). Am Vortag habe er an einem Springen mit fünfzehn Frauen teilgenommen. Er habe gewonnen und als Preis eine Nachtfaltencreme bekommen. Die Zweitplatzierte habe einen Reisigbesen erhalten, aber er habe sich nicht getraut, einen Tausch vorzuschlagen, es hätte ihm als sexistisch ausgelegt werden können.

Die Pferde sind, das spüre sogar ich, hypernervös: fünfhundert Artgenossen auf engstem Raum, und alle Rangfragen ungeklärt. Manche Pferde lernen diese Verwirrung zu ignorieren. Aber es vergeht kaum ein Turnier, bei dem sich nicht eines losreißt und wie von Wespen gestochen über den Parkplatz galoppiert. Die Veranstalter achten wenig darauf, die Pferde nicht zu irritieren. Das Viereck wird dekoriert, mit Fahnen oder mit Sponsorenplakaten, die im Wind flattern (Neo geht dann nicht ins Viereck). Die Lautsprecher dröhnen Pferd und Reiter mit hundertfünfzig Dezibel ins Ohr. Nebenan ist ein Bierzelt, es lärmt. »Einmal«, erzählt Juli, »spielten nebenan Kinder Fußball, da war die Prüfung gleich vorbei, Neo sprang aus dem Viereck. Es ist eine Herausforderung, das Pferd muss stabil sein und dir so sehr vertrauen, dass so etwas es nicht aus der Ruhe bringt. Neo ist nicht dominant genug, er hat nicht genug Persönlichkeit, um sich nicht verunsichern zu lassen.«

Die Pferde sind schöner herausgeputzt als die Reiter. Frack und Zylinder, Krawattennadel und Haarnetz verbinden sich mit einer verknöcherten Etikette zu einer Ästhetik aus der Mottenkiste. Weiße Hose, weißes Hemd und weiße Handschuhe beim dreckigsten Sport auf Erden verweisen auf die aristokratische Epoche, als Stallburschen und Dienstmädchen für blitzende Sauberkeit sorgten. Mein ungeübtes Auge kann eher Unterschiede bei den Pferden als bei den Reitern ausmachen. Manche nehmen zwar eine elegantere Haltung ein als andere, aber im Großen und Ganzen kann ich nicht erkennen, was sie leisten. Umso erstaunter bin ich zu sehen, wie eine Reiterin nach der Prüfung absteigt, ihre Bluse so durchgeschwitzt wie ihr Pferd.

Die Frau, das Gesicht verhärmt, beschwert sich lautstark bei ihrem Mann: »Und dann ist er aus dem Galopp nicht rausgekommen, das macht er schon wieder, und dann wollte er überhaupt nicht mehr.« Sie lässt ihrer geifernden Enttäuschung freien Lauf und spricht über das Pferd wie über ein ungezogenes Kind. »Dabei ist der Reiter immer schuld«, sagt Juli. »Es ist nicht richtig zu denken, dass das Pferd aus Dummheit oder Unwillen etwas falsch macht.« Die Frau strahlt derart schlechte Vibes aus, dass ich mir Harmonie mit ihr nicht vorstellen kann; und wenn ich das im Vorbeigehen schon spüre, wie mag es da einem Pferd ergehen, das täglich von ihr geritten wird?

In manch einer Sportart werden die Athleten gequält, aber es geschieht meist freiwillig, auch wenn man dies hinsichtlich der

Praxis in manchen Staaten wie etwa China bezweifeln könnte. Im Reitsport werden seit Jahren beharrliche Vorwürfe der Tierquälerei laut. Erfahrene Turnierteilnehmer berichteten von Pferden, die mit den Sporen traktiert wurden, bis sie bluteten, von Schlägen auf den Kopf mit den Zügeln. »Ich sehe immer wieder«, berichtet Juli, »wie sich verspannte Leute auf verspannten Pferden mit Zwang und Kraft durch eine S-Dressur quälen, die Pferde alle hinterm Zügel laufen und die Schnauze offen haben, weil die Kandare zwickt.«

Das Turnier dauert an. Ich stehe zufällig neben einer burschikosen Frau (hier keine Ausnahme), komme mit ihr ins Gespräch. Nach zwei Sätzen fragt sie: »Was machen Sie denn hier?« Ignoranz kann man nicht lange verheimlichen. Mein Projekt regt sie an, mich aufzuklären. »Die schlimmsten Reiter gewinnen oft die Turniere. Sie prügeln das Pferd so durch, dass sie gewinnen. Vor allem beim Springreiten. Weil sie so am schnellsten sind. Das macht Schule. Die Punktrichter sagen nichts.«

Die ursprüngliche Idee des Sports scheint bei manchen Reitern in Vergessenheit geraten zu sein. Sie nutzen das Pferd für die Dressur anstatt die Dressur für das Pferd. Nach einer Woche mit Neo kann ich nachvollziehen, wie man eine enge Beziehung zu seinem Pferd aufbaut, umso weniger aber, dass man es quält für etwas so Belangloses wie eine Trophäe.

Springreiten

Beim Springreiten, zumindest habe ich als Beobachter diesen Eindruck gewonnen, dominiert der Kampf zwischen Pferd und Reiter. Die bei der Dressur demonstrierte Entwicklung einer gemeinsamen Sprache fehlt bei manchen Reiter-Pferd-Paaren fast völlig. Wenn man direkt am Rand des Parcours steht, merkt man, wie hart die Vorderfüße der Pferde gegen die Stangen hauen. Schon der Klang tut weh. Es gibt Springreiter, die ihre Pferde auf die Beine schlagen, um sie an den Schmerz zu gewöhnen (die Struktur des zentralen Nervensystems ist bei Pferden ähnlich wie beim Menschen). Mir fällt auf, wie rabiat manche Pferde am Zaum gezogen werden. Wie wenig manche von ihnen den Befehlen folgen wollen. Eine Verweigerung. Ein Abbremsen. Der Sprung fast aus dem Stand. Die feinen Signale, die mir Juli eine Woche lang vermittelt hat, gelten hier offenbar weniger. Was ich sehe, ist nicht das, was ich gelernt habe.

Es ist wohl unumstritten, dass Sprünge über 1,60 Meter hohe Hindernisse nicht zu den natürlichen Bewegungsabläufen der Pferde gehören. Erst recht nicht, wenn sie in frühen Jahren, noch bevor sie wie erwähnt die nötige Muskulatur aufgebaut haben, zum Wettkampfsport gezwungen werden.

Ich kann mir den Thrill eines hohen Sprungs gut vorstellen, ebenso die Qualen für das Pferd nachempfinden. Manche der Pferde besitzen ein besseres Raumgefühl als andere. Der Reiter muss ihnen nur grobe Signale geben. Die Kunst liegt am richtigen Absprung, der von mehreren Galoppsprüngen vorbereitet wird, die eine gewisse Länge haben müssen, denn wenn das Pferd mit seinen Füßen falsch zum Hindernis steht, wird der Sprung misslingen. Also müssen Pferd und Reiter den Galoppsprung davor verkürzen oder verlängern. Wirklich gute Pferde treffen diese Entscheidung selbst.

Ich bin selbst nicht gesprungen, weil ich laut Julis Einschätzung selbst für einen niedrigen Sprung trotz meines guten Gleichgewichtssinns ein halbes Jahr üben müsste – auch dann wäre das Unterfangen mit einem großen Risiko behaftet –, und das nur, wenn ich ein sehr gutes Pferd hätte, das dazu in der Lage wäre. Aber woher so ein Pferd nehmen, wenn nicht stehlen. Der Sprung fühle sich im Sattel aufgrund der enormen Schubkraft »kolossal« an, das Pferd hebe ab, man müsse mitgehen, sich auf bestimmte Art aufrichten, sonst schleudere es einen aus dem Sattel. Und dann käme das Problem hinzu, dass das Pferd oft nicht springe. Wenn das passiere, sause man ab, falle in die Stangen hinein, eine im besten Fall schmerzhafte Erfahrung.

Vielseitigkeitsreiten

Vom Vielseitigkeitsreiten (früher Military genannt), das Dressur, Springen und Geländeritt kombiniert, konnte ich erst recht keinen aktiven Eindruck gewinnen. Schon allein deshalb, weil es kaum Pferde gibt, die diesen sehr unterschiedlichen Anforderungen gewachsen sind. Wegen der vielen Unfälle sind die Schwierigkeiten beim Geländeritt im Laufe der letzten Jahre sukzessive verringert worden.

Der Moderne Fünfkampf

Aus der schon beschriebenen Beschränkung ergibt sich auch, dass ich zum Modernen Fünfkampf, der neben Fechten, Schießen, Laufen und Schwimmen auch Springreiten beinhaltet, nicht antreten konnte.

IN DIE KNIE

■ Gewichtheben

Stellen Sie sich vor, Sie füllen den größten Koffer in Ihrem Besitz mit Ihren schwersten Büchern und gehen in die Hocke, so tief, dass der Hintern fast den Boden berührt, bevor Sie Ihren Körper in die Höhe wuchten, während Sie die Arme nach oben strecken, so dass der Koffer mit den gelehrigen Werken über Ihrem aufrechten Körper schwebt. Wenn Sie sich das wirklich vorstellen können, dann sind Sie für das »Reißen« gewappnet.

Von allen Sportarten erschien mir Gewichtheben als die unattraktivste. Weil sie eine Fähigkeit fördert, die im Leben selten zum Tragen kommt – eigentlich nur, wenn man umziehen muss –, zum anderen, weil sie den Menschen nicht gerade veredelt. Doch wie es dem Teufel der schweren Lasten gefällt, sind just in dieser Sportart Athleten aus meinem Herkunftsland traditionell sehr erfolgreich: Bulgarische Gewichtheber haben bei Olympia zwölf Mal Gold erwuchtet. Derart kulturell vorbelastet, musste ich mich dem Gewichtheben wohlwollend stellen.

In einer frühen Kindheitserinnerung stehe ich an einer Bushaltestelle in Plewen. Ich verbringe die Sommerferien bei den Großeltern väterlicherseits und werde wie ein Superschwergewichtler gemästet. Wir sehen einen Wartenden, der in die Knie geht, zugleich die Arme zur Brust reißt und aus der Hocke heraus mit gestreckten Armen hochschnellt. Eine merkwürdige Verrenkung, denke ich. Eine Bewegung, erklärt mir mein Großvater etwas steif und förmlich, die typisch sei für eine Sportart namens Gewichtheben. Für mich sieht es eher so aus, als würde der Fremde aus Luft schwere Materie machen. Jahre später lese ich von japanischen Männern, die auf der Plattform der Tokioter U-Bahn im Anzug Golfschwünge ausführen (gesehen habe ich dies in Tokio allerdings kein einziges Mal). Manche Sportarten eignen sich zum Trockentraining. Im Internat haben wir in den Pausen die Wurfbewegung im Kricket ausgeführt, ohne Ball. Judoka können manche Würfe ohne Gegner einstudieren. Doch nie habe ich im Stadtpark jemanden gesehen, der mit imaginärem Degen einen Ausfallschritt vornimmt.

Ich hatte den stämmigen Mann von der Bushaltestelle so gut wie vergessen, bis ich an einem Sommertag im Jahre 1988 die außergewöhnlichste Leistung in der Geschichte der Olympischen Spiele erleben durfte. Der Wettkampf im Fliegengewicht war politisch aufgeladen. Ende der 1980er Jahre hatte das kommunistische Regime in Bulgarien einen kulturellen Genozid an der türkischsprachigen Minderheit im Land verübt. Die Namen wurden slawisiert, die Sprache verboten, die Friedhöfe geschändet. Proteste wurden blutig niedergeschlagen, das stalinistische Arbeitslager auf der Donauinsel Belene wieder »in Betrieb genommen«. Der kleingewachsene Naum Sulejmanow war schon früh eine Legende. Mit sechzehn war er Weltmeister. Bald darauf hat er das Dreifache seines Körpergewichts gestoßen. Von da an hieß er nur noch »Taschen-Herkules«. Auf einer Auslandsreise setzte er sich in die Türkei ab, wo er seinen türkischen Namen, Naim Süleymanoğlu, wieder annahm. Die Querelen um seine Personalien zwischen Bulgarien und der Türkei wurden mit einer Million Dollar geregelt.

Mit jedem seiner sechs Versuche brach Naim einen olympischen oder einen Weltrekord. Am Ende des Wettkampfs standen drei neue Weltrekorde auf dem Papier, der Zweite hatte dreißig Kilo weniger, der Drittplatzierte gar fünfundfünfzig Kilo weniger gehoben. Naim Süleymanoğlu hätte sogar in der nächsthöheren Gewichtsklasse gewonnen.

Es stand für mich außer Frage, dass ich Gewichtheben in Bulgarien trainieren musste. Ein Kontakt mit dem Verband war schnell hergestellt, eine Einladung traf zügig ein. Doch nachdem ich in Sofia gelandet war, ließ mir der Präsident des nationalen Verbands mitteilen, die Athleten wünschten keinen Umgang mit Journalisten, seitdem im März desselben Jahres elf von ihnen positiv auf Doping getestet worden waren, worauf der ganze Verband international gesperrt wurde. Meine alte Heimat hatte mich mal wieder im Stich gelassen.

Doch Glück im Unglück: In Stockerau, einem unscheinbaren Ort nahe Wien mit einem Burger King als architektonischem Höhepunkt, trainiert Milan die wenigen österreichischen Spitzenathleten in dem kleinen Nebenraum eines Fitnessstudios, der die marginale Bedeutung dieses Sports klaustrophobisch zum Ausdruck bringt. Milan stammt aus der Slowakei und spricht mit dem Akzent der Sanftmut. Er nimmt sich meiner geduldig an, zunächst beim Reißen. Wir gehen die Technik mit der nackten Hantel durch (bei den Männern zwanzig, bei den Frauen fünfzehn Kilo schwer). Die Hände greifen breit, die Finger umfassen den Daumen, der Rücken bleibt gerade, die ausgestreckten Arme bringen die Hantel über die Knie, indem sich der Körper aufrichtet. Die Knie schnellen kurz nach hinten, dann wird das

Gewicht nach oben gezogen, in leichter Rücklage, die Ellbogen nach außen gerichtet. Dieser »Zugphase« folgt das »Tauchen«: der tief in die Hocke gehende Körper positioniert sich möglichst genau unter dem Gewicht, um mit voller Kraft aufzustehen.

»Oh, oh«, meint Milan nach einigen Versuchen wenig verheißungsvoll, »wir haben da Problem.« Das Problem bin ich bzw. meine Unfähigkeit, mich mit einem Gewicht über mir auf die Fersen zu hocken. Wie die meisten Probleme hat es dieses schon einmal gegeben, es existiert auch eine patente Lösung für »Senioren«, sie dürfen statt der Hocke einen Ausfallschritt ausführen.

Wir üben mit fünfundzwanzig, dreißig, vierzig Kilo. Je schwerer das Gewicht, desto klarer spüre ich jede technische Unsauberkeit. Oft ziehe ich zu Beginn mit den Armen an dem Gewicht, anstatt den ganzen Körper als Hebel einzusetzen. Das kann, warnt Milan, bei schwereren Gewichten leicht zu einem Muskelfaserriss im Bizeps führen. Immer wieder trichtert er mir den Grundgedanken des Gewichthebens ein: Die ausgefeilte Technik hat den Zweck, den stärksten Körperteilen die größte Belastung zuzumuten, denn die Schulter ist kräftiger als der Bizeps, der Rumpf stärker als die Schulter. Und die Oberschenkel sind Kolben mit enormem Potential, weswegen bei Gewichthebern der Unterbau muskulöser ist als der Oberkörper.

Neben mir trainiert Sargis Martirosyan, ein Armenier, der bei Olympia für Österreich zu starten hofft. Jahrelang hat er auf seine Einbürgerung warten müssen, jetzt muss er sich »nur« noch qualifizieren. Jeden Dienstag zur Mittagszeit saß er am Computer, in der Hoffnung auf einen positiven Bescheid. Jahrelang durfte er keine internationalen Wettkämpfe bestreiten, erhielt keine staatliche Förderung. Sargis hat durchgehalten.

Auffällig an seinen Übungsversuchen ist die fließende Bewegung, die Dynamik, die das gewaltige Gewicht negiert. Beim Zug kommt eine explosive Qualität ins Spiel, die das Gewicht ebenso überrumpelt wie den Betrachter. Bevor sie sich versieht, ist die Schwerkraft außer Gefecht gesetzt. Sargis geht die Zugphase langsam an. Auf meine Frage, wieso er so bedächtig beginne, antwortet er: »Man muss langsam anfangen, um dann beschleunigen zu können. Wer zu Beginn zu schnell ist, der kann dann nur noch langsamer werden.« Das taugt als Motto für alle Senioren.

Das Stoßen fällt mir leichter. Ich bilde mir ein, mir die Arbeit aufteilen, Fehler ausgleichen, Schwächen korrigieren zu können. Stoßen bietet »Gewichtheben« als Drama in zwei Akten mit kurzer Pause dazwischen: Zuerst zieht man die Stange hoch, bis sie auf dem Oberkörper aufliegt, holt dann Luft, sammelt seine Gedanken, bevor man das Gewicht mit einem weiten Ausfallschritt in die Höhe drückt. Dieser Stoß hat druckvoll zu erfolgen, mit einem kleinen Sprung fast. Anhand des Klangs der Stange kann Milan erkennen, ob ich genügend Dynamik an das Gewicht lege (»die Stange muss klingen«).

Schon beim zweiten Training bereiten wir die Versuche wie Profis vor, pudern die Hände ein (eigentlich nur zwischen Daumen und Zeigefinger), konzentrieren uns. Milan zeigt mir, wie der Rücken aktiviert wird: durch eine kurze, intensive Reibung. Massage *à la minute*. Einmal bringt er, um den Wettkampf vollends zu simulieren, einen Flakon mit Ammoniak mit, an dem ich schnüffle, um die Atemwege zu befreien. Die Punkte, an die ich denken muss, sind jene, an die mich Milan erinnern muss: den Rücken gerade; die Beine auseinander, so dass die Knie die Arme berühren; den Zug aus dem ganzen Körper heraus; den Ausfallschritt; das Auseinanderreißen der Arme. Die Füße zusammenführen und innehalten, »fixieren«, bis die Richter weißes Licht geben, in unserem Fall ein Zungenschnalzen von Milan. Oft schwanke ich am Ende, weil ich das Gewicht etwas zu weit vorn halte, somit physikalisch unvorteilhaft positioniert bin, so dass die schwächeren Muskelgruppen für Ausgleich sorgen müssen, was bei einem schwereren Gewicht unmöglich wäre.

Die Übungen wiederholen sich. Gewichtheben erfordert mehr Beharrlichkeit als Talent. Das erleichtert den Einstieg. Aber auch den Ausstieg. Ich spüre, wie mich eine geistige Mattigkeit überkommt. Die anderen Gewichtheber ertragen die mangelnde Abwechslung mit Schmäh. Ihr Training besteht aus angeregter Frotzelei, unterbrochen von dynamischen Kniebeugen. Auffällig, dass die Gewichtheber nie etwas ohne Not aufheben. Die Stange wird mit dem Fuß platziert, das Gewicht wird nach erfolgtem Versuch auf den Boden geworfen.

»Gewichtheber halten mit ihrer Kraft immer Haus«, sagt Milan. »Ich verstehe«, antworte ich, »sie sind Kopfarbeiter.«

Eines Tages drückt mir Milan eine Broschüre in die Hand: Baby Barbell, Gewichtheben für kleine Kinder, zur Stärkung der Wirbelsäule. Ein vorbeugendes Mittel gegen die weitverbreiteten Haltungsfehler. Auf dem Faltblatt hebt ein Kind die Stange mit einem Arm. »Gut für Technik«, erklärt Milan. Wir üben sogleich den einarmigen Kraftakt, einst auch eine olympische Disziplin. Gewichtheben gehört zu den ältesten Sportarten. Es wurde schon während der Zhou-Dynastie in China (10.–3. Jahrhundert v. Chr.) betrieben. Rekruten mussten Gewichte stemmen, bevor sie in die Armee aufgenommen wurden. Auf altägyptischen Artefakten hieven Athleten Sandsäcke in die Höhe, auf griechischen Vasen große Steine. Die Griechen benutzten auch

Hanteln, *halteres* genannt, aus Stein oder Blei. Die Römer gingen, wie in vielem, mit gutem Beispiel hinterher. Wir verdanken ihnen aber das Wort »Muskel«: *musculus* bedeutete eigentlich »Mäuschen«, ein eigenwilliger Vergleich, der einem erst einleuchtet, wenn Bodybuilder mit ihren Zierratmuskeln zucken. Allerdings könnte man Muskeln als gut dressierte Haustiere beschreiben; Fett hingegen folgt keinem Befehl, es schwabbelt selbstbestimmt herum. Der gewichtheberische Funke sprang von der Antike auf die Renaissance über, das anatomische Wissen von Aelius Galenus auf Girolamo Mercuriale, dem Leonardo da Vinci des Krafttrainings. Die Zeichnungen in Mercuriales Lehrbuch »De arte gymnastica« (1569) zeigen Gewichtheber bei Übungen mit schweren Platten, so wie Bauarbeiter, denen der Kran abhanden gekommen ist.

Baby Barbell ist die jüngste Erfindung in dieser langen Geschichte wuchtbarer Objekte. Milan hat diese sechs Kilo schwere Plastikhantel selbst entwickelt. Mit Leidenschaft erzählt er von dem Projekt, das er in einigen Schulen seiner Heimat initiiert hat. Er trainiert mit den Kleinen auf dem Schulhof, während der Rektor im Büro sitzt und über die Kameras, die überall installiert sind, neugierig beobachtet, wie die Kinder reagieren. »Den Kindern macht es großen Spaß«, sagt Milan, und auf seinem Gesicht breitet sich ein Lächeln des Stolzes und der Zuversicht aus. Der Mensch, erklärt er mir, nehme instinktiv die richtige Haltung ein. Zweijährige Kinder gingen mit geradem Rückgrat in die Knie, wenn sie Sand am Strand schaufeln, um ihre Burgen zu bauen. Erst die Erwachsenen beugen den Rücken. Das Leben drücke die Menschen zu Boden. Wenn jemand gekrümmt ins Fitnesszentrum komme, könne man Rückschlüsse auf seine Psyche, auf sein Leben ziehen.

»Der Mensch«, sagt Milan, »wird mit einer gesunden Wirbelsäule geboren, das Leben macht sie kaputt.«

Wir müssen das Training unterbrechen, als Milan mit Sargis zur Weltmeisterschaft nach Houston, Texas, reist. Sargis verletzt sich vor dem Wettkampf; ein russischer Superschwergewichtler namens Alexei Lowtschew stellt einen fabelhaften Weltrekord auf. Vier Wochen später wird bekannt, dass seine A-Probe positiv auf das Wachstumshormon Ipamorelin getestet wurde. Er wird vorläufig gesperrt, zusammen mit dreiundzwanzig anderen Athleten.

Wie Milan sagen würde: »Alles eine Frage der Haltung.«

Der Olympiasieger: 385 kg (Zweikampf). Ich: 100 kg.

LUFTSPRÜNGE

◼ Turnen

Ich bin traumatisiert. Als wir 1977 von Kenia nach Deutschland umsiedelten, konnte ich weder Deutsch noch Turnen. Meine Integration erfolgte mit Höhen (die Sprache) und Tiefen (das Turnen). Der Deutschlehrer bat mich, meinen Sitznachbarn nicht abschreiben zu lassen, der Sportlehrer dagegen verzog säuerlich die Miene, wenn ich an der Reihe war, und starrte mich voller Verachtung an, wenn mir der Felgaufschwung mal wieder misslang. Beim Turnen blieb mein Wortschatz bescheiden, meine Aussprache schief, ich stolperte über die einfachsten grammatikalischen Regeln. Der Sportlehrer schrieb mich als Versager ab (später erfuhr ich, dass er Alkoholiker war) und ignorierte mich von da an. Ich blieb vor der Sprossenwand stehen, während die anderen versuchten, der Schwerkraft ein Schnippchen zu schlagen. Zutiefst gekränkt verharrte ich in einer gymnastischen Parallelgesellschaft. Wenn ich mir vorstelle, Turnen wäre die *lingua franca* der Bundesrepublik, schlüpfe ich in die Haut eines sprachohnmächtigen Fremden.

Meine Aversion wurde intellektuell legitimiert durch die Geburt des Turnens aus dem Geist soldatischer Ertüchtigung. Auf Friedrich Ludwig Jahns Grundlagenwerk »Die Deutsche Turnkunst« folgte Johann Christoph Friedrich GutsMuths' »Turnbuch für die Söhne des Vaterlandes«. Gymnastik als teutonische Pflicht. Die Riesenfelge als vaterländischer Tribut. Erzieherische Absichten wurden dem Wehrhaften untergeordnet. Mit seiner ersten Schrift (»Gymnastik für die Jugend«) hatte der Pädagoge GutsMuths noch beabsichtigt, den körperlichen Verfall in der Gesellschaft aufzuhalten (ein alter Hut offensichtlich). Das antike Ideal eines ausgeglichenen Geistes sowie Körpers musste, kaum wiederbelebt, gleich dem »deutschen Zwecke« dienen. GutsMuths wandelte sich von einem universellen Aufklärer zu einem deutschen Erzieher. Dem preußischen Staatsminister legte er nahe, mit Hilfe der Gymnastik die niederen Klassen des Volkes »zum Dienst des Staates« zu stählen. Der patriotische Bizeps war kein rein deutsches Ideal. Auch andere Nationen gewannen am Pauschenpferd ihr Selbstwertgefühl zurück. Per Henrik Ling, Begründer der schwedischen Heilgymnastik, dessen Konterfei die Medaillen bei der »Sonnenschein-Olympiade« in Stockholm 1912 schmückte, wurde angetrieben von dem aus seiner Sicht inakzeptablen Verlust Finnlands und der baltischen Staaten. Der britische Romancier Charles Kingsley predigte ein »muskulöses Christentum« (»Die erste und letzte aller Tugenden ist Selbstbeherrschung.«). Andererseits begegnete ich im Laufe meiner Recherchen immer wieder geschätzten Zeitgenossen, für die das Turnen die Krönung der Sportschöpfung ist. Die vollkommenste körperliche Prüfung. Schweigend unterdrückte ich mein tiefempfundenes Unverständnis.

Balance, in vielen Sportarten wichtig, ist beim Turnen die wesentliche Voraussetzung. Ein Test: Setzen Sie ein Bein vor das andere, so dass sich die Füße berühren, die Arme an der Seite. Verharren Sie in dieser Position. Sie können das Gewicht gern verlagern, nicht aber die Arme ausstrecken. Jetzt lehnen Sie sich ein wenig zur Seite. Schon werden Sie umfallen. Wenn Sie aber in die Knie gehen, fällt es Ihnen leichter, die Balance zu halten, ebenso, wenn Sie die Arme ausstrecken. Deswegen kann man beides bei der Landung nach einem Sprung beobachten. Nicht aus rein ästhetischen Gründen, wie man vermuten könnte, sondern um das Schwanken zu beherrschen. Turnen besteht aus Verrenkungen, die es auszubalancieren gilt.

Ringe

Geflügelte Worte sind meist poetischer als präzise. Doch der Ausdruck »Energiebündel« beschreibt die bulgarische Turnlegende Jordan Jowtschew aufs genaueste. Er wirkt wie ein mit Kraft aufgepumpter Ball, obwohl er schon seit zwei Jahren keinen Leistungssport mehr betreibt. Bis hin zum kräftigen Händedruck und dem strengen Blick, der einem Disziplin abverlangt. Als wollte er meinen Eindruck bestätigen, beantwortet er meine erste Frage nach dem Zweck einer langen, erhöhten Bahn mit zwei Flickflacks und einem Salto, den er mühelos steht. Die Leichtigkeit der Ausführung schüchtert mich ein. Mit einem Überschlag bin ich von einem potentiellen Mitwirkenden zu einem begeisterten Zuschauer degradiert. Die Kluft zwischen dem Dilettanten und dem Virtuosen ist im Turnen besonders groß. Eine olympische Kür scheint aus der Negierung von Naturgesetzen zu bestehen. So sehr einen die Akrobatik begeistert, sie animiert nicht gerade zur Nachahmung. In keiner anderen Sportart habe ich mein eigenes Scheitern so klar vorhergesehen.

Wir haben uns unkompliziert in einer Turnhalle in Sofia verabredet, damit mich Jordan in die Grundlagen seines Spezialgeräts einführt, die Ringe, an denen er mehrere Weltmeistertitel und Olympiamedaillen gewonnen hat. Die erste unangenehme Überraschung: Die Ringe hängen weit oben (2,60 Meter über dem Boden), so dass ich über eine Leiter hinaufsteigen muss, wie zum Sprungbrett beim Wasserspringen. Angesichts dieser Höhe sollte man vielleicht eher von Rettungsringen sprechen. Als erste Übung soll ich die Beine in die Waagrechte bringen. Das klappt halbwegs. Dann soll ich die Position halten. Das klappt zeitweise, wenn auch zitternd. Doch als ich aus einem Schwung heraus in der waagrechten Position zum Stillstand kommen soll, erleben meine Muskeln einen Frontalaufprall. Immense Kräfte wirken auf mich ein, und ich falle auf die dicke Matte. Jordan weist mich mitleidslos an, die Ringe festzuhalten. Schon nach wenigen Minuten bin ich den beiden zentralen Aspekten dieses Geräts begegnet: Kraft und Schwung. Und es braucht immens viel Kraft, um den Schwung abzubremsen und in einer bestimmten Position die nötigen zwei Sekunden innezuhalten. Als Nächstes verlangt mir Jordan die Kippe in den Stütz ab, dann in den Handstand. Ich blicke ihn fassungslos an. Genauso gut hätte er vorschlagen können, dass ich im *Cirque du Soleil* auftrete. Jordan akzeptiert kein vorauseilendes Scheitern. Wir begeben uns zu niedriger hängenden Ringen, und er hilft meinem Unterleib mit einem exakt getimten Schubs hinauf. Auf einmal hänge ich kopfunter, halte mein Gewicht mit ausgestreckten Armen (Jordan wahrt mein Gleichgewicht). Es ist aufregend. Ich werde sogar vom großen Turner gelobt! Auf einmal kann ich mir vorstellen, alle Vorurteile gegen diesen Sport in den Wind zu schlagen. Das Hoch dauert bis zur nächsten Übung an.

Nach einer halben Stunde schmerzen meine roten und aufgerauten Hände. »Ich vermute, die Hände gewöhnen sich daran?«, frage ich Jordan.

»Man gewöhnt sich an den Schmerz«, antwortet er ohne die leiseste Spur von Ironie.

Dann skizziert er mir seine Leidens- und Verletzungsgeschichte: ein Sportlerleben als Selbstfolter. »Hart im Nehmen« erscheint mir geradezu als Euphemismus. Nach dem Vorkampf bei Olympia 2012, bei dem er sich zum fünften Mal (!) für das Finale qualifizierte, wurde er von einem Journalisten gefragt, ob er sich Chancen auf die Goldmedaille ausrechne, die einzige Auszeichnung, die ihm noch fehle. Jordan antwortete: »Ich habe einen eingerissenen Bizeps, mein Handgelenk ist teilweise gebrochen, ich bin fast vierzig Jahre alt. Ich bin schon zu lange dabei.«

Während einer dringend erforderlichen Pause – mir tun inzwischen Schulter, Bizeps und Trizeps weh –, unterhält er sich mit einem jungen Turner, dessen lange Haare bei den Riesenfelgen in alle Richtungen flattern. Jordan befragt ihn aufmerksam zu seinem Studium, seiner materiellen Situation, seinem Trainingspensum. Er rüffelt ihn, weil er raucht, gelegentlich ein Bier trinkt. Er schlägt ihm vor, die ganz Kleinen zu trainieren. Sein Tonfall und seine Körpersprache drücken Anteilnahme aus, so dass es mich überrascht, wie apodiktisch er danach urteilt: »Der Junge ist nicht seriös dabei.«

Jordan verkörpert die Überzeugung, dass man sich alles abverlangen muss und dass dies stets mehr sein kann, als man annimmt.

Reck

In Sofia fragte ich Jordan, wie lange ich wohl brauchen würde, die Riesenfelge zu erlernen. »Ein Jahr«, antwortete er. Als ich mich in Stuttgart mit dem Felgaufschwung abplage, erscheint mir sein Diktum viel zu optimistisch. Michael, der mich engagiert am Trampolin trainiert, hat die undankbare Aufgabe übernommen, mir das ABC des Turnens nahezubringen. Kaum habe ich die drei Zentimeter dicke Stahlstange ergriffen, verwandle ich mich in das verängstigte Wesen in der Turnhalle des Helmholtz-Gymnasiums in Essen. Ich kann mir die Bewegung nicht vorstellen, ich weiß nicht, wie ich anfangen soll. Ich wäre der geeignetste Proband für eine psychoanalytische Fallstudie. Alle Ängste aus Sigmund Freuds Theorien feiern in mir ein lähmendes Stelldichein. Primärangst und Sekundärangst verschlingen einander. Ich versuche es halbherzig. Mein Blick bittet um Entschuldigung, Michaels äußert Bedauern. Da höre ich eine piepsige Stimme neben mir, ein kleines Mädchen, das von seiner Mutter in einer Ecke der Halle geparkt worden ist: »Ich kann das. Das kann ich.« Sie springt hoch, packt die Stange und schwingt sich hinauf. Die Götter mögen mir verzeihen, aber in diesem Augenblick empfinde ich Hass auf dieses winzige Wesen, das wahrscheinlich nicht einmal lesen kann. Und auf meinen Sportlehrer von einst und sein gläsernes rechtes Auge.

Zur Versöhnung klettere ich zum richtigen Reck hinauf, 2,60 Meter über dem Boden, und lasse mich schwingen. Dies ist der Grund, wieso man sich Tarzan als glücklichen Menschen vorstellen muss. Ich baumle hin und her, angenehm fremdbestimmt, und lasse mich dann in die Grube mit Schaumstoff fallen. Aus ihr herauszukommen ist fast so mühsam wie aus der Falle der eigenen Traumatisierung.

Boden

Begonnen haben wir mit der Grunddisziplin Bodenturnen. Die Rolle vorwärts gelingt mir souverän, weil ich mir einbilde, ich sei beim Judo. Immerhin lerne ich, den Schwung so mitzunehmen, dass ich in einer Bewegung wieder auf die Beine komme. Beim Handstandaufschwung fehlen mir stets an die dreißig Grad zur säulengeraden Haltung, wie Michael mir versichert, bevor er seine Diagnose mit seinem Smartphone dokumentiert. Ich fühle mich zutiefst unwohl. Beim Yoga habe ich den Kopfstand stets ausgelassen. Mein Kopf soll nur von innen belastet werden. Da ich den Handstand nicht vollbringen kann (es sei denn, Michael hält meine Beine, aber das zählt ja nicht), kann ich auch nicht eine Rolle vorwärts anschließen. Bodenturnen kommt schnell an meine Grenzen.

Barren

Es ist kein Zufall, dass die Beschreibungen von nun an kürzer werden. Zwar ist Misserfolg ein literarisch ergiebiges Thema, aber nur wenn eine realistische Möglichkeit auf Erfolg besteht. Unser Interesse gilt demjenigen, der weit hinaufliegt, bis er an der Sonne verglüht, nicht aber demjenigen, der auf einer Liege einen Sonnenbrand erleidet. Als wir zum Barren gelangen, macht sich Michael derartige Sorgen um mein Selbstwertgefühl, dass er mich für alles zu loben beginnt. Für den banalen Stützaufschwung, für das läppische Schwingen im Stütz. Für die zumindest versuchte Schwungstemme rückwärts. Dafür, dass ich auf zwei Beinen stehe und der Wahrheit ins Gesicht sehe. Im Gegensatz zu den folgenden Geräten kann ich mir vorstellen, dass mir das Barrenturnen in einem anderen Leben Spaß machen könnte.

Pauschenpferd

Die Erfindung dieses Geräts muss dem Phantomschmerz eines Kavallerieoffiziers im Ruhestand geschuldet sein. In seinen Phantasien wanderte er über den ganzen Rücken seines geliebten Gauls. Er musste nur noch zwei Haltegriffe auf diese Sehnsucht satteln, und schon war das Pauschenpferd fertig. Aus nicht nachvollziehbaren Gründen soll der Mensch sich auf die Griffe oder direkt auf das Pferd abstützen, soll einscheren und ausscheren, soll stützwandern, also die Hände über die gesamte Breite verschieben. Nichts davon gelingt mir, wegen anatomischer Dissonanzen, aber auch weil mir partout nicht einleuchten will, wieso ich auf einem Pferd herumturnen soll.

Sprung

Das Sprungbrett leuchtet mir zwar ein (auch als Metapher), die Ausführung aber nicht meinem Körper. Wir springen zuerst auf den Kasten in den Stand und auf der anderen Seite wieder herunter, was im Schulunterricht »Mutsprung« genannt wird. Michael ist guter Dinge, dass »wir« den Hocksprung (in der Hocke über den Kasten) auch noch hinkriegen. Er täuscht sich. Die bewegungshemmenden Folgen von Angst stellen sich idealtypisch ein. Ich lande stattdessen mit den Knien auf dem Kasten. Ich schaue mich in der inzwischen vollen Turnhalle um, ein Hobbit inmitten von Elfen. Michael offeriert mir den besten Trost, den es gibt: »Turnen ist die komplexeste aller motorischen Herausforderungen.«

■ Trampolin

> *There is a girl in New York City /*
> *Who calls herself the human trampoline /*
> *And sometimes when I'm falling, flying /*
> *Or tumbling in turmoil I say /*
> *Whoa, so this is what she means.*
>
> Paul Simon, *Graceland*

An einem frühsommerlichen Tag lernte ich das Trampolin und die Schnappschildkröte kennen. Ich war bei Freunden in einem niedersächsischen Dorf, das aus sechzig Häusern und unzähligen Kartoffelfeldern besteht, zu Besuch. Im Garten Tomaten, Kräuter und ein Trampolin. Es dauerte nur wenige euphorisch-ungelenke Sprünge, bis mir schlecht wurde. Elendig schlecht, so wie auf der MS Hansen bei der Überquerung der Drake-Passage. Ich kroch vom »Tuch« und legte mich auf den Boden. Ein Fahrrad quietschte heran, Emile und Mathilda rannten aufgeregten Schreien hinterher. Wenig später wurden auch die Erwachsenen gerufen. Der Fund der Kinder war erstaunlich. Ein geschrumpfter Dinosaurier störte die sonntägliche Ruhe. Jemand wollte das Miniaturmonster als Schnappschildkröte identifiziert haben. Dagegen sprach, dass dieses Reptil in Europa gar nicht beheimatet ist. Da Verantwortung in diesem Land eine hochspezialisierte Angelegenheit ist, wurde die Schnappschildkröten-Auffangstation in Soltau (Lüneburger Heide) informiert und das Tier von einem kompetenten Schnappschildkrötenfänger abgeholt (kein Jota dieses Satzes ist erfunden). Unsere Schnappschildkröte war nämlich nicht die erste in freier norddeutscher Wildbahn. Wie wir erfuhren, wurden diese Exoten (sie kosteten nur zwanzig Mark) in den 1980er Jahren massenhaft verschenkt. Als die possierlichen Tierchen zu aggressiven Kampfkröten herangewachsen waren, wurden sie oft an den Ufern heimischer Gewässer ausgesetzt. Das von den Kindern des Dorfes gefundene Exemplar erwies sich als das älteste und größte Tier in der Geschichte der Schnappschildkröten-Auffangstation. Und meine Erinnerung folgt seitdem der Gleichung: Schnappschildkröte = Trampolin.

In der Turnhalle steige ich zunächst zusammen mit dem Trainer auf das Tuch. Michael hält meine Hände fest, wir springen synchron. Wieder wird mir schlecht. Er wirft mich ohne Vorwarnung in die Luft, alles in mir zieht sich zusammen, zum ersten Mal fliege ich. Als er mich loslässt und mir rät, einen Orientierungspunkt am Hallenende zu fixieren, ist es mit der Seekrankheit bald vorbei. Danach bin ich im Lot. Von nun an verspüre ich mehr Kribbeln im Kopf als im Bauch. Und meine Faszination wächst mit jedem Sprung. Trampolin ist das bestgehütete olympische Geheimnis. Vor allem wegen des Fluggefühls. Auf dem Trampolin zu meiner Rechten springt Kriemhild, entrückt, beglückt, ein Kind, das in einer spielerischen Tätigkeit völlig aufgeht. Wir fliegen nebeneinander, gemeinsam.

Als Erstes erklärt mir Michael, die richtige Bezeichnung der Disziplin laute »Trampolinturnen«. Das klingt für mich bedrohlich. Michael selber kommt, als Sohn zweier Turner, beide Olympioniken, vom Turnen. Zusammen mit seinem Zwillingsbruder war er Weltklasse-Trampoliner (oder Trampolit), 2001 Vizeweltmeister im Mannschaftswettbewerb. Zudem ist er eine Kommunikationskanone. Schon beim ausgedehnten Aufwärmen – Michael spricht jeden relevanten Muskel persönlich an – schlägt er rhetorische Purzelbäume.

Die anfängliche Angst vergeht im Flug, weicht einer neuen Lust. Ich katapultiere mich in die Höhe, zuerst mit fuchtelnden Armen, später mit kontrollierteren Bewegungen, versuche die Balance zu halten, auch wenn ich mehr Schwung hole, indem ich leicht in die Knie gehe und mich am Wurfpunkt nach oben drücke, die Beine zusammen, gestreckt, den Bauch angespannt, die Brust nach vorne, Kopf und Schultern gerade gehalten. Unter den Füßen sehe ich ein rotes Kreuz. Perfektion wäre, stets auf diesem Kreuz zu landen, nicht über das Tuch zu »wandern«. Wenn ich schief aufkomme, werde ich nach vorne oder hinten geworfen und finde mich schnell am gefährlichen Rand des Tuchs wieder. Die Sprungfläche ist mit 213 mal 426 Zentimetern kleiner als vermutet, beängstigend klein, bedenkt man, dass der Kopf der besten Turner eine Höhe von bis zu neun Metern erreicht, weswegen die Decke eine entsprechende Höhe aufweisen muss.

Der Wurfpunkt ist jene Stelle und jener Moment, der einen am effektivsten hochschnellen lässt. Drückt man sich im falschen Augenblick ab, »verpasst« man das Tuch, der Sprung ist zwar noch im Schwungtoleranzbereich, aber man erleidet einen Höhenverlust. Trifft man das Tuch zu früh, fühlt es sich an wie bei einer ausbleibenden Treppenstufe: Man tritt sozusagen ins Leere. Wenn man das Tuch hingegen zu spät tritt, sackt man in die schlotternden Knie zusammen. Hoch hinaus kommt man nur, wenn die Amplituden des Springers mit der natürlichen Frequenz des Tuches übereinstimmen. Zur Übung springe ich nach vorn und nach hinten, dann diagonal, um, wie Michael es ausdrückt, »ein Gefühl für das Tuch zu entwickeln«. Man bremst nicht mit Oberköper oder Armen ab, sondern indem man in die Knie geht und stark abfedert. Ein geübter Turner kann selbst nach einem hohen Sprung so zum Stehen kommen.

Das Trampolin stammt vom Marktführer *Eurotramp*, es kostet achttausend Euro. Die neuen, 2010 eingeführten Geräte ermöglichen zwischen zehn und fünfzehn Prozent mehr Leistung und erlauben auch schwächeren Turnern höhere und dadurch kompliziertere Sprünge. Ab einem gewissen, sehr hohen Niveau muss der Körper an die höheren Belastungen angepasst werden. Beim olympischen Finale in London siegte der Athlet, der am höchsten sprang. Nicht nur wegen der damit einhergehenden Eleganz, sondern auch weil die Flugdauer *(time of flight)* vom Computer gemessen wird und in die Wertung einfließt. Die besten Frauen und Männer scheinen alle Zeit der Welt für ihre immens komplexen Salti und Drehungen zu haben.

Die Sprünge tragen eigenartige Namen. Der »Adolf« ist ein Salto vorwärts mit dreieinhalbfacher Schraube; der »Triffis« ein Dreifachsalto mit halber Schraube; der »Fliffis-Rudi« ein Doppelsalto mit eineinhalbfacher Schraube; der »Rudolf« (kurz: »Rudi«) ein Salto vorwärts mit eineinhalbfacher Schraube.

Die technische Entwicklung, meint Michael, verzeihe weniger Fehler. Die Männer experimentieren inzwischen mit gefährlichen Dreifachsalti. Einer der besten deutschen Trampolinturner sei querschnittgelähmt, nachdem er vor einigen Jahren bei einem »kaputtgegangenen« Sprung auf den Nacken gefallen sei. Michael schockiert mich mit der Geschichte seines schlimmsten Sturzes, nach dem er seinen rechten Fuß auf den ersten Blick nicht finden konnte, weil dieser sich auf der anderen Seite in den Unterschenkel verkeilt hatte. Solch schwere Verletzungen seien laut Michael aber selten. »Bevor du einen Doppelsalto vorwärts mit einer Schraube im ersten und einer halben Schraube im zweiten Salto springst, hast du den Sprung ins kleinste Detail zerlegt, jeder einzelne Aspekt wird zigmal geübt. Du fängst mit Vorübungen an, etwa mit einem Salto vorwärts halbe Drehung gestreckt. Nach diesem Sprung (»Barani« genannt) landest du auf dem Rücken. Drehung um Drehung wird die Komplexität gesteigert. Alles wird so oft wiederholt, bis die nötige Kontrolle und Übersicht vorhanden ist.«

Mein Niveau ist natürlich Lichtjahre von solchen Gefährdungen entfernt, aber auch mich schleudert es manchmal vom Tuch, und ich fliege wie eine abgeschossene Ente auf die angrenzende blaue Matte. Mein erster Sprung ist die Hocke. Die kleinste aller Herausforderungen. Auf die Hocke folgt die Grätsche. Da diese Bewegung schon ein wenig komplizierter ist, gerate ich vom mittigen Kreuz ab. Die anschließenden Sprünge in den Sitz oder auf den Rücken verlangen mir weitere motorische Fähigkeiten und ein Quantum Mut ab. Präzision wird zunehmend wichtiger. Wenn ich schief lande, bin ich dem Tuch hilflos ausgeliefert. Der Boden unter meinen Füßen bebt eigenwillig.

Ein Kernsatz von Michael lautet: »Geschmeidig bleiben!« Weil ich nicht genau verstehe, was geschmeidig bedeuten soll, erklärt er mir: »Geschmeidig ist nicht locker, aber auch nicht steif.« Damit ist alles klar, und ich springe von da an nur noch geschmeidig. Aber nicht annähernd so geschmeidig wie die Kinder um mich herum. Kleine Kobolde, die sich das Tuch angelacht haben. Sie fliegen auf steiler Lernkurve. »Schau' sie dir an«, sage ich. »Das goldene Zeitalter der Motorik«, sagt Michael.

Der entscheidende Unterschied zum Wasserspringen oder Turnen sind die Kombinationen. Man muss aus einem komplizierten Sprung heraus gleich in den nächsten komplizierten Sprung. Ohne Pausen werden zehn Sprünge aneinandergereiht. »Am Reck machst du zwar auch einen Doppelsalto rückwärts mit Schrauben«, erklärt Michael, »aber dann stehst du. Bei uns erfolgt alles unmittelbar nacheinander. Im Turnen hat man die Chance, einen Fehler an einem anderen Gerät wiedergutzumachen. Bei uns bekommst du keine zweite Chance.« Die Kombinationen seien so komplex, er habe in seiner gesamten Athletenlaufbahn nur dreimal eine perfekte Übung hinbekommen.

Da die wenigsten Sprünge optimal gelingen, kommt dem Fehlermanagement eine enorme Bedeutung zu. Dafür braucht es die Fähigkeit, den eigenen Körper unbewusst, aber präzise zu lesen, um rechtzeitig korrigierend einzugreifen, in dem Bruchteil einer Sekunde vor dem Wurfpunkt: Oh, ich habe zu wenig Schwung (der Hauptfehler). Oder: Ich bin zu weit vom Kreuz entfernt. Die Korrektur besteht vor allem darin, sich nach dem Sprung besser auf dem Tuch zu positionieren, damit sich der Fehler aus dem einen Sprung nicht im nächsten fortsetzt. Fehler akkumulieren sich leichter als Kapital. Beim Trampolinturnen wird das Reagieren auf Fehler bewusst geübt. Denn selbst kleine Fehler können große Auswirkungen haben. »Weil die Sprünge nicht voneinander getrennt sind, trennt man auch die Fehler nicht voneinander.«

Kriemhild ist bass erstaunt, dass eine so attraktive Sportart außerhalb des Zirkus nicht populärer ist. Eine Trampolinkür ist ein dynamisches Kunstwerk, wunderschön anzuschauen. Offenbar ist die stiefmütterliche Behandlung innerhalb des deutschen Turnerbunds nicht ganz unschuldig an dem Nischendasein der

Trampolinisten. Als Kriemhild und ich uns überlegen, dem Tuch auch in Zukunft treu zu bleiben, wird uns beschieden, dass es keine Trainingsgruppen für Erwachsene gebe. Auf dem Trampolin hüpfen dürfen nur Kinder, Jugendliche und Leistungssportler.

Der krönende Abschluss meiner Trampolinkarriere besteht aus einer Pflichtübung (für Spezialisten: die P4), die Kindern sowie Studenten abverlangt wird. Auch sie besteht aus einer Abfolge von zehn Sprüngen. Sie beginnt mit dem schwierigsten Teil: eine halbe Schraube in den Sitz, gefolgt von einer weiteren halben Schraube in den Sitz, dann eine halbe Schraube in den Stand. Es geht einfacher weiter: Grätschwinkelsprung, Rückensprung, Stand, halbe Standsprungschraube, Hocksprung, ganze Standsprungschraube, Bücksprung. Fertig. Drei Sekunden stehen. Michael und ich erarbeiten uns die Übung wie Profis. Wir zerlegen sie in Zweier- und Dreierkombinationen. Zu meinem Erstaunen funktioniert die ganze Schraube, die mir als einzelner Sprung Probleme bereitet hat, in der Kombination, im Rhythmus, einwandfrei. Das sei ein gewohntes Phänomen. Man habe weniger Zeit zum Denken. (Das Denken verhindert manch einen sportlichen Erfolg. Ich habe immer wieder an Kurt Vonneguts Satz denken müssen, das Problem des Menschen sei sein großes Hirn.)

Michaels Analyse meiner Pflichtübung mutet auch professionell an: »Couragiert. Fokussiert. Frustration mitten drin. Fehler: zu früh mit dem Sprung begonnen. Lass dir Zeit, zuerst hochspringen, dann ruhig den jeweiligen Sprung ansetzen. Mit dem Tuch, nicht vom Tuch weg. Hüftwinkel zu früh, zu viel. Denk daran, immer wieder neu zu springen, anstatt in den nächsten Sprung zu fallen. Trenne die Sprünge voneinander.« Und: Geschmeidig bleiben, aber das muss er nicht mehr aussprechen.

Am letzten Tag, wir haben uns auf das Turnen konzentriert, steige ich zum Abschluss auf das Tuch und fühle mich wie befreit. Mein ganzer Körper lächelt. Entspannt und locker entspringe ich der Mühsal des bodenständigeren Turnens. Die ganze Schraube gelingt wie mit dem Schraubenzieher gezogen, und ich vollbringe sogar den schwierigsten Teil der Übung, den gedrehten Sitzsprung in den nächsten gedrehten Sitzsprung. Für einige Minuten bin ich beseelt von dem Gefühl, dass alles möglich ist.

■ Wasserspringen

> *Wasserspringen ist zunächst eine Sache der*
> *Psyche, erst danach wird es physisch.*
>
> Jack London

Jeder, der als Kind jemals einen sommerlichen Nachmittag in jener öffentlichen Einrichtung namens Freibad verbracht hat, hat sich bestimmt schon einmal die Frage gestellt: Trau ich mich? Oder doch nicht? Der Sprung vom Zehnmeterturm ist unsere kleinste gemeinsame Mutprobe. Erwachsene Männer erinnern sich noch Jahrzehnte später daran, wie sie hinabgesprungen sind. Ängstlich, mit einem Knoten im Bauch. Oder wie heldenhaft sie in die Leere getreten sind. Wie hart der Aufprall war. Bemerkenswert, dass uns ein Fall als außergewöhnliche Leistung gilt.

Turmspringen ist die Kunst des anmutigen Absturzes. Schon der einfache Schwalbensprung ist pure Eleganz, wenn man ihn mit der nötigen Körperspannung ausführt. Die olympischen Sprünge bestehen aus einer mit dem bloßen Auge kaum mehr zu entziffernden Abfolge von Drehungen und Schrauben, technisch hochkomplex, ästhetisch fast überkandidelt. Paradoxerweise vermitteln mir die einfacheren Sprünge der Athleten in der Schwimm- und Sprunghalle im Europasportpark in Berlin mehr von der Schönheit dieses Sports.

»Einmal jibts bei uns nich«, sagt Maxe, ehemaliger Olympionike und Nationaltrainer der DDR, und fordert mich zu einem weiteren Sprung auf. Ich habe gerade zum ersten Mal den Kopfsprung vom Dreimeterbrett gewagt. Wir haben uns allmählich herangerobbt. Zuerst vom Einmeterbrett der einfachste aller Sprünge, wie die Kinder im Freibad mit den Füßen voraus, gerade, volle Körperspannung, vor allem im Rumpf und in den Beinen, die Schultern hingegen bleiben entspannt. Bald schon erfahre ich, dass die Herausforderung darin besteht, nicht nach vorn zu springen, sondern nach oben, denn das Brett, dessen Schwingung mit einem großen Zahnrad unterschiedlich eingestellt werden kann, schleudert einen nolens volens nach vorn. Da meine Füße nie richtig gestreckt sind, lässt mich Maxe die nötige Fußspannung sitzend am Beckenrand üben. Als meine Haltung halbwegs stimmt (die Arme nach oben, der Körper gestreckt, die Zehen zeigen Richtung Wasser), üben wir den gleichen Sprung mit dem Rücken zum Wasser. Es ergeht mir so wie allen Anfängern, ich falle leicht nach hinten auf den Rücken. Erstaunlich, wie sehr mir die Verwirrung der umgedrehten Perspektive zu schaffen macht. Es dauert einige Sprünge, bis ich gerade eintauche. Als Nächstes muss ich mit hochgezogenen Armen nach oben springen, die Beine anhocken, sie mit den Armen berühren und schließlich ausgestreckt eintauchen. Nach einigen Übungssprüngen klappt es, und ich bin euphorisch, mein erster richtiger Sprung, der kauzige Maxe nickt anerkennend. Danach kommt der Sprung, vor dem ich mich gefürchtet habe, der Köpfer. Zunächst vom Beckenrand. Mit durchgestreckten Beinen beuge ich mich nach vorn, steige auf die Zehen und springe ins Wasser. Wir wiederholen diese Übung vom Einmeterbrett, bis es halbwegs gut aussieht – immer wieder betont Maxe die Ästhetik des Eintauchens (selbst die besten Springer üben täglich ausgiebig das richtige Eintauchen, wichtig für die Note) –, dann aus zwei und schließlich aus drei Metern Höhe. Die moderne Trainingsanlage verfügt über so viele Bretter und Luken, hydraulisch verstellbar, mit einem Fahrstuhl erreichbar, ich komme mir dort oben vor wie auf der Kommandobrücke eines Schiffes. Die nächste Aufgabe besteht darin, möglichst tief in das fünf Meter tiefe Becken einzutauchen. Einmal klappt es so gut, dass ich den Boden erreiche und ein wenig in Panik gerate, weil es so lange dauert, bis ich wieder an die Wasseroberfläche gelange. Da meine undisziplinierten Beine Maxe nicht gefallen, holt er einen Schwamm, den ich zwischen die Knöchel pressen und nicht loslassen soll. Ich konzentriere mich erfolgreich auf die Beine. Es beginnt Spaß zu machen. Ich freue mich auf den Augenblick, an dem meine Sohlen das Brett verlassen, ich das Wasser auf mich zurasen sehe und die Arme nach vorn reiße, um mich vor dem harten Aufprall des Wassers zu schützen.

Dann die erste wirkliche Mutprobe. Ich soll mich aus fünf Metern mit ausgestreckten Armen, die Hände ineinander verschränkt, nach vorn fallen lassen wie ein Baumstamm. »Glaub mir«, sagt Max, »du wirst waagerecht eintauchen, wenn du es richtig machst.« »Und wenn nicht«, frage ich. »Dann wird es weh tun«, sagt er, »halb so schlimm.«

Es dauert, bis ich mich traue. Es klappt, allerdings lande ich etwas zu waagerecht und spüre einen Schlag auf den Oberschenkeln. Schon beim zweiten Mal stürze ich gerade ins Wasser. Etwas übermütig wage ich mich an die nächste Übung, ohne sie mir zuvor richtig visualisiert zu haben. Im Sitz, die Beine angehockt und umschlungen, soll ich mich aus fünf Metern Höhe nach vorn lehnen, bis die Wasseranziehungskraft übernimmt, dann meinen Körper öffnen und gerade eintauchen. Der erste Sprung misslingt mir gänzlich, ich schlage mit dem Gesicht aufs Wasser auf. Es fühlt sich an wie ein Punch von Mike Tyson. Während der folgenden Stunden bin ich nicht Herr meiner Gedanken.

Am nächsten Tag beobachte ich, wie zierliche Kinder mit Leichtigkeit vom Brett fliegen, wie Fische ins Wasser tauchen. Manche beginnen schon mit fünf Jahren, da können sie noch nicht schwimmen und springen mit Schwimmhilfen. Ein Mädchen soll vom Dreimeterbrett die Übung ausführen, die mir am Vortag misslungen ist, sich aus dem Sitz, die Arme um die Beine geschlungen, gestreckt ins Wasser fallen lassen. Sie setzt sich hin, sie umschlingt ihre Beine. Sie erstarrt. Sie steht auf, lässt ein anderes Mädchen vor, probiert es wieder, sitzt da, mit starrem Blick, der zu konzentriert auf das Wasser gerichtet ist. Sie kämpft mit sich selbst, sie gibt wieder auf. Auch ein drittes Mal.

»Das ist die Angst«, sagt Maxe. »Wer da schon Angst hat, der wird nicht weit kommen. Bei jeder neuen Schwierigkeitsstufe scheiden einige aus. Es ist jedes Mal eine noch größere Mutprobe. Du musst dir überlegen, die Besten springen extrem knapp am Brett vorbei, der Pferdeschwanz bei den Mädchen schlägt an. Es wird mit hohem Risiko gesprungen, und manchmal passiert was.«

Vom Zehnmeterturm fällt der Athlet etwa 1,4 Sekunden lang, bevor er mit rund fünfzig Stundenkilometer auf die Wasseroberfläche trifft. Wer in diesem Zeitraum drei Salti vollbringen will, muss sich mit einer Geschwindigkeit von hundertfünfzig Umdrehungen pro Minute nach unten schleudern, fast doppelt so schnell wie die gute alte Schallplatte. Das Schwierigste daran ist die Orientierung. Der Springer hält sich nicht an irgendetwas fest, wie etwa im Turnen; im freien Fall zwischen Turm und Wasser ist es schwer, oben und unten auseinanderzuhalten, den

Sprung im richtigen Augenblick zu öffnen. Das, was den Katzen so leichtfällt, bereitet dem Menschen große Schwierigkeiten. Nicht nur können Katzen oben und unten unterscheiden, sie können sich zudem im Flug krümmen, die Beine strecken, die Vorderpfoten einziehen, oder umgekehrt oder beides oder beides mehrfach, je nachdem, aus welchem Stock sie fallen. Katzen wären souveräne Turmspringer.

Für das nächste Training steht der Salto an, zunächst im Trockenraum, wo ich in Schaumstoff hineinspringe. Er will nicht zur Gänze gelingen, weil ich den Kopf nicht genug einziehe, mich nicht schnell genug in die Rotation begebe. Vom Beckenrand aus lande ich zunächst auf dem Rücken, dann auf dem Hintern. Erst gegen Ende gelingt mir ein krummer, aber vollständiger Salto. »Genug für heute«, sagt Maxe. Während ich ausschwimme, spüre ich eine Lust, wieder zu springen. Als ich Maxe davon berichte, meint er: »Stell dir vor, du hast eineinhalb Salto mit halber Drehung gemacht, das ist ein ganz wunderbares Gefühl.«

Bei einem weiteren Training beklagt Maxe immer wieder mein schiefes Eintauchen. Ich achte darauf und bilde mir ein, beim nächsten Versuch wie ein Ausrufezeichen gesprungen zu sein. Er schüttelt traurig den Kopf. Weil ich es ihm nicht so recht glaube, holt er die Kamera. Selbstbild und Fremdbild gehen beim Wasserspringen besonders weit auseinander. Ich bin entsetzt über die krumme Kreatur auf der Aufnahme, die ausreichende Ähnlichkeit mit meiner Person aufweist, um mir Minderwertigkeitskomplexe zu verschaffen. Wieso merke ich nicht, wie weit entfernt ich vom Ideal bin?

Die vollkommene Kontrolle über den eigenen Körper ist das Ziel einer Sportart, deren Eigenart keiner so gut eingefangen hat wie Hans Ertl, der Kameramann von Leni Riefenstahl. Die Aufnahmen der Wasserspringer sind der ästhetische Höhepunkt ihres Olympia-Films: Menschen unter Wolken, die Arme ausgestreckt wie zu einer Verbeugung vor den Kräften der Natur.

Mit der normierten, perfekt ausgeführten Bewegung vergewissert sich der Mensch seiner Freiheit.

LEICHTATHLETIK

▪ Der Zwanzigkampf

Werfen

Der Mensch kann werfen, erstaunlich gut sogar. Beim Steinwurf sind wir den erheblich stärkeren Primaten überlegen. Das hat uns, in grüner Vorzeit, bei der Jagd geholfen, uns einen entscheidenden evolutionären Vorteil eingebracht, denn das Protein vom erlegten Wild war für die Gehirne und Körper unserer Vorwerfer das, was für die Muskeln von Popeye der Spinat ist. Unsere Hüfte ist breiter und flexibler als jene der Primaten, sie ermöglicht eine freiere Bewegung des Oberkörpers. Die menschliche Schulter ist ebenfalls ein erstaunliches Phänomen, Sinnbild für intelligentes und doch etwas anfälliges Design. Vor zwei Millionen Jahren begann unsere Schulter ihre Entwicklung in Richtung heutiger Flexibilität. Unser Schultergelenk ist zu enorm schnellen Bewegungen in der Lage, bis zu tausendfünfhundert Umdrehungen in der Minute. Allerdings ist die Schulter auch empfindlich. Ein leicht verletzlicher Muskelmantel mit dem respektgebietenden Namen »Rotatorenmanschette« verbindet den Oberarm mit dem Schulterblatt. Das Gelenk ist ein enger Kanal für all die Sehnen und Nerven, der kugelförmige Oberarmkopf im Verhältnis zur Gelenkpfanne zu groß geraten. Leicht kann sich der Athlet, die Athletin, etwas zerren, reißen oder einklemmen. Werfen ist das Ausloten unserer evolutionären Möglichkeiten.

Diskuswurf

Gibt es eine männlichere Pose als jene des Diskuswerfers, der Körper angespannt, die Arme ausgestreckt, die Scheibe in der einen Hand, bereit, wie eine niedergedrückte Feder zu explodieren: die eleganteste aller Furien? Es sollte mehr Statuen von Diskuswerfern geben. Dort etwa, wo momentan noch aristokratische Parasiten auf Pferden thronen. Nicht, um an jene zu erinnern, die eine Scheibe weit geworfen haben, sondern als Sinnbild einer Qualität, die wenigen Menschen eigen ist: schwere Aufgaben leichtfüßig zu bewältigen.

Die statuarische Formgebung ist uns seit der Antike geläufig: der leicht gehockte Werfer, der sich in eine wuchtige, wirbelnde Drehung entlädt, kaum dass wir den Blick von ihm abwenden. Der Moment eines großen Versprechens, in Stein gehauen, wie ein Absprung, ein Abflug, ein Abschied.

Angeblich gab es in hellenistischen Urzeiten einen *diskós* mit geschliffenem Rand, der als Waffe benutzt wurde. Perseus habe damit seinen Großvater erschlagen. Aber schon die homerische Beschreibung der Wettkämpfe zu Ehren des Patroklos (*Ilias* 23. Gesang, 826–849) beweist, dass der Diskus, nichts anderes als Schmelzeisen, das sich rundet, wenn heißes Metall aus dem Verhüttungsofen im Sand erstarrt, schon früh ein kultisches Objekt sowie eine übergroße Münze war. »Wer sich die Trophäe da holen will, der trete nun vor! Selbst wenn einer sein Gut weit draußen am Land hat, reicht ihm der Klumpen da für fünf Jahre oder länger; mit dem Eisen lassen sich all seine Geräte schmieden.« Das Wurfgerät war zugleich der Siegerpreis!

Aus heutiger Sicht ungewöhnlich, dass die Griechen kein Interesse an absoluten Rekorden hatten, das Wurfgerät somit nicht normiert sein musste. Die Athleten eines bestimmten Wettkampfs nutzten ein und denselben Diskus. Wie sie im Vergleich zu anderen Athleten bei anderen Wettkämpfen abschnitten, war den Hellenen nicht von Bedeutung. Auch zählte im Gegensatz zur heutigen Praxis nicht, wo die Scheibe zum ersten Mal auf den Boden prallte, sondern wo sie letztlich liegenblieb. Somit wäre eine der ersten Übungen, die ich ausführte, das Bowling der Scheibe, damals von Nutzen gewesen.

Der Diskus liegt von Anfang an gut in meinen Fingern, wirkt meiner Hand vertraut. Die erste Aufgabe betrifft die richtige Handhabung: locker halten, nicht krallen. Auf der Erde rollen. Wie ein zwei Kilo schweres Rad (für Frauen nur ein Kilo, weswegen in dieser Disziplin die Anomalie besteht, dass der olympische Frauenweltrekord weiter ist als jener der Männer), mit möglichst hohem Drehmoment. Wem das gelingt, der weiß, wie das Gerät seine Hand zu verlassen hat. Wochen später sehe ich einen der besten österreichischen Jugendlichen zum Aufwärmen den Diskus in die Höhe werfen, so wie Matrosen ihre Mützen, was zwar Furchen in den Rasen schlägt, dem Athleten aber offensichtlich ein besseres Gefühl für den Flug des Geräts gibt.

Als Nächstes stehe ich im Ring, der mit seinem 2,5-Meter-Radius geradezu intim wirkt, und versuche mit dem Gesicht zur Wurfrichtung den Diskus aus der Hüfte heraus zu schleudern. Bei den ersten Würfen fliegt das Gerät wie ein zerknüllter, feuchter Lappen. Allmählich begreife ich, dass ich den Wurfarm entspannen, die Scheibe freiwillig von mir gehen lassen muss. Soweit so leicht. Nun folgt der Teil, der einem Anfänger die Beine verknotet. Theoretisch ist die Bewegung leicht zu verstehen. Eine erste Drehung über den linken Fuß, ein Sprung über die Mitte des Rings, eine zweite Drehung über den rechten Fuß, stets auf den Fußballen, mit der Hüfte rotieren, den Diskus hinauskatapultieren. Mit dem rechten Bein muss man einen so weiten Schwung machen, dass man eine ganze Drehung vollzieht, mitten im Ring aufkommt, um nach einer weiteren halben Drehung im richtigen Moment den Diskus loszulassen, den Arm weder zu weit oben noch zu weit unten, die Rotation auf einem Bein abzufangen, während alle zentrifugalen Kräfte einen mit vereinten Kräften über den Ring hinauszuschieben suchen. Dabei kann vieles schiefgehen. Der Diskus kann im Netz oder der Athlet auf dem Boden landen oder beides zugleich (was bei mir einige Male der Fall ist). Die Balance erweist sich als besondere Herausforderung, vor allem wenn ich mich auf die Rotation konzentriere, auf eine größere Weite kapriziere.

Als es halbwegs gelingt, die Drehung, die Pirouette, das Vorschieben der Hüfte und das Nachschnellen des Arms, das Loslassen des Diskus im richtigen Augenblick, der über die Fingerspitzen hinausgeleitet und um seine eigene Achse rotiert (und wie die UFOs aus alten B-Movies besser fliegt als landet), ist das Gefühl grandios, so als träte ich in die Fußstapfen, pardon: in die Hüftschwünge stolzer Krieger und ekstatischer Derwische.

Manche behaupten, beim Diskuswurf tanze ein Bulldozer Ballett. Tatsächlich mag die Wuchtigkeit der Athleten zunächst befremdlich, um nicht zu sagen belustigend wirken. Auf den zweiten Blick wird einem bewusst, dass eine zierliche Person leicht Pirouetten drehen kann, wenn aber Athleten von mächtiger Gestalt über den Ring gleiten, es fast der Aufhebung eines Naturgesetzes gleichkommt.

Beim Training haben wir die Weite selten gemessen, doch laut David dürfte mein bester Wurf an die zwanzig Meter weit geflogen sein. Der Olympiasieger erzielte eine Weite von 68,27 Metern.

Speerwurf

Während der militärische Nutzen des Diskus fraglich ist, gibt es beim Speerwurf keinen Zweifel. Die moderne Disziplin ist eine Umkehrung der historischen Aufgabe: lange Zeit galt es, genau zu werfen, erst im modernen Stadion kommt es auf die Weite an. Wenn man als Anfänger den Speer zum ersten Mal in der Hand hält, spürt man den natürlichen Instinkt, auf etwas zu zielen. Der Jäger in einem erwacht. Weswegen ein jeder von uns in der kleinen Anfängergruppe auffällig weit von der Abwurflinie zurückweicht, zur Sicherheit, man weiß ja nie … mir kommt der Massai in den Sinn, der mir in meiner Kindheit am Straßenrand irgendwo hinter Narok in Kenia seinen Speer anpries, eine einfache, eigenhändig gefertigte Waffe. Mit diesem Speer oder mit einem Speer wie diesem – die Details sind in meiner Erinnerung etwas verschwommen – habe er den Löwen erlegt, der ihn zum Mann machte. Meine Eltern wollten es ihm nicht recht glauben, ich Knirps wollte den Speer aber unbedingt haben, halb Holz, halb Eisen und von der Spitze bis zum schmuddeligen Griff ganz und gar Gefahr. Das unverzierte, rostende Teil hing an der Wand meiner Jugend, bis es im Trubel eines Umzugs verlorenging.

Beim Speerwurf besteht die anfängliche Schwierigkeit darin, Geschwindigkeit in Beschleunigung zu übersetzen. Man nimmt Anlauf, streckt den Arm nach hinten, sammelt seine Kräfte für einen wuchtigen Wurf, doch vor der Linie bremst man so stark ab, dass der Speer weniger weit fliegt, als man ihn zuvor aus dem Stand geworfen hat. Als hätte man mit seiner Drohung den Mund zu voll genommen. So gehe es zu Beginn jedem, tröstet mich der Trainer, weswegen er nur drei Schritte Anlauf empfiehlt. Den Körper in eine Schleuder zu verwandeln ist die Herausforderung, die nur den wenigsten Nichtspezialisten gelingt. Das Gewicht hingegen ist im Gegensatz zu den anderen Wurfdisziplinen keine große Belastung, die achthundert Gramm fühlen sich eher leicht an; mit Sicherheit würde man einen gleich schweren Ball viel weiter werfen.

Entscheidend ist, mit dem ganzen Körper zu werfen. Als Anfänger tun mir schon nach wenigen Würfen Arm und Schulter weh. Kraft ist weniger wichtig als die komplexe Biodynamik des Körpers und die rätselhafte Aerodynamik des Speers, der partout nicht so fliegen will, wie er es angeblich könnte. Ich fremdele mit der Bewegung. Selten lasse ich ihn in einem Winkel von etwa dreißig Grad los, so wie es die Theorie empfiehlt, noch seltener trifft er den Rasen zuerst mit der Speerspitze, so wie es das Reglement verlangt. Deswegen übe ich immer wieder den kurzen Wurf, fünf Meter weit nur, an dessen Ende der Speer im Boden steckt. Das gelingt wenigstens manchmal. Frustrierend betrachte ich einen muskelbepackten Sprinter neben uns, der die Technik offensichtlich beherrscht und zum Spaß den Speer aus dem Stand ohne sichtbare Anstrengung dreißig Meter weit wirft.

Im Sommer 2015, auf einer Reise durch Kenia nach langer Abwesenheit, behauptet ein junger, charmanter Massai namens James, der uns mit einem Speer in der Hand zu Fuß durch den Busch führt, er habe einen Löwen erlegt und danach seien ihm zwölf Massaifrauen zugeflogen. Ich plädiere für eine Änderung des Reglements: neben der Weite sollte – wie in der Antike – auch die Zielpräzision wieder zählen.

Da ich meine Notizen verschlampt habe, kann ich nicht rekonstruieren, ob ich den Speer beachtliche sechzehn oder erstaunliche achtzehn Meter weit geworfen habe. Der Olympiasieger brachte es auf 84,58 Meter.

Kugelstoßen

Für das Kugelstoßen braucht man Kraft. Rohe, urwüchsige Kraft. Technisch ist es die einfachste der Wurfdisziplinen (es sei denn, man bevorzugt die unübliche Rotationsbewegung), visuell die unattraktivste – weder der Bewegungsablauf noch die Figuren der Athleten und Athletinnen würden einen Schönheitspreis gewinnen. Das Sportgerät ist mit seinen 7,257 Kilogramm enorm schwer. Schon wenn man die Kugel in die Höhe hievt, beschwert sich die Schulter über die Belastung. Man dreht sich um, kauert sich zusammen, hüpft auf einem Bein nach hinten, setzt das andere Bein auf und schnellt herum, mit der Fulminanz eines Menschen, der hinter seinem Rücken eine grobe Beleidigung vernommen hat. Wie beim Diskus geht die Hüfte der Schulter mit gutem Beispiel voran. Kugelstoßen war schnell abgehakt. In meinem Verein gab es keine spezialisierten Kugelstoßer, und die Zehnkämpfer lieben diese Disziplin nicht besonders. Sie hielten sich im Ring so lange auf wie ein gelangweilter Besucher auf einer Vernissage, lange genug, um sagen zu können, man sei da gewesen, nicht annähernd lange genug, um irgendjemanden über das eigene Desinteresse zu täuschen.

Egal, wie sehr ich mich anstrengte, meine Würfe landeten stets bei sechs Metern, nahe der mit dem Schuh in den Sand gezogenen Markierung. Bei dieser Weite die Zentimeter zu messen, verbietet sich von selbst. Der Olympiasieger stieß die Kugel auf 21,89 Meter.

Hammerwurf

Hammerwerfen ist Kugelstoßen mit Verlängerungskabel. Und siehe da, das unhandliche Sportgerät bedingt die komplexeste aller Wurfabläufe. Es ist leicht, sich mit abstrusen Aufgaben das Leben schwerzumachen: Stellen Sie sich vor, Sie müssten sich auf einem halben Quadratmeter fünfmal um die eigene Achse drehen. Stellen Sie sich vor, Sie tragen dabei eine Kugel von 7,257 Kilogramm am Ende einer langen metallenen Schnur. Stellen Sie sich vor, Sie wirbeln auf den Fußspitzen herum. Stellen Sie sich vor, Sie müssen das schwere Gewicht zum richtigen Zeitpunkt über Ihrer Schulter loslassen, so dass es fliegt … fliegt … fliegt. Unvorstellbar! Und deswegen so spannend. Technisch laut David die schwierigste Disziplin in der Leichtathletik. Zunächst drehe ich das Gewicht in einer elliptischen Bahn um den eigenen Körper, was mir so viel Spaß macht, dass ich mir vorstellen könnte, einsame Stunden damit zu verbringen. Dann drehe ich meinen Körper zusammen mit dem Hammer, eine doppelte Drehung sozusagen, mit dem optimistischen Ziel, das Gewicht zu führen, und nicht umgekehrt, wie bei mir der Fall. Mal ums Mal werde ich vom Hammer beherrscht, der sich mit den Fliehkräften besser auszukennen scheint als ich, weswegen ich einmal, als ich zu früh loslasse, eifrig weiter rotiere wie eine Waschmaschine im Schleudergang und erheblich weiter fliege als der ins Netz krachende Hammer. »Welche Weite sollen wir nun messen«, fragt David süffisant, »die des Hammers oder die des Athleten?«

Keiner meiner Würfe übertraf die zwanzig Meter.
Die Weite des Olympiasiegers: 80,59 Meter.

Springen

Weitsprung

Mike Powell fliegt. Er fliegt wirklich. Im Sommer des Jahres 1991 sitze ich mitten in der Nacht vor zwei Bildschirmen. Auf dem einen das Layout der Fachzeitschrift *El-Info*, mein Brotberuf, da mein Tagesgeschäft, das Verlegen afrikanischer Literatur, defizitär ist. Auf dem anderen die Übertragung der Leichtathletik-WM aus Tokio. Das Weitsprungfinale. Das linke Auge betrachtet ein Puzzle bebilderter Artikel, das rechte den Zweikampf zwischen Mike Powell und Carl Lewis, der 8,68 und 8,83 Meter vorlegt. Dann der berühmte vierte Durchgang. Carl Lewis springt weiter als Bob Beamon 1968 in Mexiko City: 8,91. Zu starker Rückenwind. Kurz darauf der Flug des Mike Powell. Ich weiß nicht, wie oft ich mir diesen Sprung angeschaut habe: die langen elastischen Schritte, die Beschleunigung im letzten Drittel des Anlaufs, der kurze vorletzte Schritt, der ausgreifende letzte, der Absprung wie eine Explosion: 8,95 Meter!

An diesen Sprung denke ich, während ich Mal ums Mal in der Grube meines Unvermögens lande. Auf dem Hintern, statt auf den Füßen mit Vorwärtsdrall. Wir haben mit Standsprüngen begonnen. Gefolgt von einigen Übungen, die mich auf die typische Sprungbewegung vorbereiten sollen, den aufrechten Oberkörper im Moment des Absprungs, den intensiven Abtritt vom Brett. Sprünge mit drei Schritten Anlauf: aufsetzen, beugen, strecken. Als Rechtshänder springe ich wie viele mit dem linken Fuß ab. Die Absprungkoordination, die Übersetzung von vertikaler in horizontale Beschleunigung, erweist sich als überraschend komplex, noch bevor der Anlauf hinzukommt, der selbst Profis regelmäßig zum Übertreten bringt. Geschwindigkeit ist eine evidente Voraussetzung, Rhythmus eine eher überraschende Notwendigkeit. Deswegen beginnen viele Profis ihren Anlauf mit einem Schunkeln, mit eigenwilligen Zuckungen. Sie geben sich selbst den Takt vor, so wie der Bandleader im Jazz einige Schläge anzählt, bevor die Musik ertönt. Wann immer ich in unserem Klub die Zehnkämpfer beim Weitsprung erblicke, sehe ich sie hochkonzentriert Fußlängen abschreiten, den Rand der Anlaufbahn mit Streifen markieren, wie ein Änderungsschneider mit Maßband und Stecknadeln. Nach jedem Sprung versetzen sie die Streifen. Der Anlauf ist ein elaboriertes System laufender Anpassung. Der Mensch kann vieles, nicht aber konstant Anlauf nehmen.

David hat versprochen, mir Weitsprung an einem einzigen Tag beizubringen. Angesichts meiner bescheidenen Weiten erinnere ich ihn daran. »Ja«, antwortet er, »aber ich habe nicht gesagt, wie weit du dann springen kannst.«

Der Olympiasieger: 8,31 Meter. Ich: 3,90 Meter.

Dreisprung

Ich habe Abitur abgelegt in Deutsch und Englisch, Mathematik und Physik, Biologie und Geographie – und im Dreisprung. Zur Erlangung der allgemeinen Hochschulreife bin ich zweimal mit dem linken und einmal mit dem rechten Bein abgesprungen und in eine Sandgrube geflogen. Wenn mich mein Gedächtnis nicht täuscht, bin ich 10,79 Meter weit gekommen. Zumindest hat sich diese Zahl in meine Erinnerung eingegraben. Ich erinnere mich, wie ich mir nach dem dritten Versuch den Sand von den Unterschenkeln klopfte, im Gedanken, dies sei gewiss der letzte dreifache Hüpfer meines Lebens gewesen. *Hop-step-and-jump*, den fachmännischen Ausdruck hatte ich von meinem Vater aufgeschnappt, der als ehemaliger Leichtathlet allmonatlich die statistikgesättigten Seiten der *Track & Field News* studierte. Der Ausdruck gefiel mir, er klang wie ein Kinderspiel, wie »Himmel und Hölle« auf der Tartanbahn, am Schluss anstelle des Steinchens eine Handvoll Sand. Dreißig Jahre später finde ich mich auf einem Bein wieder, hüpfend jene Übungen absolvierend, die es einem erlauben, nach dem ersten Sprung hoch hinaufzuschnellen, nach dem zweiten eine etwas niedrigere, dafür weitere Flugbahn anzustreben, um sich dann mit dem anderen Bein in die Grube zu katapultieren. Begonnen haben wir mit kleinen doppelbeinigen Sprüngen, gefolgt von Hopserläufen, Scherläufen (die wie eine Parodie des militärischen Stechschritts aussehen), Sprungläufen, die in der Grube enden, sowie einbeinigen Sprüngen, bei denen sich das Sprungbein eifrig in die Höhe schraubt. Der abschließende Dreierhop auf einem Bein leitet über zum Dreisprung, bei dem sich die Beine abwechseln. Leider hüpft es bei mir nicht richtig; da es mir nicht gelingt, mich in einen menschlichen Flummi zu verwandeln, will sich der Reiz dieser Disziplin partout nicht einstellen.

Die besten Männer springen über 18 Meter (die Frauen 15,50 Meter), was bedeutet, dass die drei Sprünge jeweils an die sechs Meter weit sind, eine Länge, die man abschreiten sollte, um eine Vorstellung von der enormen Leistung zu erlangen. Ich hingegen springe nur 7,80 Meter. In dreißig Jahren habe ich drei Meter an Weite verloren. Selten im Leben wird der eigene Alterungsprozess so präzise bezentimetert.

Der Olympiasieger: 17,81 Meter. Ich: 7,80 Meter (einen Zentimeter und zehn Meter weniger).

Hochsprung

Sisyphos ist ein Hochspringer. Mal springt er zu weit vor der Latte ab, mal zu nahe, mal fällt er in die Latte hinein, mal streift er die Latte mit der Schulter, mal mit dem Hintern, mal mit der hochschnellenden Ferse, mal dreht er sich nicht genug, mal vergisst er, sich zur Brücke zu krümmen. Sisyphos springt immer wieder. Aufgrund seiner Beharrlichkeit steht zu vermuten, dass er höher springt als ich, der ich am ersten Tag Dutzende Sprünge über 1,15 Meter absolviere, eine Höhe, die niedrig aussieht und sich nicht gerade beängstigend anfühlt, bei der man aber trotzdem Fehler begehen kann, denn der Hochsprung kennt unendlich viele Fehlerquellen. Kaum hat man eine bewältigt, tut sich eine andere auf. Nachdem mir David dieses und jenes sowie alles weitere einsichtig und verständlich vermittelt hat, und ich mir alles vor dem Anlauf noch einmal durch den Kopf gehen lasse, sagt er lapidar: »So, und jetzt musst du dich entspannen.«

Zuerst im Scherenschritt über die Schnur. Dann landet man auf dem Hintern, dann dreht man sich im Flug und landet mit den Beinen in Richtung Absprung. Dann versucht man im Flug über die Latte eine Brücke zu schlagen. In vier Schritten zum Hochsprung. Die Schwierigkeit liegt daran, dass man sich entgegen seinen Instinkten nicht in die Latte hineinlehnen darf, um nicht auf sie zu fallen. Man muss darauf vertrauen, dass der Anlauf einen über die Latte tragen wird, wenn man hochspringt. »Du machst alles richtig«, sagt David, »nur habe ich vergessen dir zu sagen, dass du den Arsch hochschieben musst.«

Wie auch beim Weitsprung besteht David auf regelmäßigen Pausen. Bei solch kurzen Anspannungen, erklärt er, bei Drei-Sekunden-Hochbelastungen, regenerieren sich die Muskeln nicht annähernd so schnell, wie man annehmen möchte. Selbst nach einigen Minuten sind sie erst wieder bei neunzig Prozent ihrer Leistungsfähigkeit. Es wäre ein Leichtes, die spezifische Belastung zu unterschätzen, seinen Körper zu überfordern, obwohl es sich anfühlt, als sei nichts dabei, einige Sprünge nur, zumal mit tiefhängendem Hintern.

Der Olympiasieger übersprang 2,38 Meter. Ich: 1,30 Meter.

Stabhochsprung

*Anfänglich springt man im Hochsprung
höher als im Stabhochsprung.*

Ein erfahrener Zehnkämpfer

Auf jedem Quadratzentimeter der Matte lauert der Schmerz. Ich falle mit dem Kopf auf den Stab, mit den Schultern auf die Latte, mit dem Rücken auf den Stab, mit dem Steiß auf die Latte. Immerhin falle ich auf die Matte, nicht davor und nicht seitlich davon. Die Verunsicherung führt dazu, dass ich zunehmend weniger explosiv abspringe, mich wie ein alter Bettler am Gehstock nach vorn fallen lasse. Zutrauen, das wird mir schon am ersten Tag klar, ist beim Stabhochspringen so wichtig wie die Sprungkraft.

Beim nächsten Training, als David mit dem Stab in der Hand erläutert, dass der Körper stets unter der hochgeschobenen Hand zu sein habe, um Sprungkraft am effizientesten in Sprunghöhe zu übertragen, erkenne ich auf einmal, wie weit von Matte und Latte entfernt der Athlet abspringen muss, mehrere Meter weit, eine Mutprobe, selbst für geübte Springer eine Überwindung, im Vertrauen darauf, dass der Sprung weit genug nach vorn geht für eine weiche Landung. Weswegen die Hände eines Anfängers zaghaft den Stab hinaufwandern; je weiter oben man ihn fasst, desto höher kann man potentiell springen, desto schwieriger und gefährlicher wird der Sprung (früher hat man den Stab viel weiter unten gehalten; siehe die Fotos von den Olympischen Spielen 1936 in Berlin). Doch beim Anlauf rutschen meine Hände von mir selbst unbemerkt nach unten. »Ich weiß nicht, wieso ich das tue«, murmele ich. »Angst vielleicht«, schlägt David behutsam vor.

Stabhochspringen hat eine ungewöhnliche Vorgeschichte. In den tiefliegenden Ebenen Nordeuropas und Englands war der Weg oft versperrt von Deichen, Gräben und Kanälen. Vor manch einem Haus lag ein langer Stab, mit dem Durchziehende über die Hindernisse hüpfen konnten. Selbstverständlich ging es darum, möglichst weit zu springen, auch bei den allerersten Wettkämpfen, die sich aus dieser Praxis entwickelten.

Der Lernprozess beginnt damit, dass ich den Stab auf dem Rasen neben den Füßen in den Boden ramme und vorbeihüpfe, ohne den Stab loszulassen. Allmählich gewinne ich Zutrauen zum Stab und bleibe den Bruchteil einer Sekunde an ihm hängen. Beim zweiten Schritt wiederhole ich die Übung in der Weitsprunggrube, halte den Stab weiter oben und ramme ihn Stück um Stück weiter von mir entfernt in den Sand. Dabei versuche ich, mich vom Stab abzudrücken. Schließlich wagen wir uns an die Sprunganlage, wo wir zunächst mit zwei, später mit vier Schritten anlaufen, ohne Latte, das Ziel besteht allein darin, die Matte zu erreichen. Zur Belohnung wird ein dünnes Seil gespannt. Der Stab wird zunächst nicht hochgehoben, sondern man schleift ihn über den Boden, bis er in den Einsteckkasten einrastet. Ich überwinde zuerst mich, dann das Seil: 1,20 Meter. David verkündet feierlich: »Jetzt kannst du behaupten, du kannst Stabhochspringen.«

Beim Absprung gilt es, den Stab dynamisch in die Höhe zu hieven. Das könne ich, schlägt David vor, im Alltag üben, etwa mit Einkäufen im Supermarkt, die Butter immer wieder gerade über den Kopf nach oben drücken (ich weiß nicht, wieso er gerade Butter als Beispiel wählt). Der Stab ist schwerer und weitaus weniger flexibel, als man es sich vorstellt. Im Fernsehen sieht er so biegsam aus, als müsste man sich nur an ihn hängen, um in die Höhe zu schnellen. In Wirklichkeit schaffen es selbst die geübten Zehnkämpfer nicht, ihn annähernd so stark durchzubiegen wie die Spezialisten. Der entscheidende Durchbruch im Lernprozess erfolgt, wenn es einem gelingt, im Flug eine Drehung zu vollziehen, um den Stab, der die Angewohnheit hat, auf die Latte zu fallen, wegzudrücken. Diese Bewegung unterscheidet die Anfänger von den Geübteren. Doch mit schierem Mut und explosiver Kraft kann ein athletischer Anfänger durchaus zwei Meter überspringen, wie bei einem Jedermannzehnkampf zu bestaunen ist. Ungelenk zwar, aber erfolgreich. Wie ein Sieger, der sich ergibt.

Der Olympiasieger: 5,97 Meter. Ich: 1,60 Meter.

Laufen

Der Sprint

100 Meter

Der Sprint ist die einfachste aller Disziplinen. Der Läufer beschleunigt auf Höchstgeschwindigkeit und hält das Tempo, so weit wie möglich, bis ins Ziel. Das gilt für die 100 Meter, für die 200 Meter auch und sogar für die 400 Meter, denn die Besten laufen die 100-Meter-Abschnitte in etwa elf Sekunden, da bleibt für Bummeln wenig Zeit. Mein Problem bestand darin, dass man

Schnelligkeit nur geringfügig steigern kann, erst recht nicht in fortgeschrittenem Alter. Ausdauer lässt sich besser trainieren. Ein Sikh hat als Hundertjähriger einen Marathon absolviert, auf der kurzen Strecke hingegen sehen schon Siebzigjährige so aus, als hätten sie sich damit abgefunden, dass der Zug ohne sie abfahren wird.

Um mich einschätzen zu können, lässt mich David eine halbe Runde sprinten, dann konstatiert er: »Du hast viel Langstreckenlauf trainiert.« Woran er das gemerkt habe? »Dein ökonomischer Laufstil. Du musst die Beine höher heben, die Arme stärker einsetzen, beim Sprint musst du keine Energie sparen.« Nach dieser Diagnose nimmt mich Georg, einer der erfahrenen Athleten im Klub, unter seine Fittiche. »Wir beginnen«, verkündet er, »mit der Laufschule.« Auf der Gegengeraden. Eine Übung nach der anderen. Kurze Einheiten, spritzig ausgeführt.

Anfersen: Füße abwechselnd an den Hintern führen.

Kniehebelauf: Oberschenkel in die Waagerechte heben.

Fußgelenklauf: Im Wechsel auf den Zehen eines Fußes stehen, mit der Ferse des anderen auf den Boden tippen.

Überkreuzlauf: Seitwärts laufen, abwechselnd ein Bein vor das andere ziehen.

Fersenlauf: Steil aufsetzen und über den Fuß abrollen.

Verschiedene Aspekte des Sprints werden übertrieben stark ausgeführt, um den Körper an die Bewegung zu gewöhnen. Man holt weit aus, um zum Punkt zu kommen. Eine weitverbreitete Strategie. Da ich mit den Zehnkämpfern trainiere, halten wir uns nie sehr lange mit der Laufschule auf, aber auch die Spezialisten legen nur kurze Einheiten mit langen Erholungspausen ein. Um möglichst schnell auf Touren zu kommen, absolvieren sie auf der Geraden immer wieder kurze Beschleunigungssprints. Im Gegensatz zum Training in manchen anderen Disziplinen, das eher selten mit Wettkampfintensität durchgeführt wird, holen die Sprinter alles aus sich heraus. Auch beim Training wird an Energie nicht gespart. Schaut man genauer hin, vermeint man die Muskeln der Beschleunigung zu sehen: den großen Schenkelanzieher und den langen Schenkelanzieher und den großen Gesäßmuskel und den langen Schenkelmuskel und den Schneidermuskel und den Schenkelbindenspanner und den inneren Schenkelmuskel. Wenn sie durch die mechanische Belastung des festen Auftretens angeregt werden, setzen sie kurzfristig immense Energie frei.

»Am leichtesten verbesserst du deine Zeit, indem du den Start übst«, meint David. »Beim Start kannst du mehr gutmachen als auf der Strecke.« Das gelte auch für Usain Bolt, der eine unterdurchschnittliche Startzeit aufweise, weswegen die menschlichen Grenzen beim Sprint nicht ausgelotet seien. Würde er seine Reaktionszeit verbessern, wäre eine Zeit von 9,50 Sekunden gut möglich. Ein Wissenschaftler behauptet sogar, der Mensch könne die 100 Meter in etwa neun Sekunden laufen. Aber bestimmt nicht mit einem verschlafenen Start.

Zunächst muss ich mich mit den Startblöcken vertraut machen. Eine uralte Erfindung. Auf der Bahn im antiken Stadion von Olympia sind Rillen aus Marmor bei der Startlinie eingelassen, damit die Füße beim Abstoßen Halt finden. Noch zu Beginn des 20. Jahrhunderts schaufelten sich die Athleten Löcher, ein technologischer Rückschritt. 1921 konstruierte ein Australier Startklötze aus Holz, bald darauf entwickelte ein US-amerikanischer Trainer die heute noch verwendeten Startblöcke.

Zuerst muss man das Gerät einstellen: Wie weit auseinander sollten die beiden Fußstützen sein, welcher Beinwinkel ist zu bevorzugen? Da ich weder zu den kleinen, schnellkräftigen noch zu den aufgeschossenen, langgliedrigen Athleten gehöre, gelten die üblichen Faustregeln bei mir nicht. Hinsichtlich der Startblöcke herrscht eine anarchische Vielfalt an Meinungen und Vorlieben. Man muss es selber ausprobieren. Am Ende fühle ich mich am wohlsten, wenn die zwei Fußstützen ziemlich nahe beieinanderliegen. Trotzdem fällt mein Start keineswegs explosiv aus.

Der Olympiasieger: 9,63 Sekunden. Ich: 15,90 Sekunden.

200 Meter

Jeder Trainingstag beginnt mit einem Aufwärmprogramm. Das richtige Dehnen ist ein vieldiskutiertes Thema. Die Antwort Davids: »Es kommt darauf an, wozu man sich dehnt.« Das klassische Stretching, bei dem man die Muskeln anspannt und längere Zeit in der Anspannung verharrt, eigne sich hervorragend, um die Flexibilität zu erhöhen und Verletzungen zu vermeiden. Aber es müsse einem klar sein, dass der Muskel Risse erleide und die erhöhte Flexibilität erst nach einer Phase der Regenerierung erreiche. Insofern sei derartiges Dehnen vor einem Wettkampf oder intensiven Training nicht sinnvoll. Weswegen sich Sportler in solchen Fällen dynamisch stretchen (siehe Einwechselspieler im Fußball): flüssige Bewegungen, den natürlichen Abläufen entlehnt, bei denen man die Muskeln ausreichend aufwärmt, ohne sie über Gebühr zu belasten.

Die 200 Meter sind ein Sprint mit Kurve. Die Kurve, könnte man annehmen, ist ein Nachteil, doch erstaunlicherweise ist die aktuelle Weltbestzeit über 200 Meter auf gerader Bahn (19,41 Sekunden) langsamer als jene mit Kurve (19,19 Sekunden). Gewiss, die schnurgerade Strecke wird selten gelaufen, aber das ist nicht die einzige denkbare Erklärung. Es gibt ein Phänomen namens Programmermüdung, laut einem Trainingshandbuch »ein zentralnervöses Nachlassen der differenzierten Steuerung der Bewegungsprogramme«. Anspannung und Orientierung lassen nach, wenn die Strecke sich gerade hinzieht, ins vermeintlich Unendliche. Die Kurve ist also eher Hilfe als Hindernis.

Womit sich die Frage stellt, auf welcher der acht Bahnen man am schnellsten läuft. Die Physik spricht für die äußerste, wo die Krümmung der Kurve sanfter, die aufzubringende Kraft dementsprechend geringer ist. Allerdings werden die schnellsten Zeiten regelmäßig auf den Bahnen drei, vier und fünf erzielt, nicht nur, weil dort die Schnellsten aus den Vorläufen starten, sondern auch, weil der psychische und taktische Vorteil, die Gegner im Blick zu behalten, offensichtlich die physikalischen Nachteile aufhebt.

Der Olympiasieger: 19,32 Sekunden. Ich: 35,1 Sekunden.

400 Meter

In der Rubrik »Was ich meinem ärgsten Feind nicht wünsche« nehmen die letzten hundert Meter eines 400-Meter-Laufs einen der vorderen Plätze ein. Es gibt kein Taktieren, keine Tricks, nur das nackte Durchhalten. Die Sprintausdauer erlaubt es einem trainierten Athleten, etwa dreißig Sekunden mit höchster Intensität zu laufen. Danach übernimmt das Laktat im Körper das Kommando. Das letzte Viertel des Rennens besteht aus einem

Duell zweier biochemischer Phänomene: der Übersäuerung und der Willensstärke. Ich verweise auf die Beschreibung im Zehnkampfkapitel. Mehr ist dazu nicht zu sagen. Je seltener man im Leben die 400 Meter laufen muss, desto besser.

Der Olympiasieger: 43,94 Sekunden. Ich: 79,94 Sekunden.

Die Mittelstrecke

800 Meter

Die 800 Meter sind wahrlich kein Hobbysport. Selten beschließt eine Zahnärztin oder ein Postbote nach getaner Arbeit, möglichst schnell zwei Stadionrunden zu rennen. Das mag daran liegen, dass die mittellange Distanz sich über die Jahre hinweg zu einem Sprint entwickelt hat, ein Paradox, an dem kaum jemand Gefallen findet. Ich vermute, nicht einmal die Spezialisten selbst. Immerhin liegt die Würze des Sprints in der Kürze.

Der in London aufgestellte Weltrekord des Kenianers David Rudisha bedeutet 100-Meter-Zwischenzeiten von erstaunlichen 12,5 Sekunden. Das laufen die besten Zehnkämpfer im Klub auf kurzer Strecke. Rudisha ist übrigens ein St. Patrick's Boy, Absolvent der wohl berühmtesten Laufschule der Welt. Er ist zudem – eine Ausnahme unter den kenianischen Läufern – Massai und als solcher den Frauen zugetan (der Plural ist in diesem Fall entscheidend). Dies behauptete ein anderer Massai namens James, der zufällig aus demselben Dorf wie Rudisha stammt und uns während einer Fußsafari durch die Massai Mara die Geschichte von einer gehörnten Ehefrau und einem Nudelholz erzählte. Rudisha war bekanntlich nach seinem Olympiasieg lange am Knie verletzt gewesen. Aber die Verletzung stamme nicht vom Laufen. Nein! Seine Ehefrau habe ihn eines Tages wegen seiner Liebschaften zur Rede gestellt und ihm das Nudelholz über das Knie gebraten. James strahlte mit seiner Pointe um die Wette. Aber jetzt, flüsterte er auf einmal, müssten wir still sein, denn vor uns seien Giraffen.

Der Olympiasieger: 1:50:9. Ich: 3:34.

1500 Meter

> *Er wich auf die zweite Bahn aus, die Bahn der Großen Hoffnungen, und rannte sich das Leben aus dem Leib.*
>
> John L. Parker, »*Once A Runner*«

Diese Distanz ist eine metrische Übersetzung der berühmt-berüchtigten englischen Meile. Im kenianischen Kenton College, wo ich erfahren durfte, wie im britischen Imperium die Eliten durch täglichen Sport geformt und gestählt werden, liefen wir bei den Wettkämpfen mit anderen Schulen stets *the mile*, und ich weiß nur noch, dass der letzte Abschnitt aus Luftmangel und Schmerzen bestand. Allein schon die Erinnerung verursacht mir Seitenstechen.

Das spezifische Training besteht aus Intervallen. Schon Roger Bannister, der die Meile als erster Mann unter vier Minuten lief, rannte regelmäßig nacheinander zehnmal die vierhundert Meter, unterbrochen von kurzen Pausen. Ich versuche es ihm nachzumachen, mit einer Richtzeit von zwei Minuten pro Runde. Es fühlt sich an, als würde man sein ganzes Leben ablaufen, der Anfang beschwingt, mühelos, die Wiederholungen zunehmend angestrengter. Die Luft wird dünner, der Puls höher, die Selbstüberwindung schwerer. Beim zweiten Intervalltraining fühle ich mich stark, so als ob sich alle kosmischen Energien in mir bündeln. Ich spüre das Leben in mir pulsieren und um mich herum vibrieren. Nichts kann mir an diesem Tag etwas anhaben, ich forciere sogar das Tempo, laufe einige der Runden in 1:45, meine Schritte wurden lang und länger, nie wieder habe ich mich bei einem Training so unverletzbar gefühlt. Nur weiß ich leider nicht, woran es lag.

Die Mittelstreckler im Klub absolvieren beim Training unzählige Sprünge, manchmal mit einem Medizinball über dem Kopf. Es folgen Übungen zur Kräftigung und Stabilisierung, bevor sie komplexe Intervalle laufen, etwa 300 Meter – 500 Meter – 300 Meter – 500 Meter – 300 Meter mit unterschiedlich langen Pausen dazwischen. Schon das Anschauen ist anstrengend.

Der Olympiasieger: 3:34,08. Ich: 7:03.

Die Langstrecke

5000 Meter

> *Ich hab nicht genug Talent, um gleichzeitig zu laufen und zu lächeln.*
>
> Emil Zatopek in »Laufen« von Jean Echenoz

An einem Junitag trainiere ich mit Thomas, der auf der Webseite der österreichischen Tageszeitung *Der Standard* den Blog »rotte rennt« verfasst. Rotte schaltet seine Strecke im Internet frei und hört beim Laufen einen Piepser, wenn jemand den Like-Button drückt. Das motiviere ihn, erzählt er mir mit kindlicher Begeisterung. Einige Schritte weiter verkündet er, die Klicks auf Facebook gäben Lebenssinn. Es ist nicht klar, ob er dies ironisch meint. Ich konzentriere mich auf meine Atmung. Rotte gehört zu jenen, die Zahlen sehr ernst nehmen, obwohl er sich rhetorisch davon distanziert (»Zahlenwichsereien«). Er widerspricht vehement, als ich einzuwenden wage, der Mensch sei keine Maschine, erläutert, wie genau man den Körper vorbereiten könne, wie präzise regelmäßige Messungen über den Trainingsstand informierten. Ich murmele etwas von Willenskraft und Charakterstärke. So sei es, stimmt Rotte zu und zitiert einen Guru der Sportpsychologie, unter körperlich ebenbürtigen Sportlern gewinne stets der mental Stärkere. Rotte redet ungefähr so schnell, wie er läuft, er ist der unterhaltsamste Laufplauderer, den ich kenne. Wir überqueren den Donaukanal bei Erdberg, mäandern auf Waldpfaden Richtung Osten, an einem Kleingartenverein vorbei, unter einer Eisenbahnlinie und der Ost-Autobahn hindurch, vorbei an verfallenen Stallungen, an der alten Galopprennbahn, einem hölzernen Jugendstilgebäude, das unter Denkmalschutz steht, Rotte spricht von Spekulationsgeschäften, von Inbesitznahmen des Oligarchen Frank Stronach, wir schlagen uns durch die Büsche zu einem alten, mit Werbung überklebten Wasserturm, im Hintergrund rauscht der Verkehr Richtung Flughafen, Rotte spricht vom Verschwinden des Althergebrachten, von touristischen Inszenierungen. Eine Zeitlang folgen wir dem Deich entlang des Donaukanals, bevor wir links abbiegen, vorbei am Golfplatz, der Galopprennbahn und der Bogenschießanlage, auf der ich im Jahr darauf viele Stunden verbringen werde. Als wir am Ernst-Happel-Stadion ankommen, spricht Rotte von Fehlinvestitionen zur Europameisterschaft 2008, bevor er unvermittelt in einen Diskurs über das richtige Stretchen gleitet, der sich hinzieht, weil Rotte mit Hingabe seine Muskeln dehnt.

Der Lauf mit Rotte motiviert mich, meine zwei Wiener Grundstrecken – entlang des Donaukanals und im Augarten – mit unvertrauten Ausläufen zu kombinieren, mal durch den Prater oder im Lainzer Tiergarten oder auf der Donauinsel. Oder manchmal einfach nur durch die Straßen zu laufen, ohne Ziel, motiviert durch die Aussicht auf neue Grätzl, wie die Wiener ihre Kieze nennen. Sightrunning sozusagen.

Auch auf Reisen. Bis nach Rio. Entlang eines schier endlosen Strands, bei Ebbe ein Dutzend Kilometer lang. Ich laufe früh am Morgen, so gut wie allein, stelle mir meinen Torso als Nadel vor, die Glieder als Watte, bündele die Energie im Rumpf, lasse Arme und Beine ausschlagen, trete leicht auf den Mittelfußknochen auf, drücke mich bewusst ab, die Schultern locker, fliege dahin, in einer geschätzten Geschwindigkeit von sechs Minuten pro

Kilometer, den Strand entlang. Ich folge den Ratschlägen des Chi-Runnings, einer von vielen esoterisch angehauchten Bewegungslehren im Sport. Tatsächlich, es fühlt sich befreiend und beglückend an, ich bin geneigt, die Weisheit von Chi-Running anzuerkennen, bis ich mir des schönsten Strandes der Welt bewusst werde, der Palmenriege, der letzten Reste eines Mangrovenwalds, des Wassers, das gelegentlich unter meine Füße schwappt, und ich zu zweifeln beginne, ob die Euphorie des Augenblicks meiner neuen, prononciert nach vorn geneigten Haltung oder dem *Genius Loci* geschuldet ist?

Das Rennen

Niemand hat mich gewarnt, dass der Wiener Zoolauf im Tiergarten Schönbrunn eine enorme Steigung einschließt. Ich erfahre es erst am Start, als die junge Frau, die uns in Gruppen auf die Strecke schickt (ich bin bei den »Zebras« eingeteilt), einige der Angetretenen nach ihren Zielen befragt und einem ambitionierten jungen Mann in die Parade fährt: »Du weißt schon, zum Tirolerhof geht's steil rauf!« Mir schwant Anstrengendes, zumal die Zeit, die man bergauf verliert, bergab nicht aufzuholen ist. Ich habe Anstiege noch nie trainiert, sondern nur eine vage Erinnerung an eine Lektüre über die fatalen Folgen schlechter Technik beim Berglauf. An der steilsten Stelle ent-gehe ich wortwörtlich dieser Gefahr. Gelaufen wird für einen guten Zweck, das merkt man dem Rennen an, es ist weniger kompetitiv, die meisten sind unterwegs aus Jux und Tollerei und wegen der einmaligen Atmosphäre (und des Geruchs) im ältesten Zoo der Welt, inmitten von Eis-, Dschungel- und Savannenwelten.

Auf der zweiten Runde, irgendwo zwischen Solarium und Südamerikapark, sehe ich vor meinem inneren Auge, wie die Gehege sich öffnen und die Tiere sich dem Wettkampf anschließen, Geparden, Wüstenspringmäuse, Orang-Utans und Fjordpferde. Gemeinsam bestreiten wir den Parcours. Der Gepard schießt wie ein Blitz davon mit eleganten Acht-Meter-Sprüngen, aber ihm geht bald die Puste aus (als Jugendlicher in Kenia habe ich einmal jagende Geparden scheitern gesehen; nach zwei, drei kurzen Sprints mussten sie sich keuchend hinlegen). Die Wüstenspringmäuse sind ohnehin nur unter Protest angetreten (»es müssten Gewichtsklassen eingeführt werden«), sie halten erstaunlich lange durch bei einem Tempo von etwa dreizehn Stundenkilometer (das ist angesichts ihrer Größe in etwa so, als würde ich zweihundertsechzig Stundenkilometer laufen), aber auch sie müssen ausgepowert aufgeben. Die Orang-Utans treten verächtlich auf ihre Fersen: »Wir können besser durch die Bäume klettern als auf dem Boden laufen.« Sie sind hoffnungslos unterlegen. Unter den Primaten können nur wir Menschen ausdauernd laufen. Wir haben kurze Zehen, der große Zeh steht nicht ab, sondern bei Fuß, wir haben beachtliche Gesäßmuskeln, die wir beim Schlendern kaum nutzen. Und wir haben eine Muskulatur, die hervorragend Zucker speichern kann. Entweder haben wir uns das durch den aufrechten Gang erarbeitet, oder aber es war ein besonderer evolutionärer Selektionscoup. Nur noch das Fjordpferd bleibt übrig, ein Konkurrent von beachtlicher aerober Ausdauer. Es galoppiert auf und davon, ich sehe es erst wieder im Zielraum, wo den Menschen Kaiserschmarrn, den Tieren Hafer serviert wird.

Der Olympiasieger: 13:41,66.
Meine Zeit über die 5000 Meter (die gesamte Rennstrecke ging über sechs Kilometer) betrug 26:30, trotz Anstiegen und tierischer Konkurrenz.

10 000 Meter

Du hast nur einen Freund, deine Beine.

Alte Indianerweisheit

Ich laufe allein auf weiter Schneeflur, trete vorsichtig auf, da ich meinen Schritten nicht traue, unter mir Eis, Schnee auf Eis, Schnee, Matsch. Ich laufe über ein weißes, sich zum Horizont krümmendes Feld, von dem eine gewaltige Dohle aufsteigt wie die Seele aus einem erstarrten Körper, ein Bild, das sich meinem Gefühl verdankt, in dieser Kälte allein aufgrund der Bewegung am Leben zu bleiben. Vor mir der eigene Atem, sichtbar wie eine Sprechblase ohne Inhalt, unter meinen Sohlen Verkrustetes, Schmelzendes. Der Schnee knirscht unter den Laufschuhen wie unter den Stiefeln marschierender Soldaten in einem alten Schwarzweißfilm. Ich lausche dem Knirschen wie einer geheimnisvollen Komposition. Ich weiß, ich bin zu einem Läufer geworden, weil ich an einem Tag wie diesem laufe.

Im Winter zu laufen bedeutet, sich den Naturgewalten auszusetzen, Bequemlichkeit aufzugeben, Verletzlichkeit zu spüren und zugleich ihre Überwindung zu feiern. An einem grimmigen Februartag laufe ich zum ersten Mal in meinem Leben bei treibendem Schneeregen, weit außerhalb meiner Komfortzone, wie der altmodische Wohlfühlbereich heutzutage heißt. Die wenigen Mutigen, die sich bei diesem Wetter nach draußen gewagt haben, nicken einander zu wie Verschwörer. Im Winter läuft jeder allein und schweigend. Ich bilde mir ein, in einen exklusiven Zirkel aufgenommen worden zu sein. Ich habe mir einen der strengsten Winter seit langem zum Trainieren ausgesucht. Am Ostersonntag steht laut Trainingsplan ein langer Lauf (fünfzehn Kilometer) an: Schneeregen peitscht westwärts, Nadelstiche im Gesicht, die vermummten Gestalten in der Ferne könnten genauso gut Jäger sein. Beim Spazierengehen verfestigen sich Gedanken, beim Laufen durch Schnee und Eis gefrieren sie. Meine Konzentration gilt allein dem Durchhalten.

Das Training hatte im späten Sommer mit einem Lauf durch mannshohe Maisstauden begonnen, das Tempo langsam, wie empfohlen von allen Fachbüchern, extrem langsam, um das Gefühl eines unangestrengten Dahinfließens zu spüren. Geschwindigkeit verursacht Hektik. Es endete Anfang Mai unter blühenden Kastanienbäumen, die von einem Tag auf den anderen die kahlen Alleen im Wiener Augarten in einen Wald verwandelt hatten. Dazwischen lag ein Dreivierteljahr, in dem ich mich auf meine erste Herausforderung vorbereitete, so minutiös wie wohl auf keine andere. Ich vertraute mein Schicksal einem Trainingsplan von Herbert Steffny an, einem der bekanntesten Laufgurus in deutschen Landen, und beschloss, mich entgegen meiner Wesensart penibel an seine Vorgaben zu halten. Nicht zuletzt, um zu prüfen, ob solche Pläne ihr Versprechen einlösen, wenn man sich ihnen anvertraut. Ich wählte eine Zielzeit aus (vierundfünfzig Minuten) und notierte im Kalender allwöchentlich die gesetzten Aufgaben. Es gab aktive Tage und Ruhetage, Ausdauerläufe bei niedrigem Puls, Tempoläufe bei erhöhtem Puls, es gab ausgiebige

Dauerläufe und Intervalltraining. Zu meiner Überraschung erwies sich die Einhaltung der Ruhepausen als das Schwierigste. Während ich früher in der Wohnung Süßigkeiten versteckte, um nicht in Versuchung zu geraten, packte ich nun die Laufschuhe in das hinterste Fach, damit mich bei ihrem Anblick nicht die Lauflust übermannte. Das war wichtig, denn das Training wird am Ruhetag vollendet. Doch bevor ich loslegen konnte, musste ich mich erst einmal ausrüsten. Und da ich schon eine Pulsuhr besaß (unverzichtbar, um die jeweilige Belastungsgrenze bestimmen zu können), fehlte nur noch das Allerwichtigste, das angemessene Schuhwerk.

Tony's Laufshop in der Praterstraße ist in Wien legendär, gegründet von einem Mann namens Tony Nagy, der einst einem Bürojob nachging, bevor ihn seine Leidenschaft antrieb, Laufschuhe von allen Seiten unter die Lupe zu nehmen, um selbst die kleinsten Fabrikationsfehler ausfindig zu machen. Einmal habe Tony, so wird gemunkelt, fast die Hälfte der Schuhe an die Lieferanten zurückgeschickt. Tony verlangt von seinen Mitarbeitern nicht nur verkäuferische, sondern auch läuferische Exzellenz – zwei Marathons im Jahr sind hier so selbstverständlich wie anderswo die Raucherpausen. Die Verkäufer verstehen sich als Coachs. Der Kunde trägt sich in eine Liste ein, und wenn er oder sie drankommt, wird der Gang analysiert, der Fuß vermessen, inklusive des Digitus II, der bei mir über die Großzehe hinausragt, was bei den alten Griechen dem Schönheitsideal entsprach (ich ähnele Adonis, zumindest was die Zehenform betrifft), sowie die Fußfehlstellung erfasst (bei mir leichte Pronation, also nach innen abgeknickt, das Übliche). Mein Fuß wurde als »breit« eingestuft, doch kein Grund zur Sorge, natürlich hat man bei Tony auch für mich den passenden Schuh. Allerdings ist es mit einem

Paar nicht getan, denn der seriöse Läufer benötigt nicht nur Trainingsschuhe (haltbar bis zu zweitausend Kilometern), sondern auch federleichte Wettkampfschuhe (die einen nur zweihundert Kilometer weit tragen), mindestens um eine Größe großzügiger zu wählen als üblich, denn bei langen Läufen, so wird mir detailliert erklärt (bei Tony wird jede Entscheidung nachvollziehbar legitimiert), sollte zwischen Zehen und Schuhspitze ein Zentimeter Freiraum sein. Der Kunde zieht die empfohlenen Schuhe an, das Zuschnüren wird ihm überlassen, offensichtlich ein intimer Akt, der von fremden Händen nicht vollzogen werden sollte, und dann auf das Laufband gebeten, wo die individuelle Bewegung bei einem gemächlichen Tempo von zehn Stundenkilometer, danach etwas flotter aufgenommen wird, bevor die Videoaufnahme gemeinsam analysiert, die Stabilität des Schuhs überprüft, im ungenügenden Falle ein weiteres Paar oder eine andere Schuhgröße getestet wird. All das wird mit einer Ernsthaftigkeit vollzogen, als handele es sich um medizinische Tests, die über Leben und Tod entscheiden.

Das reichhaltige Angebot bei Tony ist Ausdruck eines weitaus weniger sympathischen Aspekts im überzüchteten Konsumkapitalismus. Den Produktpaletten nach zu urteilen, gibt es nur noch teure und sehr teure Sportarten. Selbst für das Laufen, die einfachste aller Bewegungen, die fast nichts erfordert (nicht einmal Schuhe, denn Barfußlaufen ist nach dem Welterfolg von Christopher McDougalls »Born To Run« wieder en vogue), benötigt man – so wird einem suggeriert – atmungsaktive Trikots, ausgefallene GPS-Geräte (samt Pulsmesser), Gürtel, Wasserflaschen, Käppis, Regenschutz, leuchtende Nachtkleidung, Sportkopfhörer und vieles andere mehr. Wer auf einem Videoclip Aufnahmen von einem der Straßenrennen aus den 1970ern sieht, wird sich die Augen reiben. Die Läufer tragen Leiberl, die wie Unterwäsche aussehen, Schuhe von Bata und ansonsten nichts. Aber sie laufen. Ebenso weit, ebenso intensiv.

Beim Langstreckenlaufen kommt es oft zu Verletzungen (öfter als beim Rugby) – Schätzungen zufolge sind 65 Prozent der Läufer einmal im Jahr betroffen. Aus Solidarität mit der Statistik litt ich schon bald unter den gefürchteten *shin splints*, jenem schmerzhaften Schienbeinkantensyndrom, das man bekämpfen kann, indem man Schienbein- und Unterschenkelmuskulatur stärkt, etwa durch Fersenläufe. Solche Schmerzen gehörten dazu, schärfen einem die einschlägigen Texte ein. Vor allem Selbsterfahrungsberichte verkünden mit sozialdarwinistischer Entschiedenheit: *No pain, no gain.* Beiß auf die Zähne, halte durch, überwinde deinen inneren Schweinehund, und GIB NICHT AUF! Eine martialische Haltung, die auch in den meisten Filmen über das Laufen kultiviert wird. Der Held versucht stets, sich und den anderen etwas zu beweisen. Er will etwas erreichen, er ordnet alles diesem einen Ziel unter. So wie ich auch, nur dass bei meinem ansonsten eher undisziplinierten Lebenswandel die Ausnahme mit der Regel um die Wette lief.

Etwa zwei Wochen vor dem Rennen wage ich mich zum ersten Mal an die volle Distanz mit dynamischer Absicht und frischem Ehrgeiz. Ich laufe die zehn Kilometer – fünf Runden im Augarten, weil die vertraute Atmosphäre mich beruhigt – in einem möglichst zügigen Tempo. Die Zeit von knapp einer Stunde gibt mir die Gewissheit, dass ich mein Ziel erreichen kann. Die letzte Woche verläuft vergleichsweise entspannt. Doch am Donnerstag, als nur ein lockeres Laufen – eine Dreiviertelstunde mit leichten Steigerungen – auf dem Plan steht, erfahre ich einen herben Rückschlag. Die kurze Strecke läuft sich unfassbar schwer, jeder

Schritt eine Mühsal, es fühlt sich an, als hingen Gewichte an meinen Gliedern. Ich quäle mich nach Hause, überzeugt, die 10 000 Meter nicht zu schaffen, schon gar nicht in der angepeilten Zeit. Am Telefon beruhigt mich Klaus, der mich beim Rennen begleiten wird, er habe sich einige Tage vor einem Ironman-Wettkampf schon einmal so schlapp gefühlt, dass er sich überlegt habe, ob er überhaupt starten solle. Die Nervosität geht in mir auf wie ein Hefeteig.

Das Rennen

Es ist ein sonniger, aber nicht heißer Frühlingstag im Münchner Olympiapark. Die allermeisten Hobbyläufer bestreiten Volksläufe diverser Art, die wenigsten ziehen ihre Runden auf der Bahn (bei den frühen Olympischen Spielen gab es auch Querfeldeinrennen, bis die Läufer 1924 in Paris von den Abgasen eines Kraftwerks vergiftet wurden). Die Zahl der Straßenläufe ist seit den 1980er Jahren explodiert, im Internet kann man sich durch unzählige Seiten mit Angeboten klicken. Weit über zwei Millionen Menschen nehmen jährlich in Deutschland an ihnen teil. Ernährungstechnisch war ich von Klaus bestens eingestellt worden. Am Abend davor die sprichwörtliche Pasta-Party, mit frischem Gemüse, magerem Fleisch und etwas Obst. Das Essen schmeckte anders, vielleicht weil es nicht dem Sattwerden diente, sondern einem höheren Ziel, der Wettkampfvorbereitung. Ich schaufelte also mit hehrer Absicht und heiterer Selbstabsolution Nudeln in mich hinein. Der Nachschlag war nicht Ausdruck von Gier, sondern von vorbildlicher Fürsorge um den Glykogenspeicher meines Körpers. Am Morgen nehme ich gleich nach dem frühen

Aufstehen einen Mix aus einfachen und komplexen Kohlenhydraten zu mir, Brötchen aus Roggen und Dinkel, süßer Belag, etwas Obst. Kein Fett, keine Milchprodukte, die liegen schwer im Magen und werden zu langsam verdaut. Außerdem verschleimt Milch die Atemwege. Zudem schlucke ich ein Basencitrat. Das weiße Pulver erscheint mir ein wenig übertrieben, fast wie die Einstiegsdroge ins Doping.

Zwei Stunden später laufe ich an einem in voller Blüte stehenden Kirschbaum vorbei, auf meinem Trikot eine Startnummer, auf meinem rechten Laufschuh ein Chip. Seit dem Start ist das Kribbeln im Magen vergangen, ersetzt durch eine Euphorie, die allmählich die Fahne der Unverwundbarkeit hisst. Klaus warnt mich, es nicht zu schnell anzugehen, mich zu bremsen, konstant zu bleiben. Überraschend motivierend wirkt die Gegenwart der anderen Läufer, eine Schwarmenergie, die einen schweben lässt, die Schritte fallen mir leichter als beim einsamen Training, obwohl kaum jemand mein Tempo mitläuft, die anderen somit fast immer Überholte oder Überholende sind. Auf der zweiten Runde, als ein vor mir laufendes Paar mir die Sicht versperrt, pralle ich fast gegen einen rotweißen Pfosten, springe zur Seite, verfehle den Pfosten knapp. Das kann leicht zu Verletzungen führen, sagt Klaus, der während des Rennens so unangestrengt wirkt, als würde er seinen Dackel ausführen. Ich versuche, ihm von Cosmas Ndeti zu erzählen, dem kenianischen Dreifachsieger des Boston-Marathons, der eingeladen war, mit Präsident Clinton zu joggen, aber ein Anstieg nimmt mir die Luft. Anstiege sind bei einem Tempo von etwa fünf Minuten pro Kilometer eine Herausforderung. Den Hang hinab, ruft mir Klaus zu, soll ich tief durchatmen. Am Ende steht eine Zeit von 52 Minuten 40 Sekunden auf der Uhr. Der Plan hat funktioniert. Ich fühle mich nicht einmal ausgelaugt. Im Zielraum, bei einem alkoholfreien Weißbier, erinnert mich Klaus an die Anekdote über Clinton und Ndeti. Die beiden waren einige Minuten nebeneinander gelaufen, erzähle ich und nehme einen großen Schluck, da wandte sich der Präsident an den Läufer: »Es macht mir ja nichts aus, dass Sie nicht schwitzen, aber Sie könnten wenigstens mal atmen.«

Die Ansammlung so vieler Menschen bringt Seelenjäger auf den Plan. Im Zielraum und über die Hänge verstreut liegen Tausende Exemplare einer Broschüre mit dem Titel »Der Weg zum Glücklichsein«. Ein Kinderbild, die Türme der Frauenkirche im Hintergrund, keine Adresse, kein Impressum, keine ISBN, nur auf der letzten Seite in klitzekleiner Schrift ein Copyright-Vermerk: © L. Ron Hubbard Library. Auf Seite 3 werden die »5 Regeln« erklärt:

1. Lassen Sie sich behandeln, wenn Sie krank sind.
2. Halten Sie Ihren Körper sauber.
3. Halten Sie Ihre Zähne in Stand.
4. Ernähren Sie sich vernünftig.
5. Schlafen Sie genug.

Die fünfte Regel habe ich an den folgenden Tagen nur allzu gern beherzigt.

Der Olympiasieger: 27:30,42. Ich: 52:40.

Hüpfen

110 Meter Hürden

Jede Familie hat ihre eigenen Mythen, die durch Wiederholung an erzählerischem Gewicht gewinnen: Mein Vater führt bei der bulgarischen Juniorenmeisterschaft, es sind nur noch vier, drei, zwei Hürden vor ihm, da trifft sein Vorderfuß die letzte Hürde, er kommt aus dem Tritt, er fällt bäuchlings hin. Er steht auf, wundgeschürft, tief enttäuscht. So eine Chance kommt nie wieder. Als Kind habe ich mir vorgestellt, wie die väterliche Ferse einen Zentimeter höher über die Hürde zum Sieg gleitet. Im Kopf spulte ich beide Varianten ab, Erfolg und Tragik getrennt von einem einzigen, mickrigen Zentimeter. Die Geschichte wurde visuell angereichert durch einige wenige Fotos (Flüchtlinge besitzen nur schmale Fotoalben): Mein Vater beim Dehnen, mein Vater mit nacktem Oberköper in jenem Augenblick, in dem der Athlet über die Hürde zu fliegen scheint. Festgefroren in der Zeit. Pure Eleganz.

Es kann keinen anderen Trainer geben als meinen Vater. Nach ausgiebigem Aufwärmen, bei dem er mehrfach über meine begrenzte Flexibilität seufzt, reihen wir drei Hürden hintereinander auf und schrauben sie auf die angenehme Höhe von 91 Zentimetern (normalerweise 1,06 Meter). Er fordert mich auf, mit beiden Beinen so über die Hürden zu steigen, wie es mir möglich ist. Es sieht chaplinesk aus, aber daran soll es nicht scheitern. Meine nächste Aufgabe besteht darin, mit dem rechten, angewinkelten Bein über die Hürden zu gleiten, zuerst im Schritttempo (das geht noch ganz gut), dann im Lauf. Die nötige Streckung der Hüfte erweist sich als unproblematisch. Doch bei jeder »Landung« komme ich ein wenig aus dem Tritt, so dass ich die zweite und dritte Hürde stets weniger souverän überwinde. »Wir haben keine Zeit zu warten, bis du es perfekt kannst«, verkündet mein Vater prophetisch, und wir wenden uns dem Oberköper zu. »Das A & O beim Hürdenlauf ist der nach vorn gebeugte Oberkörper. Balance, Rhythmus, davon hängt alles ab. Du musst den linken Arm zum rechten Bein strecken. In der Flugphase sollte die Hand über den Fuß hinausreichen.«

Hürdenlauf erweist sich als eine jener Disziplinen, die mir eher theoretisch als praktisch einleuchtet. Es gelingt mir weder, diese Klappmesserposition einzunehmen noch das Nachziehen des Beines in eine flüssige Bewegung zu integrieren. Ich bin und bleibe ein Stotterer, jede Hürde mehr Hindernis als Herausforderung. Wir legen eine Pause ein. In fünfzig Jahren habe ich meinen Vater nie gefragt, was ihn an dieser Sportart fasziniert hat.

»Die technische Komplexität. Die enorme Präzision.« (Mein Vater ist Ingenieur.) »Du musst die Hürde überwinden, aber nur knapp, die Ferse Millimeter darüber, um die Flugphase zu verringern. Es gibt Trainer, die schlagen sogar vor, die Hürde leicht zu küssen. Ein technisch versierter Läufer kann fehlende Grundschnelligkeit kompensieren. Das war meine Chance. Aber sogar bei den Profis erkennst du klare Unterschiede in der Technik. Es ist eine sehr anspruchsvolle Disziplin. Im Winter haben wir in der Halle stundenlang Übungen zur Steigerung der Flexibilität gemacht. Ich war auf der Suche nach der ganz großen Eleganz. Es war mein Traum, unter fünfzehn Sekunden zu laufen, ich habe es nie geschafft.«

»Du musst dich entscheiden«, erklärt mir mein Vater am nächsten Tag mit gewichtiger Stimme, »wie viele Schritte du zwischen den Hürden machen willst: Es geht mit drei oder mit fünf. Einige wenige Athleten benötigen vier Schritte, wechseln bei jeder Hürde das Sprungbein, was erheblich schwieriger ist.« So weit die Theorie. Es wird mir schnell klar, dass nur sehr gute Hürdenläufer mit drei Schritten auskommen, bei mir hingegen nicht einmal die fünf Schritte ausreichen. Ich springe aus zu großer Entfernung ab, treffe die Hürde, finde mich auf dem Boden wieder. Ich habe also gar keine andere Wahl, als zu versuchen, so lange wie möglich die fünf Schritte durchzuhalten (siehe Zehnkampfkapitel).

Einige Tage vor diesem, meinem ersten und letzten, 110-Meter-Hürdenlauf erhalte ich eine fürsorgliche Vater-Mail: »Versuche, Deinen eigenen Rhythmus zu finden. Der Anlauf zur ersten Hürde ist sehr wichtig. Renne so schnell Du kannst los und attackiere die erste Hürde ohne Angst, Du könntest sie reißen. Trainiere immer wieder den Start samt erster Hürde, um die psychologische Hemmung zu überwinden. Selbst wenn Du Hürden umstoßen solltest, musst Du Deine Geschwindigkeit aufrechterhalten. Ansonsten wirst Du nicht ins Ziel kommen.« So wertvolle Ratschläge bekam nicht einmal Laertes von Polonius mit auf den Hindernislauf des Lebens.

Der Olympiasieger: 12,92. Ich: 27,23.

400 Meter Hürden

Es gibt Menschen, die meinen, die 400 Meter Hürden seien leichter als die 400 Meter flach. Diese Leute sind wahrscheinlich auch der Ansicht, wer zu viel Arbeit hat, der sollte sich weitere Arbeit aufhalsen. Die Mühsal beginnt schon mit dem Aufstellen der

Hürden. David und ich sind eine Viertelstunde damit beschäftigt. Beladen mit drei Hürden schreiten wir mehrmals über die Grasfläche zur Gegengeraden und zu den Kurven. Dann der Lauf: An der sechsten oder siebten Hürde teilt mir eine bis dato unbekannte innere Stimme mit, dass sie nicht daran denke, dieses Hindernis zu überspringen. Es ist, als ob ich auf meinem Unbewussten reiten und dieses den Sprung verweigern würde. Da die Zeit für ein ausführliches Zwiegespräch fehlt, versuche ich es mit Autorität, was mich immerhin über die Hürde trägt, ohne aber die Pattsituation aufzulösen, so dass ich bei der nächsten Hürde neuerlich in Verhandlung treten muss, dieses Mal mit sanft-verführerischen Mitteln, kein Allheilmittel zwar, aber immerhin die einzige Chance, eine weitere Hürde zu überwinden. Auf der Zielgerade gelange ich so schwerfällig über die vorletzte Hürde, dass ich sicher bin, an der letzten zu scheitern. Gäbe es eine größere Schmach? In der Not weiß sich der verzweifelte Athlet nur mit einer Leiter zu behelfen, um über das Hindernis zu klettern (ein Klubkamerad feuert mich sogar dabei an); auf Eleganz kann keine Rücksicht mehr genommen werden. Über das Eintorkeln ins Ziel sei kein Wort verloren.

Der Olympiasieger: 0:47,63. Ich: 1:34.

3000 Meter Hindernis

Mit jeder Runde dringe ich mehr ins Wasser ein. Das Becken wird immer tiefer, ich nasser. Alle guten Wassersprünge sind sieben. Beim siebten plumpse ich direkt hinter der Hürde hinunter und schwimme an Land, bevor ich den Lauf fortsetzen kann.

Durchnässt erreiche ich das Ziel. Dafür hätte es des Regens nicht bedurft ...

Jeden Nachmittag trieben wir Sport. Im Herbst Kricket, zwischen Weihnachten und Ostern Hockey, danach Rugby. Doch wenn es regnete, gab es einen Querfeldeinlauf *(cross country)*, dann Schwimmen im kalten Becken. Kenton College war kosmopolitisch zusammengesetzt, mit Schülern aus dreißig verschiedenen Ländern, nicht nur Ostafrikaner und in Ostafrika beheimatete Inder, sondern auch Engländer, Schotten und Iren sowie vereinzelte Griechen, Italiener und Bulgaren. Die Inder waren exzellent im Kricket, die Briten dominant im Rugby, viele gut im Hockey, ich nur im Tennis, doch wenn es ans Laufen ging, wandelte sich das Bild. Die afrikanischen Jungs hüpften entspannt durch den *buntu*, während die Europäer hechelnd die drei Kilometer bewältigten. Selbst unsportliche Mitschüler, wie etwa der Sohn des späteren Präsidenten Daniel arap Moi, bewältigten scheinbar mühelos diesen Geländelauf, während uns die Lunge aus dem Hals hing.

Der 3000-Meter-Hindernislauf ist eine kenianische Disziplin, die irrtümlicherweise in Irland erfunden wurde. Die englische Bezeichnung *steeplechase* deutet auf den Ursprung hin: Man rannte von Kirchturm zu Kirchturm. Eine andere Markierung war auf dem Land weithin nicht sichtbar. Anfänglich war es ein Wettkampf für Pferde und Läufer. Später trennten sich die Wege von Zwei- und Vierbeinern (in Wales gibt es ein direktes Kräftemessen, das erst zweimal vom Menschen gewonnen wurde: *Man versus Horse Marathon*). 1865 wurde der Gedanke auf die Laufbahn übertragen, wo sonst, wenn nicht in Oxford. Danach dümpelte die Disziplin vor sich hin, bis die Kenianer sie für sich vereinnahmten, entspricht sie doch am ehesten dem gewohnten Querfeldeinlauf.

Diese Strecke in einem Leichtathletikklub zu laufen ist gar nicht so einfach. Man muss Wasser ins Becken einlassen und zu viert die schweren Hürden auf die Tartanbahn tragen. Alle im Klub waren begierig, die seltene Gelegenheit zu nutzen. Während man beim kürzeren Hürdenlauf über die Hindernisse springen muss, darf man bei diesem simulierten Geländelauf auf die erheblich breiteren Balken steigen, was die geübten Läufer traditionell nur bei der Hürde vor dem Wasserbecken taten, bis Amos Biwott 1968 zum Erstaunen aller auch diese übersprang und siegte. Es überrascht mich, wie tief ich von der Hürde ins Wasser falle und wie schwer ich, vor allem gegen Ende des Rennens, die leichte Steigung aus dem Wasser heraus bewältige. Die vielen Sprünge lassen die Beine erlahmen, bis ich am Ende von der Hürde hinabplumpste, so als starte ich für die Mannschaft der reinen Schwerkraft. Aber wenigstens macht die Abwechslung Spaß.

Der Olympiasieger: 8:18,56. Meine Zeit 17:43.

Gehen

Laufen kann jeder, Gehen muss gelernt sein.
Ein Geher

Vieles spricht für das Gehen. Es ist die effizienteste menschliche Fortbewegungsform. Antilopen hüpfen, Pferde galoppieren, wir sind von Natur aus Geher, und wenn wir es eilig haben, können wir schnell gehen. Sehr schnell sogar. Wir lernen, auf eigenen

Beinen voranzukommen, bevor wir uns ausdrücken können. Im Laufe eines Lebens legen selbst die Erlahmten unter uns mehrere zehntausend Kilometer zu Fuß zurück. Und doch gibt es keine andere Disziplin, die gegen so viele Vorurteile ankämpfen muss. In dem einzigen Film, der dem Sportgehen gewidmet ist (»Walk, Don't Run«), schämt sich der Athlet zu erwähnen, in welcher Disziplin er bei den Olympischen Spielen in Tokio antritt. Die Folge: einer der schlechtesten Filme aller Zeiten. Wahrlich, das Gehen hat es nicht leicht.

Das Grundprinzip ist eine freiwillige, absichtliche Beschränkung (wie beim Trabrennen). Diese Formstrenge leuchtet vielen nicht ein. Ein leichtathletikbegeisterter Freund schrieb mir etwa: »Dieses Sportgehen ist doch irgendwie unnatürlich. Warum nicht gleich laufen, dann muss man sich nicht so verbiegen. Und dann kommt bei Kilometer 48,5 so ein Kampfrichter und zeigt dir die rote Karte und aus ist der Traum.« Jeder darf laufen wie er will, das Sportgehen hingegen unterliegt strengen Vorgaben. Das hat eine lange Tradition. Schon in der Spätaufklärung wurde ein Traktat über den »guten Gang« verfasst:

»Zum guten Gang wird erfordert, daß die Knie bey jedem Tritte gestreckt werden, daß die Füße etwas auswärts auf den Boden zu stehen kommen, daß der Absatz den Boden nicht zu merklich und zu früh vor dem Ballen berühre, daß der Fuß gerade auftrete, weder mehr auf die innere noch mehr auf die äußere Seite.«

Das durchgestreckte Knie ist weiterhin eine von zwei entscheidenden technischen Erfordernissen. Die andere bestimmt, dass zu jedem Zeitpunkt eines der beiden Beine den Boden berühren muss. Schwierig für den Anfänger ist allein das durchgestreckte Knie, denn er erreicht nicht die Geschwindigkeit, bei der er abheben würde. Viele Läufer, die sich im Gehen versuchten, hätten mit dieser Einschränkung Probleme, sagt mir mein Trainer Alex, mehrfacher österreichischer Staatsmeister, sie geben auf, weil sie es einfach nicht hinkriegen. Bei mir gelingt es, aber nur einseitig, zuerst ist das linke Bein gerade wie ein Strich mit dem Lineal, das rechte hingegen leicht gebeugt (das würde zur Disqualifikation führen), dann umgekehrt. Weil ich mich auf das rechte Knie konzentriere, knickt das linke ein. Das sei gut, meint Alex, das beweise, dass ich es grundsätzlich beidseitig durchstrecken könnte.

»Jetzt zeige ich dir mal, wie es schnell geht!« Und ab geht der Alex. Als hätte er einen Turbo eingeschaltet. So schnell zischt er davon, dass er auf der Praterallee einige verblüffte Jogger überholt. Ich bleibe staunend stehen.

Ein Geher muss mit der Ferse aufsetzen, über den Fuß abrollen, sich fest abdrücken. Dieser Aspekt ist schnell gelernt. Doch dann kommt die Hüfte ins Spiel. Auf die Hüfte kommt es an, technisch wie ästhetisch. Nur eine vorgeschobene Hüfte erlaubt es einem, Tempo zu machen. Ich versuche, sie »anzusprechen«. Vergebliche Übungsmüh'. *Lost in translation.* Die Schultern drehen sich stärker als die Hüfte. Es gelingt mir nicht, die Hüfte vom Oberkörper zu emanzipieren. Die unruhigen Schultern verlangsamen eher meinen Gang. Zur weiteren Übung soll ich die Füße genau voreinander setzen, mit der Ferse zuerst, die Zehen prononciert nach oben, die Arme ausgestreckt zu beiden Seiten, so als würde ich balancieren, und dabei nur die Hüfte bewegen. Ich vermute, Sambatänzer würden sich erheblich leichter tun, mit ruhigem Oberkörper und unbeteiligten Armen die Hüfte zu schwingen. Es erweist sich als schwierig, präzise auf einer Linie zu gehen. Auch ohne Alkoholeinfluss.

»Wir müssen deine verspannte Hüfte aktivieren« kündigt Alex an. Er schlägt vor, dass ich regelmäßig zwei Stunden lang schnell gehen soll, ohne auf das ausgestreckte Knie zu achten, um die für das Gehen spezifische Muskulatur auszubilden. Denn der Schritt werde aus dem Gesäß heraus beschleunigt, somit einer unserer stärksten Muskeln genutzt, der Glutealmuskel.

Zur erhöhten Effizienz gehört auch, dass der Körperschwerpunkt im Gegensatz zum Laufen nicht auf und ab bewegt wird. Wenn man allerdings die Zeitlupenaufnahmen studiert, erkennt man, dass die besten Geher, vor allem im späteren Verlauf eines Rennens, für den Bruchteil einer Sekunde mit beiden Beinen den Boden verlassen. Das ist bei einer Geschwindigkeit von etwa 4,30 Meter pro Sekunde gar nicht anders vorstellbar. Es geht darum, diesen Augenblick möglichst zu minimalisieren.

Das enorme Tempo verdankt sich der hohen Frequenz. Geher setzen so viele Schritte wie ein 400-Meter-Läufer und das über die gesamte Länge von zwanzig oder gar fünfzig Kilometern! Daher wirken Langstreckengeher im Pulk gehetzt, wie ein Tross Verspäteter, von der Geschichte abgehängt. Das irritiert die ungeübten Zuschauer zusätzlich.

Geher sind postkonventionelle Menschen. »Das normale Gehen«, behauptet Alex, »strengt mich inzwischen mehr an als das Sportgehen.« Sie müssen viele schiefe Blicke ertragen, sie bewohnen eine einsame Welt. Alex witzelt einige Male über den mangelnden Respekt der anderen Athleten. Sie bilden die kleinste aller verschworenen Gemeinschaften. Wer sich aber vor Augen führt, dass sie schneller gehen als die meisten von uns laufen können, und wer einmal versucht hat, fünfzig Kilometer durchzustehen, der empfindet für ihre Leistung nur Respekt.

20 Kilometer

Bewältigte ich im Fitnessstudio auf dem Laufband. Es gab niemanden, dem ich zumuten konnte, fast drei Stunden lang auf meinen Gang zu achten. Also überließ ich mich dem Spiegel. Jeder meiner Schritte stand unter Knickverdacht. Manchmal versuchten sie mich zu bescheißen, aber ich kam ihnen sofort auf die Schliche. Es dauerte und dauerte; es war die Quintessenz von Langeweile.

Der Olympiasieger: 1 Std 19 min. Ich: 2 Std 42 min.

50 Kilometer

Meine Strecke an diesem kalt-sonnigen Tag beginnt am *9/11 Memorial*, dem Mahnmal für die Opfer der Anschläge auf das World Trade Center. Ein Schlund der Vergänglichkeit, in dem die Blicke und Gedanken verschwinden, doch das hinabstürzende Wasser ist Teil eines beharrlichen Kreislaufs. Morbide Gedanken begleiten mich auf dem langen Weg von der Südspitze Manhattans bis in den obersten Nordwesten der Insel, den Hudson River entlang. Vorbei an alten, teilweise maroden Hafenanlagen, schicken Neubauten und Warenhäusern, die eine Verjüngungskur erfahren haben. Es wird vieles abgerissen und neu errichtet, die Abrisskugeln erscheinen mir als verlässlichstes Utensil der Zeit. Die mühsam-schwerfällige Bewegung des Sportgehens verstärkt die Stimmung. Das Lebenbejahende, so kommt es vor, entspringt einer Bewegung, die sich natürlich anfühlt. Ich habe angesichts der vielen Baukräne den Eindruck, dass ich dem Tod entgegen gehe, beim Joggen bildete ich mir hingegen stets ein, ihm zu entlaufen. Eine jener unsinnigen Vorstellungen aus der Wunderkammer menschlicher Illusionen. Meine Schritte werden zunehmend schwerer. Mein Körper drängt ins Laufen. Mit jedem Kilometer muss ich mehr kämpfen, die Knie gestreckt zu halten, dem Sehnen nicht nachzugeben. Auf dieser längsten Strecke der Leichtathletik (was ist der Marathon für ein Mythos und wie sehr werden die brutalen 50 km der Geher vernachlässigt), muss ich nach zweiunddreißig Kilometern und viereinhalb Stunden, mit Schmerzen im Gesäß und in der Hüfte, diesen aussichtslosen Kampf aufgeben, meine Zeit schon weit über jener des Olympiasiegers im Ziel (3:35:59).

■ Der Zehnkampf

> *Keiner unter meinen Gegnern im Ringen fiel*
> *schneller als ich und keiner durchlief das*
> *Stadion annähernd so langsam. Den Diskus*
> *fasste ich gar nicht erst an und niemals hatte ich*
> *die Kraft, beim Springen die Füße in die Höhe*
> *zu bringen. Ein Krüppel warf den Speer weiter.*
> *Nach den fünf Kämpfen aber rief der Herold,*
> *ich sei der Erste – der fünffach Besiegte.*
>
> Epigramm des Lukillios

1. Als ich mich früh am Morgen anziehe, Schicht über Schicht, die Sporttasche gefüllt mit Ersatzkleidung und Energieriegeln, komme ich mir vor wie ein Gladiator. Die Nonchalance des Taxifahrers irritiert mich. Ich breche auf zum Zehnkampf, zur Königsdisziplin, nicht allein der Leichtathletik, sondern aller Sportarten, und dieser Mann geht mit Kaugummi im Mund seiner Arbeit nach, so gleichgültig wie der Bauer in Pieter Bruegels »Landschaft mit dem Sturz des Ikarus«. Er kennt nicht einmal den Sportplatz am Wiener Berg. Wissen Sie, was die Athleten an zwei Tagen leisten müssen?, möchte ich ihm an den Kopf werfen. Zumal an einem so kalten, regnerischen Wochenende? Ich behalte meine überengagierten Gedanken für mich. Kurz darauf stehe ich an einer Mauer des Klubhauses und strecke zusammen mit den anderen Mitgliedern meiner Gruppe die Hüfte,

als Teil des ausführlichsten Aufwärmprogramms meines Lebens. Der Wettkampfrichter, der uns als Mahner und Quick-Fix-Trainer die zwei Tage hindurch begleiten wird, kommentiert exaltiert jede Dehnübung wie ein Ansager die Kreationen bei einer Modenschau. Er entlässt uns mit den Worten: »In zehn Minuten geht's an den Start.« Die erste Disziplin des Zehnkampfs ist der 100-Meter-Lauf. Ich reibe mir die Müdigkeit aus den Muskeln und schlage mir ins Gesicht. Das machen die Jamaikaner vor dem Start, das bringt bestimmt etwas. Gegenwind kommt auf, der von einigen der Athleten mit höhnischem Applaus begrüßt wird. Explosiver Start. Der anderen. Während ich mit geschlossenen Augen die Blöcke verlasse wie ein Zug einen Kopfbahnhof, schleudert sich Felix (der den Zehnkampf gewinnen wird) in der Bahn neben mir dem Ziel entgegen. Als ich die Augen öffne, ist er mir schon um zehn Meter enteilt. Eine Böe fordert mich auf stehenzubleiben. Kaum habe ich diesen defätistischen Gedanken abgeschüttelt, ist das Rennen schon vorbei. Danach reden alle nur über den »ordentlichen« Gegenwind. Schicksalswind. Und meine Zeit? Miserable 16,22.

Die größte antike Prüfung war der Fünfkampf. Er bestand aus Diskuswurf, Weitsprung, Speerwurf, Sprint (wobei die genaue Länge unbekannt ist) sowie Ringen. Diskuswurf, Weitsprung und Speerwurf wurden nur im Rahmen des Pentathlons ausgetragen. Zur Zeit von Platon, der den Jugendlichen wärmstens empfahl, den Fünfkampf zu betreiben, muss es allein in Athen Tausende von Fünfkämpfern gegeben haben, und entsprechend große Wettkämpfe. Heute gibt es in ganz Österreich kaum mehr als hundert Zehnkämpfer, und die versammeln sich Ende September in Wien Favoriten zu ihrem jährlichen Jedermannwettkampf.

2. Wir kampieren unter einem Ahornbaum neben der Weitsprunggrube, dicht gedrängt wie das Laubwerk. Einige strecken sich auf mitgebrachten Isomatten aus. Nach der Dynamik des Sprints haben wir uns in eine kontemplative Picknickgruppe verwandelt. Ruhig wird der Anlauf anhand der Fußlängen abgemessen. Ich habe meine Fußzahl in den Monaten seit dem letzten Training vergessen. Es ist angenehm, in den nassen Sand zu springen. »Das schaut bei dir ziemlich zufällig aus«, sagt der Wettkampfrichter, der nach jedem Versuch überdosierte Tipps austeilt, so wie seine sanft schweigende Kollegin Bananen. »Das liegt daran«, antworte ich, »dass es zufällig ist.« Damit erringe ich nicht seinen Respekt. Beim ersten Versuch verschenke ich eine ganze Fußlänge, es fehlt an der Spritzigkeit: 3,28 Meter. Den zweiten Versuch vermassele ich völlig, weil ich mir mit Trippelschritten vor dem Sprungbrett jegliche Dynamik raube. Beim dritten Versuch beschließe ich, weniger Anlauf zu nehmen, mich gänzlich auf den Absprung zu konzentrieren. Ich treffe das Brett perfekt – wenigstens das – und lande immerhin bei 3,51 Meter. Angesichts der Umstände zufriedenstellend.

Schon nach zwei Disziplinen genieße ich die Kameradschaft unter den Athletinnen und Athleten. Jeder von uns treibt die anderen an, klatscht, schreit, jubelt. Eine kleine, verschworene Gemeinschaft, viele kennen sich seit Jahren. Es gibt in Österreich (wie auch in Deutschland und der Schweiz) kaum Wettkämpfe dieser Art, den in Wien immerhin schon seit zwei Jahrzehnten. Eine Demokratisierung der Königsdisziplin. Ob der Begriff »Jedermann« sie nicht störe, frage ich eine gertenschlanke Athletin mit schier endlos langen Beinen. »Nein«, sagt sie, halb empört, halb belustigt. Gendering ist in der Zehnkampfszene noch nicht angesagt.

3. »Was du dir hier erwirfst, kannst net erlauben«, bemerkt Roland, ehemaliger Hürdenläufer, der zwanzig Jahre inaktiv war, weil es in seiner Spezialdisziplin zwar Masters-Rennen für die älteren Semester gibt, dafür aber eine Lizenz erforderlich ist. Zudem sei es dort nicht so spaßig, die Atmosphäre nicht mal halb so locker wie beim Zehnkampf. Hier könne sich jeder ausprobieren und austoben. Zeichen der Zeit: *Just Do It.* Ich brauche zu lange, um beim Kugelstoß den Vorderfuß zu platzieren. Dadurch kommt die explosive Hüftdrehung nicht zustande, die Kugel fällt vom Himmel wie ein Meteorit, so nah, dass ich instinktiv zurückspringe, damit sie mir nicht auf die Füße fällt. Beim zweiten Versuch erreiche ich immerhin 6,92 Meter. Das bringt mir die höchste Punktzahl des gesamten Zehnkampfes ein. »Lass das Angleiten sein«, schlägt jemand vor (hier ist jeder Trainer), »das bringt dir im besten Fall einen halben Meter. Bevor du die Technik nicht gescheit gelernt hast, ist sie eher hinderlich. Konzentrier dich lieber auf die Drehung aus dem Stand.« Aber aus dem Stand wird es nicht besser. Ich bedaure, den dritten Versuch vergeudet zu haben, denn auf einmal regt sich heftiger Ehrgeiz in mir.

In der Antike trugen die Wettkampfrichter einen Stock in der Hand und ahndeten jeden Regelverstoß mit Schlägen. Neben den Werfern und den Springern stand ein Flötenspieler. Sein Spiel diente als Zeitmesser für die Dauer, die jedem Athleten für seinen jeweiligen Versuch zugestanden wurde. Bevor die Phrase fertiggespielt war, musste der Athlet geworfen haben, gesprungen sein. Mein Vorschlag an den Wettkampfrichter, eine entsprechend lange Melodie zu pfeifen, stößt auf wenig Gegenliebe.

4. Hochsprung. Wie alle Anfänger springe ich in die Stange hinein, anstatt nach oben und über sie hinweg. Das ist so leicht zu verstehen und so schwer umzusetzen wie vieles, was selbstverständlich erscheint. Zwar hatte ich es eigentlich geübt, aber es ist lange her, und ich merke, wie schnell man eine Motorik, die nicht verinnerlicht worden ist, wieder vergisst. Auch drehe ich die rechte Schulter nicht genug ein, nehme zu wenig Schwung mit dem rechten Bein, sehe mit anderen Worten wie ein Zementsack aus, den sich zwei Dockarbeiter zuwerfen. Einige unter uns scheiden bei 1,04 Meter aus, andere steigen erst bei 1,50 Meter ein. Während die einen sich wieder warm anziehen, lockern sich die anderen erst auf. Immer wieder bläst der Wind die Latte herunter. Ich schäme mich angesichts der von mir erreichten Höhe: 1,16 Meter.

Der Soundtrack der Gegenwart ist Lärm, egal was für Lärm, Hauptsache Lärm. So auch hier, auf dem Wienerberg. Trotz der regelmäßigen Ansagen der Stadionsprecherin, trotz der vielen wichtigen Verlautbarungen der Wettkampfrichter muss laut das Radio erschallen. Dehnübungen zur Wahlprognose. Übungssprünge zu Helene Fischer.

5. »Bei den 400 Metern«, sagt ein Sechzigjähriger beim Aufwärmen, »bin ich am Ende immer gestorben. Ich hoffe, dass es heute auch so geht. Die ersten dreihundert Meter, die gehen ja noch, aber dann ... Es bringt nichts, es langsamer anzugehen, am Ende erwischt es dich eh. Wenn du am Ende nicht tot bist, bist du nicht gescheit gelaufen. Also, Gas geben und durchhalten.« Derart angespornt verschlafe ich den Start. Bis ich in meinen Rhythmus hineinkomme, bin ich allein auf weiter Flur.

Irgendwo weit vorne rennt eine Chimäre, hinter mir sind hechelnde Geräusche zu hören. Alles, was der Mann gesagt hat, stimmt, nur dass ich schon nach der zweiten Kurve einbreche, als mit einem Schlag das Gefühl in mich sackt, ich hätte sämtliche Energien schon verbraucht, gerade als aufmunterndes Klatschen anhebt. Bei dem einsamen Kampf gegen die eigene Schwäche helfen die lauten Rufe, die spezifischen (»stärker mit den Armen arbeiten«) wie auch die allgemein gehaltenen (»geht scho, geht scho«). Die letzten hundert Meter sind Prüfungsmeter. Mit zugekniffenen Augen versuche ich, meine Arme stärker zu benutzen, aber die Beine sind stehengeblieben, der Oberkörper pumpt, der Unterkörper hält zurück. Der Gegenwind ist ein gnadenloser Türsteher. Wenn man die Läufer im Ziel betrachtet, erkennt man, wer sich bis an die Grenze verausgabt und wer zurückgesteckt hat, als es zu schmerzen begann. Es ist eine besondere Fähigkeit, die nur manche an den Wettkampftag legen, sich zur Qual zu zwingen, wenn alles in einem nach Kapitulation schreit. Schon vor dem Start war zu spüren, wie viel Respekt die Athleten vor dem 400-Meter-Lauf haben, es wird viel applaudiert und angefeuert, am Ende des ersten Tages werden die letzten Überreste Energie aus dem schon angebrannten Topf zusammengekratzt.

Ich hatte nicht bedacht, wie schwer es sein würde, sich warm zu halten. Wie zermürbend die langen Wartezeiten sind. Man isst, döst, plaudert. Wie schwierig es ist, sich im entscheidenden Augenblick zu konzentrieren, die nötige Spannung aufzubringen. Weil dem so ist, erzielen die Amateurathleten bei einem Zehnkampf, der an einem Tag statt an zwei aufeinanderfolgenden abgehalten wird, meist bessere Resultate. Die langen Pausen zwischen den Wettkämpfen wirken sich negativ aus. Vielleicht, meint Roland provokativ, würde man an einem halben Tag noch besser abschneiden.

6. Der zweite Tag. Was ist die perfekte Definition eines Anfängerfehlers? Wenn man beim Hürdensprint vergisst, dass dieser aus 110 Metern besteht, und schon nach hundert Metern ausläuft. Ja, das ist mir unterlaufen (im wahrsten Sinn des Wortes), doch dann höre ich die Schreie »weiter, weiter« und jogge ins zweite Ziel, das eigentlich das erste gewesen wäre. Ich bin so froh, die zehn Hürden überwunden zu haben. Zum ersten Mal in meinem Leben habe ich Seniorenrabatt erhalten. Die Hürden sind für mich nur 91 Zentimeter hoch. Von der Tribüne sieht es aus, als dürften auf einer der Bahnen Kinder mitlaufen. Doch als ich mich in die Startblöcke knie und auf den endlos scheinenden Wald von schwarzweißen Hindernissen blicke, sehe ich darunter den Tunnel, darüber aber keine Chance. Trotz der geringeren Höhe. Nachdem ich die ersten beiden Hürden gut überwunden habe, wie beabsichtigt in jeweils fünf Schritten, muss ich im letzten Augenblick trippeln, um die dritte zu überspringen, komme aus dem Rhythmus, streife die vierte, falle fast hin, entschleunige rasant, nehme neuen Anlauf, begreife die wahre Bedeutung des Ausdrucks »aus dem Tritt kommen«, mühe mich strauchelnd über jede der weiteren Hürden, die mir nicht mehr kinderklein, sondern hinterhältig platziert erscheinen. Ich gleite nicht über die Hürden, sondern plumpse über sie hinweg. Die Akkumulation der kleinen Fehler. Eine *comedy of errors.* »Dein erstes Hürdenrennen?«, fragt der Wettkampfleiter. Ich nicke. »Na dann, gar nicht so schlecht.«

Jede der Wettkampfgruppen befindet sich in ihrem eigenem Orbit, kreist konzentriert um eine Disziplin wie um die Sonne, magnetisch angezogen von der jeweils anstehenden Aufgabe.

7. Der Diskuswurf beginnt unmittelbar nach dem Hürdenlauf. Wir haben wenig Zeit zum Aufwärmen, zum Einwerfen, ich schaffe, weil ich mir mit meinen Notizen zu viel Zeit lasse, nur einen Probewurf. Angesichts der langen Pause seit dem letzten technischen Training beschließe ich, auf die komplexe Rotation zu verzichten und lieber mit halber Drehung aus dem Stand zu werfen. Der dritte Versuch ist der beste, immerhin an die zwanzig Meter, weil ich mich auf den Tipp von David, der uns die beiden Tage lang begleitet, konzentriere: Zuerst kommt die Hüfte, dann die Schulter. Peter, ein geübter Dekathlet mit hellenischer Figur, dreht sich und wuchtet den Diskus mit einem aerodynamischen Schrei weit hinaus, er fliegt und fliegt und landet bei … dreiunddreißig Metern. Es wirkt extrem weit und ist doch nicht einmal halb so weit wie bei den besten Spezialisten. Auf einmal begreife ich, was es bedeutet, den Diskus siebzig Meter weit zu werfen.

Als in die Jahre gekommener Athlet erhält man bei den Wurfdisziplinen vergleichsweise mehr Punkte. Das liegt daran, dass die Schnelligkeit rascher abnimmt als die Kraft. Die Beine altern schneller als der Oberkörper. Und das Herz, das altert auch. Oh, who could have foretold / That the heart grows old. *Ein knapp achtzigjähriger Mann in unserer Gruppe stellt dies eindrucksvoll unter Beweis: die Kugel wuchtet er an die zehn Meter, den Diskus über zwanzig Meter.*

8. Am frühen Nachmittag stellt sich die Angst ein. Bei neunzig Prozent der Zehnkämpfer hat der Stabhochsprung nur eine zufällige Ähnlichkeit mit dem, was man im Fernsehen bewundern kann. Wir sehen aus wie Darstellungen gequälter Existenzen in expressionistischen Skulpturen. Zweimal falle ich auf die Stange, das zweite Mal tut es richtig weh. Obwohl ich die Höhe (1,80 Meter) draufgehabt hätte. »Da war es klar«, sagt David, »dass du den dritten Versuch reißen wirst. Das ist immer so.« 1,60 Meter hatte ich noch im Querflug überwunden. »Der Mut, der hat dich rübergetragen«, sagt der Wettkampfrichter. Auffällig, dass die meisten jene Höhe, die sie »draufhaben«, locker schaffen, hingegen bei der Höhe, die sie einschüchtert, weit weniger hoch springen als zuvor. Ergo: Bei dem, was du nicht kannst, schaffst du nicht einmal das, was du kannst. Am nächsten Tag erhalten wir alle folgende Mail: »Das Wichtigste vorweg: Unserem Martin P., der sich beim Stabhochsprung eine sehr tiefe Schnittwunde zugezogen hat, geht es den Umständen entsprechend gut. Das tut gut und es freut uns alle, dass du, lieber Martin, nächstes Jahr wieder dabei sein kannst.«

Die meisten Gespräche bestehen aus dem Austausch von Leistungen: 2,60! Und du? zwei Meter. Was willst du laufen? Na, wenn der Gegenwind nicht wäre, würde ich sagen, unter 5:45, aber so bin ich froh, wenn ich unter sechs Minuten bleibe.

9. Nach dem Stabhochsprung herrscht generelle Mattigkeit, vor allem wegen der langen Wartezeit, denn es gibt in jeder Gruppe einen Überflieger, bei uns Peter, der 3,60 Meter überspringt. Beim Speerwurf ist mein persönlicher Tiefpunkt erreicht. Keine Energie, keine Euphorie, wenig Intensität. Wie manch ein ande-

rer taumele ich durch diesen Wettbewerb. Zumal mir Speerwurf nicht liegt. Und sich der Himmel eindüstert. Mein Speer bohrt sich in den Rasen, keine 16,70 Meter von mir entfernt.

Vor dem abschließenden 1500-Meter-Lauf gleichen wir die Zeiten ab, die wir zu laufen gedenken. »6:45«, sagt eine Athletin. Ich schlage vor, dass wir uns gegenseitig ziehen. Sie hat sich ein entsprechend langes Lied auf den iPod geladen. Eines mit schnellem Rhythmus. Beim letzten Wettkampf habe sie den Fehler begangen, ein zu langsames Lied zu wählen. Sie lässt uns das neue Lied hören. Frenetischer Rhythmus. »Da wirst du Weltrekord laufen«, sagt David.

10. Als wir das erste Mal in den Gegenwind hineinlaufen, überhole ich meine Laufpartnerin. Danach bleibt sie hinter mir. Aber ich spüre sie, und die Tatsache, dass ich sie nicht enttäuschen darf, unsere Abmachung einhalten muss, verleiht mir Flügel. Nein, der Ausdruck stimmt nicht. Also weder Schwingen noch Federn. Ich neige mich einfach nur nach vorn und halte durch. Jemand schreit meinen Namen. Das spornt mich an, weil Scheitern nunmehr personifiziert wäre. Zum 1500-Meter-Lauf wenden sich alle anderen von ihren jeweiligen Disziplinen ab, um den Läufern bei ihrem abschließenden Wettkampf zuzuschauen. Die vielen Schreie vermitteln eine Ahnung von der Euphorie, die in einem vollen Stadion herrscht. Ich möchte ins Ziel sprinten, der Befehl wird von meinem Körper verweigert. Die Zeit: 7:03,18 Minuten. Meine Laufpartnerin bedankt sich, wir sitzen, liegen, einige Augenblicke vergehen, zwischen Leben, Bewusstsein und Tod, so wie nach einem Orgasmus. Fast noch beglückender.

Erfolg ist beim Jedermannzehnkampf, was jeder im Rahmen seiner Möglichkeiten erreicht. Jeder setzt sich seine eigenen Ziele. Jeder applaudiert jedem. Beim Zehnkampf hatte ich mein Ziel heruntergeschraubt: Ich wollte in jeder Disziplin punkten. Das habe ich geschafft.

Der Olympiasieger: 8869 Punkte. Ich: 1214 Punkte.

■ Marathon (Auf nach Athen!)

> *Laufen, könnte man sagen, ist ein absurder Zeitvertreib. Aber wer einen Sinn im Laufen findet, der wird auch einen Sinn in einem anderen absurden Zeitvertreib finden: dem Leben.*
>
> Bill Bowerman, *legendärer Trainer und Mitbegründer von Nike*

Vor dem Start: Andere bereiten sich ein halbes Jahr systematisch auf ihren ersten Marathon vor, ich gurgle mit Salbeitee und huste in Intervallen. An Training ist nicht zu denken. An meinem 50. Geburtstag am 23. August laufe ich achtzehn Kilometer im Prater. Am 8. November stehe ich im griechischen Dorf Marathon am Start, inmitten von fünfzehntausend Zeitgenossen, einer von ihnen verkleidet als Zeus. In der Zwischenzeit bin ich genau fünfmal gelaufen, nie mehr als zehn Kilometer.

Mein erster Marathon stand von Anfang an unter einem schlechten Stern. Eigentlich hatte ich für den Sommer ein Höhentraining geplant, in Kenia, in der Läuferhochburg Iten. Ich hatte mein Zimmer in der Pension der Lauflegende Lornah Kiplagat schon gebucht. Man erwartete mich ohne besondere Neugierde – jeden, der sich intensiver mit dem Laufen beschäftigt, verschlägt es irgendwann nach Iten. Ich wachte in einem Hotel in Nairobi mit heftigen Rückenkrämpfen auf und konnte mich kaum aufrichten. Eine Ruderverletzung, verschlimmert durch eine zehntägige Safari. Was tun? Als Quasimodo ins Höhentrainingslager? Oder lieber nach Hause, zum Orthopäden? Das Training musste leider ausfallen.

Eigentlich hätte ich den Marathon absagen müssen, aber die Zeit lief mir davon wie ein Kalenjin beim Schlussspurt. Zudem hatte ich mit »Ironman«-Klaus vereinbart, die antiken Stätten in Olympia zu besuchen. Also stehe ich um sechs in der Früh vor dem griechischen Parlament, von jeglichem Ehrgeiz befreit. Die Busfahrt dauert eine Dreiviertelstunde. Ich werde die ganze Strecke zurücklaufen müssen, schießt es mir durch den Kopf.

Am Start: Eine erstaunliche Vielfalt an Schuhen, Tausende verschiedener Modelle, eine kreative Inflation seit dem Roadrunner. Jeder fünfte Läufer trägt Kompressionssocken, ein Einziger die volle Montur eines antiken Kriegers – der Waffenlauf war einst der ehrenvolle abschließende Wettkampf. Trikots erinnern an andere Rennen: sinnvolle (10 Kilometer), übertriebene (100 Kilometer), fragwürdige (Darmstädter Knastmarathon); Souvenirs in S, M und L. Marathon überall, auf allen Kontinenten, bergauf und unter Tage, in der Hitze und in der Kälte. Selbst dort, wo keine Menschen leben, finden Marathonläufe statt.

Kilometer 1: Es dauert einige Minuten, bis die vielen Läufer sich in Bewegung setzen. Zunächst bin ich nur bemüht, nicht zu stolpern. Wie zur Stoßzeit in Bombay am Bahnhof *VT Station*.

Kilometer 3: Es fühlt sich an, als ob nicht ich liefe, sondern die Menge.

Kilometer 4: Eine Abzweigung, ein kleiner Rundbogen. Die Läufermenge wird am Tumulus der Athener vorbeigeführt, zur Erinnerung an den einstigen Sieg über die Perser.

Kilometer 5: Den alten Griechen waren lange Laufstrecken geläufig. Ihr Postdienst nahm die Briefe in die Hand und die Beine unter die Arme. Als 490 v. Chr. die persische Armee landete, schickten die Athener einen Boten namens Philippides nach Sparta, mit der dringenden Bitte um militärische Unterstützung. Er legte die zweihundert Kilometer in zwei Tagen zurück.

Kilometer 6: Statt auf die Antwort der Spartaner zu warten, überfielen die Athener die zahlenmäßig überlegene persische Armee bei Marathon. Nach dem siegreichen Ausgang der Schlacht wurde gewiss ein Läufer nach Athen entsandt, aber keiner der frühen Berichte erwähnt ihn (Postboten tauchen selten in den Chroniken auf). Es dauert ein halbes Jahrtausend, bis sich der Mythos herauskristallisiert. Der Läufer habe Athen erreicht und »Wir haben gesiegt« ausgerufen, bevor er tot zusammengebrochen sei. Einer der Fabulierer nennt den Namen des Helden: Philippides (eine andere Version lautet Pheidippides). Wahrscheinlich war zu diesem Zeitpunkt kein anderer Botenläufer aus der alten Zeit namentlich noch bekannt. Es erscheint wenig plausibel, dass vierzig Kilometer einen durchtrainierten Athener Briefträger überfordert haben sollen. Doch der Mythos gewinnt jeden Wettlauf.

Kilometer 8: Zum ersten Mal Stimmung. Wir erreichen eine dichter besiedelte Vorstadt. Menschen am Straßenrand. Griechischer Techno. Es geht durch ein Spalier. Die Euphorie bestimmt das Tempo. Zuspruch ist psychologisches Doping.

Kilometer 10: So viel Wasser ausgeschenkt, so viel Wasser ausgeschüttet. Die Straße ist nass, als sei sie gerade abgespritzt worden, am Bürgersteig liegen Tausende kleiner Plastikflaschen. Klaus meint, es sei unsinnig, Flaschen auszuteilen, denn man könne nur wenige Schlucke zu sich nehmen, bevor man den Rest wegwerfe. Besser sei es, das Wasser in einem Becher anzubieten, den man zusammenpresse, damit die Flüssigkeit durch den Mundwinkel einsickere und man sich nicht verschlucke. Auch das will geübt sein.

Kilometer 12: Von weitem schon hören wir den berühmtesten aller Sirtakis. Am Straßenrand zwei Reihen von je sechs rotgekleideten Frauen, die das Bein schwingen. War Sorbas etwa Grieche?

Kilometer 13: Der lange Anstieg, der diesen Marathon zu einem der anstrengenderen macht, beginnt. Insgesamt werden es vierhundert Höhenmeter sein. Am nächsten Tag werden wir auf der Straße von einem drahtigen US-Amerikaner angesprochen. New York, Chicago und Boston sei er schon gelaufen, stets unter vier Stunden, hier habe er an die fünf gebraucht.

Kilometer 15: Ich werde begleitet von Erinnerungen an andere Läufe. Im Internat durch den Monsunregen, als Abiturient durch die Kaffeeplantagen, in Bombay auf der Galopprennbahn, in Kapstadt auf dem Höhenweg am Tafelberg.

Kilometer 18: Der Anstieg zieht und zieht sich. Auf den steilsten Passagen fallen viele in Schritt.

Kilometer 20: Wir liegen erstaunlich gut in der Zeit. Fünf Stunden sind zu schaffen. Das wäre für uns beide ein Erfolg. Klaus hat zwar eine Bestzeit von knapp über drei Stunden, aber er hat vor einigen Wochen einen Muskelfaserriss erlitten.

Kilometer 21: Bemerkenswert, wie unaufgeregt sich schlechte Nachrichten ankündigen. Ein Stich im rechten Knie. Ein Stich, was ist das schon? Ignorieren. Man hat mich gewarnt, Marathon ist Schmerz.

Kilometer 22: Der stechende Schmerz in den Bändern am rechten Knie wird stärker. Sobald es steiler wird, nimmt er zu.

Kilometer 23: Bergab gebe ich Gas.

Kilometer 24: Bergauf kann ich nur noch gehen. Der Schmerz ist ein präzises Instrument. Kaum übersteigt die Neigung einen gewissen Winkel, setzt er ein. Es ist, als bohre sich ein Messer ins Knie.

Kilometer 25: Manche Läufer lassen sich von einer App daran erinnern, regelmäßig zu trinken. Ich hingegen trinke, wenn ich durstig bin. Erstaunlicherweise erweist sich dies laut einer jüngst publizierten Studie als die richtige Strategie.

Kilometer 26: Die schier endlose Autobahn verschlingt unsere Schritte. Wir haben mehr als die Hälfte geschafft, aber ein Ende ist noch lange nicht in Sicht.

Kilometer 27: Ich erzähle Klaus von einem meiner Helden: John Tarrant war in den 1950ern ein Langstreckenläufer, der gerne boxte und eines Tages auf einer Kirmes siebzehn Pfund Sterling verdiente, weil er gegen den Standkämpfer drei Runden durchhielt. Dann beging er den Fehler, aus Pflichtgefühl die Derbyshire Athletic Association von dieser Einnahme zu informieren. Ihm wurde der Amateurstatus abgesprochen. Eine amtliche Unterschrift machte ihn zum Profisportler. Kein Einspruch konnte die Funktionäre umstimmen. John Tarrant war ein hartnäckiger Mann. Wochentags rackerte er sich in einer Kalkgrube ab, am Samstag tauchte er in einem langen Mantel bei Rennen auf, mischte sich unter die Zuschauer. Kaum ertönte der Startschuss, warf er den Mantel ab und sprintete in kurzen Hosen hinterher. Oft bog er als Führender kurz vor der Ziellinie ab, um das Band nicht zu durchreißen. Das Publikum schloss ihn ins Herz. Der *Daily Express* nannte ihn den *ghost runner*. Jahre später wurde er »begnadigt« und durfte wieder an Amateurrennen teilnehmen; 1960 belegte er den zweiten Platz beim AAA-Marathon.

Er hielt den Weltrekord über vierzig und hundert Meilen inne, durfte aber nicht bei den Olympischen Spielen starten, weil er dem IOC weiterhin als Profi galt. Er starb im Alter von zweiundvierzig Jahren an gebrochenem Herzen.

Kilometer 28: Der Blick öffnet sich: Athen. Weite. Rechts Hügel, die die Stadt einkreisen.

Kilometer 30: Es schmerzt im Knie, ansteigend wie abfallend. Auch auf gerader Strecke ist der Schmerz schwer zu ertragen.

Kilometer 32: Ich kann nur noch humpeln.

Kilometer 34: Ich möchte aufgeben, aber ich weiß nicht wie.

Kilometer 36:
Es gibt viele sich kreuzende Einsamkeiten – sagt er –, oben und unten
und andere dazwischen, verschiedene oder ähnliche, erzwungene, auferlegte
oder wie freiwillig eingegangene, selbst gewählte – immer sich kreuzende.
Aber tief, im Zentrum, gibt es nur die eine Einsamkeit ...
(Jannis Ritsos)

Kilometer 38: Die Innenstadt von Athen ist erreicht. Der einzige Grund, warum wir nicht öfter aufgeben, ist die Vergänglichkeit der Qual.

Kilometer 41: Wachablösung vor dem Präsidentenpalast. Puschen und Hüte und weiße Röcke. Übertrieben hochschnellende Beine betonen zackig das Militärische. Wir sind kaum schneller als die Wachsoldaten bei ihrem ritualisierten Marsch. Zur Rechten Orangenbäume. Eine kleine Biegung. Auf einmal liegt es vor uns, das Panathinaiko-Stadion.

Kilometer 42: Einlauf. Schwarze Tartanbahn. Steile marmorne Sitzreihen. Ich habe größere Gefühle erwartet. Die Stadt, das Stadion, die vielen Helfer, die anderen Läufer zeigen sich von meiner Leistung nicht beeindruckt. Das verwässert die Euphorie. Das Stadion ist schön. Wir werden es am nächsten Tag noch einmal aufsuchen, wenn alles abgebaut sein wird, so als hätte der Marathon nie stattgefunden.

Der Olympiasieger: 2:08:01. Ich: 5:58:30.

Mit Blick auf Rio

Die Pfeiler an den Stränden von Copacabana, Ipanema und Leblon sind durchnummeriert. Jeder hat eine eigene Identität, ein eigenes Flair. *Posto* 7 zieht Surfer an, *Posto* 8 dient den Homosexuellen als Treffpunkt, *Posto* 9 gehört traditionell der Boheme Ipanemas. Und gilt den Carioca als Geburtsort des Beach-Volleyball. Vom Strand aus betrachtet, ohne Aussicht auf Favelas, könnte Rio tatsächlich als schönste Stadt der Welt gelten. Am Strand Hunderte von kleineren Pfosten, zwischen denen an einem Vormittag in der Woche nur wenige, am Wochenende hingegen Hunderte von Volleyballnetzen gespannt sind.

»Welcome to my home«, sagt Tie mit einem strahlenden Lächeln und deutet auf den Flecken Sand vor uns. Mit zehn Jahren hat es ihn hierher verschlagen. Es war alles andere als Liebe auf den ersten Blick. Nur Mädchen haben damals am Strand Volleyball gespielt. Die wichtigste Entscheidung seines Lebens war nicht wohlüberlegt. Er hat etwas begonnen, er ist dabei geblieben – irgendwann ist Beach-Volleyball zu seinem Lebensinhalt geworden, zunächst als Spieler, später als Trainer. Als Spieler sei er faul gewesen, unwillig, regelmäßig zu trainieren, Diäten einzuhalten. Stattdessen sei er nachts oft ausgegangen. Aus Ungeduld habe er häufig den Partner gewechselt (ein Fehler), die Sponsoren wurden unzufrieden, die Erfolge blieben aus. Tie rettete sich in das Studium der Sportwissenschaft.

Während er sich dem Training des Teams Oscar / Thiago (brasilianischere Namen kann man sich kaum vorstellen) widmet, leiste ich seinem Partner Julio Gesellschaft, einem Physiotherapeuten, der sich wie ein Gigolo in seinen Klappstuhl zurücklehnt und das Geschehen hinter schläfrigen Lidern aufmerksam beobachtet. Das Training wirkt spielerisch. Es wird viel gelacht.

»Stress nicht gut«, bemerkt Julio wortkarg. »Fun sehr gut.«

Es fällt mir schwer, das Training ernst zu nehmen: das Meer, der Strand, die Sonne, im Hintergrund ein Lied von Adoniran Barbosa. Wie so oft täuscht einen Rio de Janeiro über die harten Realitäten hinweg.

Beach-Volleyball besteht aus der Kunst des schnellen Aufstehens. Oscar und Thiago richten sich so rasch wieder auf, dass man meinen könnte, sie fallen in den Stand hinein. Wie Stehaufmännchen kommen sie aus jeder Schräglage, aus jeder misslichen Situation wieder hoch. »Wir sollten«, sagt Tie später, »keinen Ball verlorengeben. Aber wenn doch, dann fliegen wir dem verlorenen Ball wenigstens schön hinterher.« Treffender ist das cariocanische Prinzip noch nie formuliert worden.

Julio igelt sich wieder ein, ich lausche dem schönsten Hintergrundgeräusch im Sport, dem Rauschen des Ozeans am menschenleeren Strand. Nach jedem Ballwechsel streichen die Beach-Volleyballer den Sand mit den Fersen glatt, ein entspannendes Ritual mit praktischen Folgen (die Mulden werden ausgebügelt).

Athletik wird ergänzt durch ein Repertoire an Finten. Schläge, die nach hinten gespielt werden, landen aus unerklärlichen Gründen knapp hinter dem Netz. Gegen die Laufrichtung bedeutet eigentlich gegen die Erwartung des Gegners. Einst habe man sich auf den Instinkt verlassen, kommentiert Julio, heute vertraue man eher der Methodik.

Tie beendet das Training und schreitet mit mir das Spielfeld ab. Früher umfasste es achtzehn mal neun Meter, was laut Tie einen siebzigprozentigen Vorteil für den Angriff bedeutete, weswegen es vor einigen Jahren auf sechzehn mal acht Meter verkleinert wurde, um das Spiel spektakulärer zu gestalten und längere Ballwechsel zu ermöglichen. Der Sport sei physischer geworden, man müsse mehr arbeiten. Es hört sich bedauernd an.

Wir setzen uns an die Plastiktische eines *Agua-de-Coco*-Standes. Oscar und Thiago lehnen meine Einladung auf ein Getränk ab. Mit ihrer Größe und athletischen Eleganz schüchtern sie mich ein, und doch sitzen sie mir scheu gegenüber und erzählen zaghaft von der Sprache, die jedes Team entwickeln müsse, eine eigene Sprache mit eigenen Zeichen. Es dauere drei Monate, bis man als Team zusammenfinde, und mindestens ein Jahr, bis man geschmeidig harmoniere. Wie sie dasitzen, nebeneinander, aber nicht miteinander vertraut, ist zu spüren, dass sie erst vor kurzem zusammengespannt wurden, eine Zweckehe. Das Geheimnis einer guten Partnerschaft, sagt Thiago, sei Freundschaft und Verständnis, auch außerhalb des Feldes. Es sei wichtig, alles miteinander durchzustehen. Alle berühmten Paare seien Freunde. »Wir sind mit dem Partner und dem Coach manchmal mehr zusammen als mit unserer Familie«, sagt Oscar, der Weiße. Was ihn angezogen habe, sei das »ganze Universum« des Sports gewesen, das Ambiente, der Trainingsort, die Notwendigkeit, sich täglich zu verbessern, die Abhängigkeit von dem Partner. Thiago, der Rasta, stammt ebenfalls aus Rio de Janeiro. Früher habe er in der Halle gespielt, das sei ihm zu bürokratisch gewesen, hier empfinde er mehr Freiheit.

Tie äußert sich pessimistisch über die Zukunft des Sports in Brasilien. Die langen Strände, die vielen Netze, die lauen Abende, das reiche im Spitzensport nicht aus. Den brasilianischen Paaren ist Konkurrenz erwachsen aus Ländern, in denen der Strand in Hallen aufgeschüttet wird, wo es weder Sonnenuntergang Aussicht auf die Berge gibt, dafür aber eine systematische Methodik.

Was mit dem wunderschönen Blick auf den Morro Dois Irmãos sei, frage ich. Lenke das nicht ab? Sie verneinen mit einem zarten Lächeln. Während des Trainings und unseres Gesprächs baut ein spindeldürrer Mann in unmittelbarer Nähe seine Strandbude auf. Als wir uns verabschieden, hat er sein Provisorium errichtet, in Erwartung der ersten Sonnengäste.

»Für ihn kann Olympia kommen«, sagt Tie, »er ist darauf vorbereitet. Wir müssen uns erst noch qualifizieren.«

Nachspiel

Für Sportler sind Intellektuelle überheblich.
Für Intellektuelle sind Sportler dumm.
Was tun?

Günter Herburger, *Lauf und Wahn*

Die vorherrschenden Dissonanzen zwischen Intellekt und Sport ergeben nur Sinn, wenn man davon ausgeht, dass Geist und Körper zwei völlig unterschiedlichen Sphären angehören. Diese Annahme ist zwar falsch, erklärt aber die in Deutschland besonders stark ausgeprägte Verachtung gegenüber dem Sport in gebildeten Kreisen. Selbst wenn man ihn betreibt, reflektiert man nicht darüber. Anhand von Sport erklärt man nicht die Welt. Auch wenn der eine oder andere Künstler gern boxt oder die deutsche Autorennationalmannschaft Kickererfolge feiert, Sport gibt als Thema offenbar wenig her. Nach meinem jahrelangen sportiven Volleinsatz bedauere ich das noch mehr als zuvor. Sport erzählt uns viel über Mensch und Gesellschaft, jede Disziplin ist zudem eine eigene Subkultur, in der sich nicht nur die Geschichte unserer Aspirationen spiegelt, sondern auch bestimmte Wesensmerkmale des Homo ludens zutage treten. Wer den Sport studiert, betreibt Anthropologie.

Beim Sport gelte nur die eigene Erfahrung, postuliert der Medientheoretiker Norbert Bolz: »Letztlich muss man selbst einmal gespielt haben, um mitreden zu können.« Dem würde ich zustimmen, nicht nur, weil ich nun selbst im Chor der zumindest Halbgebildeten mitsingen kann. Reine Sporttheoretiker gibt es fast nicht. Jede Behauptung wird gleich in Schweiß umgesetzt. Sport ist angewandte Mathematik und Physik und Biologie und Psychologie und … eigentlich jedes Fach! Denn Sport ist zugleich verführerisch einfach und teuflisch komplex. Aber ich habe auch begriffen, dass extreme Leistungen wenig über die Schönheit des Alltäglichen, die Beglückung des Einfachen aussagen, der Leistungssport also kaum in unseren Alltag hineinwirken kann. Im direkten Vergleich lässt Virtuosität bescheidenere Fähigkeiten alt und fad aussehen. Ein dreifacher Salto mit zweifacher Drehung ist zweifellos ein Kunststück, aber er vermittelt wenig über das Gefühl, auf einem Trampolin zu hüpfen. Ein Menü von Heston Blumenthal oder René Redzepi ist ein Meisterwerk, aber es schweigt sich aus über den Geschmack von Hausmannskost.

Das Amateurhafte sollte aber nicht abgetan werden als ein Mangel an Kompetenz. Der Amateur ist laut Etymologie der Liebende. Sein Tun entspricht dem schönst Möglichen, es erfolgt an sich und für sich, ohne Interesse, nicht um irgendeines Profits willen, sondern aus reinem Wohlgefallen. Es ist (meist) frei von ökonomischen Zwängen und es formt Gemeinschaft in Zeiten einer zunehmend atomisierten Gesellschaft. Breitensport ist eine Form von Allmende.

Beim Ausloten meiner körperlichen und mentalen Grenzen habe ich sowohl erfahren, wie viele Schwächen ich habe, als auch, wie facettenreich der Mensch ist. Die Breite unserer physischen Möglichkeiten ist immens. Wir können uns auf die eigene Schulter klopfen. So vielseitig begabt wie wir ist sonst kein Wesen im

Tierreich. Als Spezialisten wären wir in jeder Disziplin unterlegen, als Mehrkämpfer sind wir unschlagbar. Es ist nicht eitel, in Zeiten der Spezialisierung auf diese Qualität hinzuweisen. Vor allem, wenn wir uns mit den Maschinen messen, vielleicht der entscheidende Wettkampf der Zukunft, können wir am ehesten als Universalisten reüssieren.

Was mir nach dem Ende meiner Olympiade bleiben wird, werde ich oft gefragt. Zum einen ein Schrank voller Ausrüstung. Meine Sammlung ist inzwischen breiter aufgestellt als die manch eines Sportartikelladens. Zum anderen die Bandbreite an Sehnsüchten. Auch wenn ich mich zukünftig auf einige wenige Disziplinen werde konzentrieren müssen, das Sehnen nach bestimmten Bewegungen, nach einer bestimmten Umgebung, wird mein Leben bereichern (so wie ich zwar selten die Gelegenheit habe, tauchen zu gehen, aber oft das Bedürfnis danach verspüre). Neulich saß ich im Zug und empfand auf einmal, ohne Vorwarnung oder konkreten Grund, eine unbändige Lust auf das Ringen. Ich konnte geradezu spüren, wie sich meine Hände um den Körper eines anderen schlossen, zur Vorbereitung eines Wurfs. Vielleicht werde ich nie wieder im Leben ringen, aber die Tatsache, dass ich diese wie auch andere Sportarten vermissen werde, ist an sich schon Bereicherung und Beglückung.

Golf

Man könnte sich das Gehirn als einen Golfplatz vorstellen. Leicht onduliert, schön anzusehen, geheimnisvoll angelegt. Der Ball fliegt von dem erhöhten *Tee* (Abschlag) auf das fein gemähte *Fairway* (Spielbahn – die deutschen Begriffe lassen ästhetisch alle Wünsche offen), so wie ein aufgeweckter Gedanke durch die Gehirnwindungen; der Ball rollt zielgerichtet über das teppichartige Green/Grün ins Loch, so als wären alle Hirnnerven sensorisch und somatomotorisch sensibilisiert. Wehe aber, eine Störung – der Ball landet im Gebüsch oder tief im Wald – erfordert eine Analyse der Abläufe. Dann wird der Golfplatz schnell zu einem Friedhof der Zuversicht und das selbstverständliche Zusammenspiel zwischen visuellem Kortex und Thalamus zu einem frustrierend fernen Ideal.

Keine andere olympische Betätigung fordert Psyche und Geist so sehr heraus. Denn der Golfer hat geschlagene fünf Stunden Zeit, sich Sorgen zu machen oder etwas in den falschen Hals bzw. in die falsche Gehirnwindung zu kriegen. Fünf Stunden, in denen eine teuflische Stimme im Ohr Zweifel vorbringen kann, ob ein so komplexes System wie der Mensch – die moderne Welt, das Golfspiel – überhaupt funktionieren kann. Unweigerlich stolpern Golfer über die nächstbeste Kleinigkeit, über die Frage etwa, wieso gestern das Unmögliche wie selbstverständlich gelang, heute hingegen das Mögliche unerreichbar erscheint (ein unbeschwert losschwingender Anfänger kann einen *Birdie* erzielen und somit auf einem Loch höchstes Niveau erreichen, einem Profi wiederum kann ein *Quadruple Bogey*, auch Turkey genannt, widerfahren, worüber sich jeder Freizeitgolfer ärgern würde). Ergo beantwortet sich die Frage, ob Golf überhaupt ein Sport ist, schon nach den ersten Versuchen von allein: Es ist unzweifelhaft ein Denksport, und Denksportarten sind die schwierigsten Sportarten. Denn das Gehirn ist unendlich komplexer als Muskeln und Sehnen.

Golf verbindet Philosophie mit Psychologie. Philosophie, weil immer wieder Schicksalsschläge bewältigt werden wollen. Nehmen wir an, Ihnen ist ein wunderbarer Abschlag gelungen. In kaum einer anderen Sportart haben Sie derart viel Zeit, einen gelungenen Schlag so ausgiebig zu bewundern, verzückt dem eigenen Ball und dessen kalligraphisch eleganter Flugbahn hinterherzublicken, während Sie in vorbildlicher Endhaltung verharren (eine Vierteldrehung, exquisite Balance, den Schläger wie ein Ruder hinter den Schultern). Was für ein Ausrufezeichen! Glücklich beschwingt schreiten Sie voran, loben großherzig Ihre Mitspieler und preisen die Schönheit aller Existenz, nur um kurz darauf – aus nächster Nähe – zu erfahren, dass der perfekt geschlagene Ball ein klein wenig zu weit gerollt ist, über die manikürte Spielbahn hinaus, ins *Rough*, in ein Loch, in einen diabolischen Maulwurfkrater, und Ihnen keine andere Option offensteht, als den Ball auf die glatte grüne Fairway herauszuhacken, einige Meter weit. Ein klitzekleiner, zentimeterzwergiger Unterschied zwischen Belohnung und Bestrafung: Wäre der Tau nicht so schnell verdunstet, wäre die Spielbahn nicht am Vortag gemäht worden, der Ball würde auf einem Präsentierteller liegen und ein weiterer gelungener Schlag könnte zu einer *Birdie*-Chance führen, zum

Erfolg, zum höchsten der Gefühle. In solchen Augenblicken stellt sich die zentrale Frage der Theodizee: Wieso? Unterschiedlich betont: Wieeeee-so! Während der Schläger auf den Boden saust. Wie-sooooooooooo! Während Flüche gegen die nächste Kiefer prallen. Wieso lässt Gott so eine Ungerechtigkeit zu?

Golf ist eine Übung in Demut und somit auch psychologische Prüfung am schlagenden Band. Weil jeder Golfer eines Tages, meist früher als später, die Erfahrung macht, dass sich im eigenen Nervenkostüm ein Saboteur verbirgt, dessen einzige Aufgabe darin besteht, eine gute, eine hervorragende Runde kurz vor dem Ende zu ruinieren, indem so etwas Einfaches wie ein *Chip* vom Rand des Grüns aus in den Bunker auf der anderen Seite trudelt, worauf sich eine archäologische Expedition durch mehrere Bunker anschließt, bis am Ende anstelle des halbwegs sicheren Pars eine hässliche 10 auf der *Scorecard* steht (in anderen Sportarten Ausdruck von Perfektion; im Golf Ausdruck des Scheiterns).

Folgerichtig spricht Alex, Coach am Dartmouth College in New Hampshire, öfter über die mentalen Aspekte dieses Sports als über die physikalischen. Die Technik kann er einem Anfänger relativ leicht und schnell erklären, zumal wenn dieser über eine gewisse Hand-Auge-Koordination verfügt. Schon in der ersten Stunde gelingen mir einige gute Schläge, der Ball steigt schnurgerade nach oben und fliegt elliptisch auf das etwa hundert Meter entfernte Grün. Natürlich könnte man die Griffhaltung, den Stand, die Rotation der Hüften, den Schwungbogen, die Ausrichtung der Füße problematisieren, und Profis feilen minutiös an solchen Details, Hobbygolfer aber, die sich immer wieder einer TÜV-Prüfung durch einen Klubtrainer (weltweit *club professional* genannt) unterziehen, verwechseln Ursache mit Wirkung.

Anstatt für teures Geld körperliche Dissonanzen auszubügeln, die schon bei der nächsten Runde in anderer Form an anderer Stelle auftauchen werden, sollten sie lieber meditieren oder chinesische Weisheiten studieren. Denn wie ein Tao-Meister einst sagte: »Großes Wissen erfasst alles in einem, kleines Wissen gliedert auf ins viele.« Und ein vielfältig aufgegliedertes Golfspiel ist eine Katastrophe. Wie kalfatern am sinkenden Schiff? Besser an nichts denken oder an alles andere, nur nicht an Golf.

Keine Überraschung also, dass auch Alex vor Wettkämpfen mit einem Sportpsychologen zusammenarbeitet, dass er seine Athletinnen (er ist für die Frauenmannschaft der Uni zuständig) vor allem therapeutisch betreuen muss. Das gilt insbesondere für das Putten, das Uneingeweihte an Mini-Golf erinnert. Eigentlich eine simple Bewegung: der Schläger schwingt einige Zentimeter zurück und dann pendelt er durch den Ball nach vorn. Putten ist der einfachste, Putten ist der schwierigste Teil dieser Sportart. Je nach Tagesform, je nach Stimmung, je nach Zuversicht, je nachdem, was man für Erfahrungen auf den ersten Grüns gemacht hat. Grundsätzlich aber gilt: Putten ist das wichtigste Element. Denn im Golf zählt ein Schlag von 250 Metern genauso viel wie ein Schubser von zwei Zentimetern. Insofern geschieht es häufig – selbst bei Profis –, dass der Ball nach drei Schlägen vielversprechend auf dem Grün liegt, aber erst nach drei Putts ins Loch versenkt wird. Zudem sind die Grüns meist uneben, das Rollen des Balles muss also präzise berechnet werden, das Lesen der Topographie ist eine entscheidende Qualität. Als besonders schwierig erweist sich das Zusammenspiel zwischen Geschwindigkeit und Steigung. Ein sanfter geputteter Ball wird natürlich schneller von der Gravitation erfasst, stürzt eher hinab. Die Berechnung dieser zwei miteinander ringenden Variablen erinnert an die mühsamen Berechnungen der Mathematikerinnen der NASA in dem Film »Unerkannte Heldinnen«. Bei einem Turnier (PGA Championship in Sawgrass, Florida) beobachte ich einen ganzen Tag lang, wie die Profis das Grün aus allen Richtungen mit konzentrierten Blicken abmessen, wie sie in die Hocke gehen (manche sich sogar hinlegen, um die Ondulationen klarer zu erkennen), wie sie sich mit ihrem Caddie (dazu später mehr) absprechen, wie sie mit den Händen oder einem Kopfnicken die Bahn des Balls vorhersehen, wie sie zurücktreten, es sich noch einmal überlegen, bevor sie endlich den Schlag ausführen, von dem alles abhängt.

Und weil das Putten psychomotorisch so fragil ist, führt es manchmal zu Yips. Was wie eine Walt-Disney-Figur klingt, ist ein selbstzerstörerischer Fluch. In weniger aufgeklärten Zeiten hätte man von Verhexung gesprochen. Der Begriff wurde von Tommy Armour erfunden, einem Schotten, der eines regnerischen Tages im Jahre 1927 an einem Loch 18 Schläge über Par spielte, eine Erniedrigung, die den Namen *Archäopteryx* trägt. Er konnte den Ball nicht ruhig treffen, seine Hände zitterten, seine Arme schwangen unkontrolliert. Tommy Armour, bis dahin ein hervorragender Golfer, wurde den Yips nie mehr los. In keiner anderen Sportart kann es einem der Weltbesten passieren, von einem Turnier zum nächsten eine Grundbewegung zu verlernen. Das ist in etwa so, als würde Roger Federer eines Morgens nicht mehr in der Lage sein, eine Vorhand zu schlagen, als würde Isabell Werth über Nacht verlernen, wie man reitet. Jeder zweite Golfer, behauptet eine amerikanische Studie, sei schon einmal vom Yips betroffen gewesen.

Eingedenk solcher Gefahren beschwört mich Alex mit frappierender Regelmäßigkeit, nichts erzwingen zu wollen. Wenn ich einen Abschlag in den Wald *hooke* (jeder Fehler trägt einen eigenen Begriff: *slice*, *hook*, *shank* usw.), stellt er die rhetorische Frage: »Du wolltest den Ball 300 Meter schlagen, oder?« Wenn ich einen kurzen Schlag verziehe (Bunker statt Grün, eine häufige Verwechslung), bemerkt er nonchalant: »Du wolltest den Ball direkt neben das Loch setzen.« Ehrgeiz, der die eigenen Möglichkeiten übersteigt, wird sofort bestraft. Wer ergebnisorientiert spielt, geht unter. Das gilt für Freizeitgolfer und manchmal sogar auch für Profis.

Der wichtigste Ratschlag von Alex lautet: Urteile nicht! Eine Weisheit, die von einem Meister der hohen Künste stammen könnte. Wenn ich mich wegen eines misslungenen Schlags selbst beschimpfe, ermahnt mich Alex: *Don't judge* (fälle kein Urteil). Wenn ich mich mit einem gelungenen Schlag brüste, ermahnt mich Alex: *Don't judge*. Wer urteilt, setzt sich unter Druck, auf jedem weiteren Schlag lastet eine Schwere; wer urteilt, etabliert Fakten, die nicht mehr aus der Welt zu schaffen sind; wer urteilt, weckt Erwartungen, denen die restliche Runde nicht gerecht werden kann. Nach einem Monat Golfunterricht mit Alex versuche ich mich am urteilsarmen Leben.

An dem Tag, an dem wir eine ganze Runde, also 18 Löcher spielen, übernimmt Alex die Rolle des Caddies, eine Besonderheit im Golf. Freizeitgolfer ziehen heutzutage selbst ihre Golftaschen über den Platz, abgesehen von Millionären sowie Europäern in armen Ländern, doch der professionelle Sport ist ohne Caddies nicht denkbar, auch bei Olympia (weswegen es unverständlich ist, dass die offiziellen Ergebnislisten die Caddies nicht anführen). Wer im Caddie nur einen sportlichen Packesel vermutet, missversteht dessen Bedeutung. Der Caddie ist gleichzeitig Landvermesser, Berater, Therapeut, Kumpel und Hofnarr, ein *partner in crime*. Ähnlich einem Butler, zumindest so wie ihn Jeeves (oder für TV-Adepten Stephen Fry) verkörpert. Kein Wunder, dass der Schöpfer dieser Figur, P. G. Wodehouse (der komischste Autor aller Zeiten), zugleich der Homer des Golfspiels war. Wer seine Kurzgeschichten liest, erfährt, dass man sich auf dem Golfplatz anders verhält als im zivilen Leben. Menschlich, allzu menschlich. Dieser auf Fairness bedachte Sport ist zugleich das »Schummelbiotop Nummer 1«, wie der Schauspieler Jan Josef Liefers sagt. Der aktuelle amerikanische Präsident etwa ist ein Liebhaber des *mulligan*, jener großzügig gewährten zweiten Chance nach einem missglückten ersten Schlag. Doch Trump genehmigt sich laut Aussagen von Spielpartnern entgegen der Tradition bei jedem zweiten Loch einen *mulligan*, einen nicht gezählten Schlag. In Wodehouses Geschichten schwirrt es nur so vor Trumpianern, denen der Autor viel entlarvende Sympathie entgegenbringt, wie auch dem Golfspiel an sich, diesem »*blanked infernal fat-headed silly ass of a game*«.

Der Olympiasieger: Nach 4 Runden durchschnittlich 67 Schläge (Par-71-Platz). Ich: 96 Schläge auf einem Par-72-Platz

Ilija Trojanow
Nach der Flucht
128 Seiten. Gebunden

Ilija Trojanow ist als Kind zusammen mit seiner Familie aus Bulgarien geflohen, eine Erfahrung, die ihn bis heute nicht loslässt. Virtuos, poetisch und sehr persönlich erzählt Ilija Trojanow von seinen Prägungen als lebenslang Geflüchteter. Von der Einsamkeit, die das Anderssein für den Flüchtling tagtäglich bedeutet. Davon, wie wenig die Vergangenheit des Geflüchteten am Ort seines neuen Daseins zählt. Was das Existieren zwischen zwei Sprachen mit ihm macht. Welche Lügengeschichten man als Geflüchteter den Daheimgebliebenen auftischt. Und dass man vor der Flucht wenigstens wusste, warum man unglücklicher war.

»Ein wunderbares Buch, in dem dieser Autor in meinen Augen ein neues, ein unerhörtes Niveau erreicht. Er verblüfft mich immer wieder, dieser Trojanow.«
Denis Scheck, Südwestrundfunk

»Alle Selbstverständlichkeiten […] gehen dem Geflüchteten ab, und nie habe ich das so eindrucksvoll und unprätentiös gelesen wie in Trojanows Buch.«
Harald Welzer, Futurzwei – Magazin für Zukunft und Politik

»Sein literarisches Schreiben ist beeindruckend und zugleich ethische Handlung.«
Tageblatt

Das gesamte Programm gibt es unter
www.fischerverlage.de

Ilija Trojanow
Ranjit Hoskote
Kampfabsage
Kulturen bekämpfen sich nicht –
sie fließen zusammen
Band 29610

Abgrenzung durch die Definition der eigenen kulturellen Identität hat wieder Konjunktur. Es werden weltweit neue Feindbilder geschaffen und Konflikte geschürt. Ilija Trojanow und Ranjit Hoskote entlarven in ihrer »Kampfabsage« die Unsinnigkeit dieser Haltung und zeigen, dass das Zusammenfließen von Kulturen kulturelle Identität und Zivilisation überhaupt erst möglich macht. Ein ermutigender Appell an unsere Vernunft.

»Das einzig Ewige ist die Veränderung, sagt ein altes Sprichwort. Wenn die westliche Welt sich abschotten will, so glaubt sie also an das Ende der Geschichte. Sie glaubt, dass ihr System das beste und letzte ist, dass die westliche Kultur abgeschlossen und fertig ist. Sie ist dem Tod geweiht.«
Ilija Trojanow

Das gesamte Programm gibt es unter
www.fischerverlage.de

Ilija Trojanow
Der entfesselte Globus
Reportagen
Band 29817

Ilija Trojanow ist auf allen Kontinenten zu Hause: Neugierig und aufmerksam streift er über den Globus und schickt uns seine Depeschen über den Zustand der Welt und das Leben der Menschen.

Um drei bisher unveröffentlichte Texte ergänzt: »Timbuktu«, »Antarktis« und »Revorm und Refolution«

»Manchmal mit Humor, immer aber
mit analytischer Schärfe, Temperament und
in einer klaren Sprache erzählt.«
Anne Zielke, Frankfurter Allgemeine Sonntagszeitung

Das gesamte Programm gibt es unter
www.fischerverlage.de

Ilija Trojanow
Macht und Widerstand
Roman
Band 03455

Ilija Trojanows Roman bietet einen schwindelerregenden Blick in den Abgrund zwischen Macht und Widerstand. Konstantin und Metodi verbindet eine tiefe Gegnerschaft, die seit ihrer Kindheit in der bulgarischen Provinz Bestand hat. Während es Metodi als Karrierist bis in die obersten Ränge der Macht schafft, lehnt sich Konstantin leidenschaftlich gegen das Regime auf und wühlt sich auf seiner Suche nach Wahrheit durch die Archive der Staatssicherheit. Ilija Trojanow entfaltet in seinem gewaltigen Roman ein breites zeitgeschichtliches Panorama von exemplarischer Gültigkeit.

»So wie Konstantin Scheitanow am Ende bleibt,
so wird auch dieses Buch bleiben.«
Andreas Platthaus, Frankfurter Allgemeine Zeitung

Das gesamte Programm gibt es unter
www.fischerverlage.de